Das Domkapitel zu Hildesheim in der Zeit
zwischen Preußenkonkordat (1929)
und Niedersachsenkonkordat (1965)
und seine Statuten von 1984

ADNOTATIONES IN IUS CANONICUM

Hrsg. von Elmar Güthoff und Karl-Heinz Selge

Band 22

PETER LANG
Frankfurt am Main · Berlin · Bern · Bruxelles · New York · Oxford · Wien

Andreas Franitza

DAS DOMKAPITEL ZU HILDESHEIM IN DER ZEIT ZWISCHEN PREUßENKONKORDAT (1929) UND NIEDERSACHSEN-KONKORDAT (1965) UND SEINE STATUTEN VON 1984

PETER LANG
Europäischer Verlag der Wissenschaften

Die Deutsche Bibliothek - CIP-Einheitsaufnahme

Franitza, Andreas:

Das Domkapitel zu Hildesheim in der Zeit zwischen Preußenkonkordat (1929) und Niedersachsenkonkordat (1965) und seine Statuten von 1984 / Andreas Franitza. - Frankfurt am Main ; Berlin ; Bern ; Bruxelles ; New York ; Oxford ; Wien : Lang, 2001
(Adnotationes in Ius Canonicum ; Bd. 22)
Zugl.: Münster (Westfalen), Univ., Diss., 1999
ISBN 3-631-38188-3

Gedruckt mit freundlicher Unterstützung
des Domkapitels zu Hildesheim und
des Bistums Hildesheim.

D 6
ISSN 0946-9176
ISBN 3-631-38188-3

www.peterlang.de

Vorwort

Die vorliegende Abhandlung wurde im Sommersemester 1998 als kanonistische Dissertation zur Erlangung des akademischen Grades eines Lizentiaten des Kanonischen Rechtes von der Katholisch-Theologischen Fakultät der Westfälischen Wilhelms-Universität Münster angenommen. Für die Drucklegung wurde die Arbeit überarbeitet und durch neuere Literatur ergänzt.

An erster Stelle danke ich Herrn Professor Dr. Heinrich J. F. Reinhardt, der die Arbeit begleitete und das Erstgutachten erstellte, und Frau Professor Dr. Reinhild Ahlers für die Erstellung des Zweitgutachtens. Herzlich danke ich auch dem Direktor des Instituts für Kanonisches Recht der Westfälischen Wilhelms-Universität Münster, Herrn Professor Dr. Klaus Lüdicke.

Ebenfalls danke ich dem Direktor der Dombibliothek Hildesheim, Herrn Jochen Bepler, und dem Direktor des Bistumsarchivs Hildesheim, Herrn Dr. Thomas Scharf-Wrede, sowie ihren Mitarbeitern für die stets bereitwillige Unterstützung bei der Nutzung ihrer Einrichtungen und der Suche nach verschollen Akten und Büchern. Auch zu Dank verpflichtet bin ich den Hochwürdigsten Herren Weihbischöfen Domkapitular Heinrich Pachowiak und Domdechant Heinrich Machens sowie Herrn Dr. Johannes Niemeyer für ihre freundliche Auskunftgabe über die jüngere Kapitelsgeschichte.

Herrn PD DDr. Elmar Güthoff und Herrn Dr. Karl-Heinz Selge danke ich für ihr Interesse an dieser Arbeit und die Aufnahme in die Reihe „Adnotationes in ius canonicum". Ermöglicht wurde diese Veröffentlichung durch einen Druckkostenzuschuß des Hohen Domkapitels zu Hildesheim und des Bistums Hildesheim, wofür ich insbesondere dem Hochwürdigsten Herrn Domdechanten Weihbischof Hans-Georg Koitz und dem Herrn Generalvikar, Domkapitular Prälat Karl Bernert, danken möchte.

Herrn stud. agr. Johannes Mönnighoff danke ich für das Korrekturlesen und die Hilfe bei der Erstellung des Manuskriptes.

Schließlich gilt mein Dank meinen Eltern, die mir dieses Studium ermöglicht und finanziert haben. Ihnen sei dieses Buch gewidmet.

Garbolzum, im Frühjahr 2001 Andreas Franitza

Inhaltsverzeichnis

Abkürzungsverzeichnis

Die Abkürzungen richten sich nach HILDEBERT KIRCHNER, *Abkürzungsverzeichnis der Rechtssprache*, [4]1993, bzw. *Abkürzungsverzeichnis der Theologischen Realenzyklopädie*, hrsg. von KRAUSE/MÜLLER, seit 1977; im übrigen gelten die folgenden Abkürzungen:

AAS .... Acta Apostolicae Sedis

AkathKR .... Archiv für katholisches Kirchenrecht (Z)

BVerfG........... Bundesverfassungsgericht

can................. Canon

cc. .... Canones

CIC .... Codex Iuris Canonici

DHVG............ Die Diözese Hildesheim in Vergangenheit und Gegenwart (Z)

DÖV............... Die öffentliche Verwaltung (Z)

DVBl.............. Deutsches Verwaltungsblatt (Z)

ebd. .... ebenda

FS................... Festgabe, Festschrift, Gedächtnisschrift, Gedenkschrift

GS .... Gesetzessammlung

GVBl............. Gesetz- und Verordnungsblatt

HannGS.......... Hannoversche Gesetzessammlung

HdbKathKR² .. Handbuch des katholischen Kirchenrechts, hrsg. von LISTL/SCHMITZ, 2. Aufl. 1999

HdbStKirchR .. Handbuch des Staatskirchenrechts der Bundesrepublik Deutschland, 2. Aufl., hrsg. von LISTL/PIRSON, I, 1994, II, 1996.

KiAnzHi .... Kirchlicher Anzeiger für die Diözese Hildesheim

MBl................ Ministerialblatt

nds.................. niedersächsisch(es)

NdsK .... Niedersachsenkonkordat. Vertrag zwischen dem Lande Niedersachsen und dem Heiligen Stuhl von 1965

NJW .... Neue Juristische Wochenschrift (Z)

PreußK .... Preußenkonkordat: Vertrag zwischen dem Freistaat Preußen und dem Heiligen Stuhl von 1929

PrGS .... Preußische Gesetzessammlung

RDHS .... Reichsdeputationshauptschluß

RGBl. .... Reichsgesetzblatt

RK .... Reichskonkordat: Vertrag zwischen dem Deutschen Reich und dem Heiligen Stuhl von 1933.

TRE .... Theologische Realenzyklopädie, hrsg. von KRAUSE/MÜLLER, seit 1977

ZRGkan .... Zeitschrift der Savigny-Stiftung für Rechtsgeschichte, Kanonistische Abteilung (Z)

0 Einleitung

Das Thema der vorliegenden Arbeit ist das Domkapitel zu Hildesheim in der Zeit zwischen Preußenkonkordat (1929) und Niedersachsenkonkordat (1965) und seine Statuten von 1984. In dieser Arbeit wird die Entwicklung der Institution des Domkapitels zu Hildesheim in dem angegebenen Zeitraum unter rechtsgeschichtlicher Hinsicht betrachtet. Untersucht wird die Verfaßtheit des Kapitels, wie sie sich gemäß den Normen des Konkordatsrechts iVm. dem kanonischen Recht bietet. Gegenstand der Untersuchung sind die Konstitution des Kapitels an sich und dessen Dotation, die Besetzung der Dignität, der Kanonikate und Vikarien des Kapitels sowie das Bischofswahlrecht des Kapitels, welches ebenfalls konkordatär geregelt ist. Aufgrund der Besonderheit, daß das 1828 neu errichtete Kapitel sich erst im Jahre 1984 eigene Statuten gegeben hat, wird der Prozeß der Erstellung von Statuten ebenfalls untersucht.

Die Geschichte des Hildesheimer Domkapitels ist bislang unterschiedlich genau erforscht, der untersuchte Zeitraum endet mit der Dissertation von *Dylong* über das Hildesheimer Domkapitel im 18. Jahrhundert[1]. Für die Folgezeit ist das Domkapitel, zumal es keine besonderen Akzente in der Entwicklung des Bistums gesetzt hat, nur im Zusammenhang der allgemeinen Bistumsgeschichte thematisiert. In diesem Zusammenhang ist ihm in der Dissertation von *Aschoff* über das Verhältnis von Staat und Kirche im Königreich Hannover als Gegenstand der Verhandlungen zwischen römischer Kurie und hannoverscher Landesregierung eine ausführlichere Betrachtung zuteil geworden[2]. In der Geschichtsschreibung nach 1866 findet das Hildesheimer Domkapitel nur am Rande Erwähnung: „Eine Geschichte des Hildesheimer Domkapitels ist ein Desiderat der Forschung und bedarf - insbesondere für das 17. - 19. Jahrhundert - dringend der Bearbeitung“[3]. Für die Untersuchung des Zeitraumes 1929-1965 war daher

---

[1] DYLONG, ALEXANDER: *Das Hildesheimer Domkapitel im 18. Jahrhundert*. In: FAUST, ULRICH und ASCHOFF, HANS-GEORG (Hrsg.): *Quellen und Studien zur Geschichte des Bistums Hildesheim* / Band 4. Hannover : Hahn, 1998. Dort auch ein Überblick über die Geschichte der Domkapitel (18-19), die allgemeine Domkapitelforschung (19-28) und die Forschungslage zum Hildesheimer Domkapitel (29-31).

[2] ASCHOFF, HANS-GEORG: *Das Verhältnis von Staat und katholischer Kirche im Königreich Hannover (1813-1866)*. In: HISTORISCHER VEREIN FÜR NIEDERSACHSEN (Hrsg.): Quellen und Darstellungen zu Geschichte Niedersachsens / Band 86. Hildesheim : Lax, 1976.

[3] SCHARF-WREDE, THOMAS: *Das Bistum Hildesheim 1866-1914* / Kirchenführung, Organisation, Gemeindeleben. In: FAUST, ULRICH und ASCHOFF, HANS-GEORG (Hrsg.): *Quellen und Studien zur Geschichte des Bistums Hildesheim* / Band 3. Hannover : Hahn, 1995, 54, Anm. 122.

fast ausschließlich das sich im Bistumsarchiv Hildesheim befindliche Archiv des Domkapitels zu Hildesheim zu benutzen.

Die vorliegende Arbeit gliedert sich in sieben Kapitel. In Kapitel 1 wird die Vorgeschichte des Hildesheimer Domkapitels neuer Stiftung vom Ende des Fürstbistums Hildesheim im Jahre 1802 bis zum Abschluß des Preußenkonkordats im Jahre 1929 betrachtet. Die Entwicklungen dieses Zeitabschnittes sind grundlegend für die Verfassung und die Entwicklung des neuen Domkapitels gewesen; Teile der in dieser Zeit erlassenen Bestimmungen bzgl. des Domkapitels gelten durch die Inkorporation in das Preußen- und Niedersachsenkonkordat weiterhin fort.

In Kapitel 2 wird die Institution des Hildesheimer Domkapitels, wie sie durch die Bestimmungen des Konkordates zwischen dem Heiligen Stuhl und dem Freistaat Preußen und aufgrund des Kanonischen Rechts konstituiert ist, untersucht. Gegenstand der Untersuchung sind die Zusammensetzung und Dotation des Kapitels, die Besetzung der Dignität, der Kanonikate und Domvikarien, die Ernennung der Ehrenkanoniker und Domlektoren und das Bischofswahlrecht des Kapitels.

In Kapitel 3 wird der Frage nachgegangen, ob sich durch den Abschluß des Reichskonkordates eine Änderung der Rechtslage für das Hildesheimer Domkapitels ergeben hat; in Kapitel 4, welche Änderungen der Abschluß des Niedersachsenkonkordates im Jahre 1965 bewirkt hat.

In Kapitel 5 werden die in der Zeit zwischen 1929 und 1965 vorgenommenen Ernennungen des Domdechanten, der Domherren, Domvikare und Domlektoren des Hildesheimer Domkapitels aufgrund des Aktenbestandes des Domkapitels untersucht, in Kapitel 6 geschieht das gleiche für die Wahl des Kapitelvikars und des Bischofs durch das Domkapitel.

In Kapitel 7 sind die Statuten des Hildesheimer Domkapitels von 1984 und die vorausgegangene Entwicklung bis zu ihrer Abfassung Gegenstand der Betrachtung.

1 Vorgeschichte: Das Domkapitel vom Ende des Fürstbistums Hildesheim (1802) bis zum Abschluß des Preußenkonkordates (1929)

1.1 Ausgangslage zu Beginn der Verhandlungen über die Neuerrichtung des Hildesheimer Domkapitels[4]

Das alte Hildesheimer Domkapitel, das nachweislich seit der Zeit Altfrieds (851-874), des vierten Bischofs von Hildesheim, bestand, umfaßte vor seiner

---

[4] Vgl.: BERTRAM, ADOLF: *Die Bischöfe von Hildesheim* / Ein Beitrag zur Kenntniss der Denkmäler und Geschichte des Bisthums Hildesheim. Hildesheim : Lax, 1896, 258-264; DERS.: Geschichte des Bisthums Hildesheim / Erster Band. Hildesheim : Lax, 1899, 43-46; DERS.: *Geschichte des Bistums Hildesheim* / Dritter Band. Hildesheim und Leipzig : Lax, 1925, 201-211; DOEBNER, RICHARD: „Denkschrift Dohm's über den Zustand des Hochstifts Hildesheim vom März 1802". In: DERS.: *Studien zur Hildesheimischen Geschichte*. Hildesheim : Gerstenberg, 1902, 154-169, hier: 161-163; DYLONG, Hildesheimer Domkapitel, 35, 53, 189-214, 267-286; DERS.: „Die geistliche Verwaltung des Fürstbistums Hildesheim in preußischer und westphälischer Zeit". In: *DHVG* 59 (1991) 39-52; FAUST, ULRICH: „Hildesheim als Residenz der letzten beiden Fürstbischöfe 1763-1825". In: BOETZKES, MANFRED und SEELIG, LORENZ (Hrsg.): *Die fürstliche Tafel*. Hildesheim : 1995, 10-29, hier: 17-18; DERS.: „Hildesheims Talleyrand". In: *DHVG* 57 (1989) 67-75, hier: 69-70; GEBAUER, JOHANNES HEINRICH: *Geschichte der Stadt Hildesheim* / verfaßt im Auftrage des Magistrats / Band II. Hildesheim und Leipzig : Lax, 1924, 255-302; HAMANN, MANFRED: „Bericht des Landsyndikus Crome über die landschaftliche Verfassung des Fürstentums Hildesheim vom August 1802": In: *Alt-Hildesheim* 33 (1962) 33-38, hier: 34-35; DERS: „Das Staatswesen der Fürstbischöfe von Hildesheim im 18. Jahrhundert". In: *Niedersächsisches Jahrbuch für Landesgeschichte* 34 (1962) 157-193, hier: 171-178, 189-190; HENKEL, KARL: *Handbuch der Diözese Hildesheim*. Hildesheim : Lax, 1917, 16-16, 58-63; Immediat-Bericht des Staatsministers von Angern [Verfassung und Vermögensbestand des Domkapitels zu Hildesheim. Antrag auf seine Beibehaltung in Höhe von 12 Mitgliedern] vom 2. März 1805. Abgedruckt bei: GRANIER, HERMAN: *Preussen und die katholische Kirche seit 1640*. Nach den Acten des geheimen Staatsarchivs. Neunter Theil. Von 1803 bis 1807. Berlin, 1902. Neudruck, Osnabrück : Zeller, 1965, 307-334; KONSCHAK, ERNST: *Die Klöster und Stifter des Bistums Hildesheim unter preußischer Herrschaft (1802-1806)*. Hildesheim : Lax, 1919; RIEBARTSCH, ERICH: *Geschichte des Bistums Hildesheim von 815 bis 1024 auf dem Hintergrund der Reichsgeschichte*. Hildesheim : Bernward, 1985, 143-145; SEELAND, HER-MANN: *Kurzer Abriß der Geschichte des Bistums Hildesheim*. Hildesheim : Lax, 1948, 71-73; STUKE, KARL: *Geschichte der Verfassung der Stadt Hildesheim von den letzen Zeiten der fürstbischöflichen bis zum Ende der Preußischen Herrschaft 1802-1806* (Beiträge zur Geschichte Niedersachsens und Westfalens, Jg. 1, Heft 3). Hildesheim : Lax, 1906, 42-48, 65-66; WACHSMUTH, WILHELM: *Geschichte von Hochstift und Stadt Hildesheim*. Hildesheim : Gerstenberg, 1863, 261-266.

Aufhebung im Jahre 1810 42 Kanonikate[5]. Zu diesen Kanonikaten zählten 2 Dignitäten, Dompropst und Domdechant; vier Kapitulare hatten die Kapitelsämter des Domscholasters, Domkantors, Domküsters (Thesaurus) und Domkellners inne[6]. Im Jahre 1802 waren von diesen Kanonikaten 35 besetzt (2 Dignitäre, 4 Priesterkanonikate, 29 diakonale Kanonikate), hinzu gehörten 9 Domizellare[7].

Der Besitz des Domkapitels bestand neben dem Bezirk der Dompropstei aus den domkapitularischen Ämtern Marienburg, Steinbrück und Wiedelah. Zu diesen Ämtern gehörten als steuerfreier Besitz 5225 Morgen Acker, 1077 Morgen Wiesen, 40726 Morgen Zehnt sowie 7300 Schafe, viele steuerpflichtige Güter, Waldungen, Zinsgefälle und Brauereien. Die jährlichen Einnahmen des Domkapitels wurden auf 200.000 Taler geschätzt, die Aktivkapitalien auf 1 Million Taler, die Passiva auf 150.000 Taler.

Die Domkapitulare bildeten den 1. Landstand des Hochstiftes Hildesheim, waren Mitglieder des Landtages und seiner Ausschüsse; sie nahmen in den domkapitularischen Ämtern die landesherrlichen Rechte war, für den Bezirk der Dompropstei (Neustadt Hildesheim) kamen diese Rechte dem Dompropst zu. Weiterhin führten sie den Vorsitz in allen Oberbehörden des Fürstbistums: Domkapitulare besetzten das Präsidium der Regierung, der Kammer, des Hof- und Offizialgerichtes, leiteten als Drosten ein Amt oder wurden durch den Fürstbischof zu CANONICI A LATERE[8] bestimmt.

---

5 Zum Problem der Datierung der Regierungszeit von Bischof Altfried vgl.: BERTRAM, Geschichte I, 37. Über die Kanoniker und ihre Lebensführung bietet die FUNDATIO ECCLESIE HILDENSEMENSIS von 1662 einen anschaulichen Bericht. Textkritische Edition und Übersetzung mit Kommentar in: BERTRAM, ADOLF: *Hildesheims Domgruft und die Fundatio Ecclesie Hildensemensis* / Nebst Beschreibung der neuentdeckten Confessio des Kreuzaltares, der Gräberfunde der Domgruft und des nielloartigen Chorfußbodens. Hildesheim : Lax, 1897, 1-17, hier: 13-14.

6 Untersuchung der Bedeutung der Dignitäten und Kapitelsämter ausführlich bei: DYLONG, Hildesheimer Domkapitel, 53-96; Kurzüberblick über die Geschichte des Kapitels bis zur Säkularisation neuerdings bei ASCHOFF, HANS-GEORG: „Das Bistum Hildesheim von seiner Gründung bis zur Säkularistation / Ein Überblick“. In: KNAPP, ULRICH (Hrsg.): *Ego sum Hildesemensis* / Bischof, Domkapitel und Dom in Hildesheim / 815 bis 1810. Kataloge des Dommuseums Hildesheim / Band 3. Hildesheim und Petersberg : Imhof, 2000, 11-24.

7 *Calender des hochwürdigsten Domcapitels zu Hildesheim für das Jahr 1802*. Hildesheim: Christian Walther Schlegel, 1802, 2-13.

8 CANONICI A LATERE waren Domherren, die durch den Bischof an an Hof berufen wurden zur Verwendung für besondere Aufgaben; sie waren für die Zeit ihrer Ernennung von

Am 3. August 1802 wurde das Fürstbistum Hildesheim durch den preußischen Staatsminister und General Graf von der Schulenburg-Kehnert für Preußen in Besitz genommen; am 4. August unterschrieb das Domkapitel ein Patent, in dem sich allen Domherren zu Untertanen des preußischen Königs erklärten. Obwohl Anfang 1803 alle Mönchsklöster im Hochstift Hildesheim aufgehoben worden waren[9], blieb das Domkapitel weiterhin bestehen, jedoch war die Situation des Kapitels unsicher. Auf eine Eingabe[10] des Domkapitels mit der Bitte um Erhalt vom 20. Januar 1803 an den preußischen König erging die Antwort, daß

> „Allerhöchstdiesselben [...] zwar über das Schiksal des Domkapittels nach dem Wunsche der Supplicanten zur Zeit noch nichts bestimmen [können], wollen aber den Supplicanten hierdurch Versicherung ertheilen, dass, wenn gleich das Schiksal des Domkapitels der allgemeinen Landeswohlfahrt untergeordnet bleiben muss, Sie doch auch das besondere Wohl desselben mit Vergnügen beherzigen werden“[11],

jedoch war dem Kapitel schon am 23. August 1802 untersagt worden, keine Kapi-telspräbenden ohne preußische Genehmigung zu übertragen[12].

Aus dem Immediat-Bericht des Staatsministers v. Angern geht hervor, daß dieser bzgl. der Größe des Domkapitels vorgeschlagen hatte,

> „das Dom-Capitul unter den nachfolgenden nähern Modificationen bestehen und bis auf 12 Mitglieder aussterben zu lassen, dann aber die Administration seines Vermögens zu übernehmen, den übrig gebliebenen Mitgliedern ihre 9/10 aus dem Aministrationsfonds zu bezahlen, und diese 12 Präbenden, so wie sie aussterben, zwar nicht einzuziehen, sondern jede von neuem in baarem Gelde zu fundiren und die Vergebung derselben dem Staat vorzubehalten“[13].

Amtspflichten des Domherren entbunden. Vgl. DYLONG, Hildesheimer Domherren, 213-214.

9 Vgl. dazu: KONSCHAK, Klöster und Stifter, 28-29.

10 Abgedruckt bei: GRANIER, HERMAN: *Preussen und die katholische Kirche seit 1640*. Nach den Acten des geheimen Staatsarchivs. Achter Theil. Von 1797 bis 1803. Berlin, 1902. Neudruck, Osnabrück : Zeller, 1965, 728-729.

11 Randverfügung auf der Immediat-Eingabe vom 24. Januar 1803, abgedruckt bei: GRANIER, Preussen und katholische Kirche, Bd. 8, 729.

12 Nachweis bei DYLONG, Hildesheimer Domkapitel, 270.

13 Immediatbericht des Staatsministers von Angern, 2. März 1805. Abgedruckt bei: GRANIER, Preussen und katholische Kirche, Bd. 9, 310.

Weiterhin umfaßt der Vorschlag die Aufhebung der Dignität des Dompropstes nach Ableben des Inhabers[14], den Verlust des Rechtes der Landstandschaft für das Domkapitel[15] sowie Änderungen der Kapitelsverfassung; eine Aufhebung des Kapitels sei nach Meinung v. Angerns jedoch nur mit Zustimmung des Papstes möglich[16]. Durch Kabinettsorder vom 14. März 1805 traten die vorgeschlagenen Änderungen der Kapitelsverfassung in Kraft[17]; der Widerstand des Domkapitels gegen die Änderungsbeschlüsse blieb weitestgehend erfolglos[18].

Die preußische Herrschaft im Fürstbistum Hildesheim endete am 22. Oktober 1806, als die letzten Truppen die Stadt verließen; durch kaiserliches Dekret vom 23. Oktober nahm Napoleon das Fürstbistum in Besitz und unterstellte es einem Gouverneur. In dem entstehenden Machtvakuum berief der Hildesheimer Domdechant Engelbert August Freiherr von und zu Weichs am 25. Oktober 1806 die Landstände ein, die am 3. und 4. November 1806 in Hildesheim tagten und ein Administrationskollegium gründeten. Diese wiedererlangte Selbständigkeit des Fürstbistums Hildesheim währte jedoch nicht lange; am 18. November war dem Domkapitel die Auflösung des Administrationskollegiums mitgeteilt worden, am 20. November 1806 besetzen französische Truppen die Stadt.

Am 31. Juli 1807 wurde das Fürstbistum Hildesheim für das neugeschaffene Königreich Westphalen in Besitz genommen; mittels Erlaß der Verfassung für das Königreich Westphalen am 15. November 1807 wurden alle Provinziallandstände aufgehoben. Durch Dekret vom 5. Februar 1808 wurde durch die westphälische Regierung die Besetzung der freiwerdenen Kapitelsämter und Dignitäten untersagt, am 10. Januar waren bereits alle Anwartschaften auf Präbenden für aufgehoben erklärt worden. Durch Dekret König Jérômes von Westphalen vom 1. Dezember 1810 wurden alle Stifte, Kapitel, Abteien, Priorate sowie alle anderen geistlichen Stiftungen aufgehoben; am 15. Dezember 1810 um 11 Uhr teilte der Generalsekretär und Inspekteur der geistlichen Güterverwaltung Kramer dem Domdechanten sowie allen in der Stadt weilen-

---

[14] Immediatbericht des Staatsministers von Angern, 2. März 1805. Abgedruckt bei: GRANIER, Preussen und katholische Kirche, Bd. 9, 311.

[15] Immediatbericht des Staatsministers von Angern, 2. März 1805. Abgedruckt bei: GRANIER, Preussen und katholische Kirche, Bd. 9, 313.

[16] Immediatbericht des Staatsministers von Angern, 2. März 1805. Abgedruckt bei: GRANIER, Preussen und katholische Kirche, Bd. 9, 309.

[17] Nachweis bei DYLONG, Hildesheimer Domkapitel, 274, Anm. 34.

[18] Vgl. Immediatbericht des Staatsministers von Angern, 4. September 1805. Abgedruckt bei: GRANIER, Preussen und katholische Kirche, Bd. 9, 445-452.

den Domherren, Vikaren und sonstigen Bediensteten des Kapitels die offizielle Aufhebung des Hildesheimer Domkapitels alter Stiftung und die Übertragung aller ihrer Rechte und Befugnisse auf die Vermögensverwaltung mit. Zum Zeitpunkt seiner Aufhebung waren 32 Präbenden des Kapitel besetzt; 29 Kapitulare des alten Kapitels erhielten staatliche Geldleistungen, 3 Kapitularen wurden sie verweigert[19].

1.2 Das Domkapitel zu Hildesheim als Gegenstand der Konkordatsverhandlungen zwischen Hannover und der römischen Kurie (1815-1824)[20]

Nach der französischen Niederlage 1813 und dem Wiener Kongreß 1814-1815 wurde das Kurfürstentum Hannover zum Königreich erhoben und erhielt neben seinen alten Besitzungen, die ihm durch den Reichsdeputationshauptschluß vom 25. Februar 1803[21] zugesprochen waren, aber infolge der preußischen und anschließenden französischen Besetzung nicht eingenommen werden konnten, darunter das Fürstbistum Hildesheim zugeschlagen. Bereits am 2. November 1813 ließ Hannover das Fürstbistum in Besitz nehmen, wenngleich es auf dem Wiener Kongreß formal erst am 9. Juni 1815 abgetreten wurde. Zum Zeitpunkt der Inbesitznahme lebten noch 13 Kapitulare des alten Domkapitels[22].

---

[19] Eine Auflistung der Domherren und ihrer Pensionsansprüche bei: DYLONG, Hildesheimer Domkapitel, 282.

[20] Vgl.: ASCHOFF, Staat und Kirche, 7-96; BERTRAM, Bischöfe, 264-309; DERS., Geschichte III, 211-274; DYLONG, Hildesheimer Domkapitel, 286-288; HEGEL, EDUARD: *Die kirchenpolitischen Beziehungen Hannovers, Sachsens und der Norddeutschen Kleinstaaten zur römischen Kurie 1800-1846* / Ein Beitrag zur Geschichte der Restauration. Paderborn : Bonifacius, 1934, 32-156; SCHARF-WREDE, Bistum, 13-26; SEELAND, Kurzer Abriß, 74-83; SEITERS, JULIUS: „Das Gymnasium Josephinum und seine Domkapitulare". In: *DHVG* 61 (1993) 83-102, hier: 83-86.

[21] Der Reichsdeputationshauptschluß (RDHS) ist nicht Gegenstand der Untersuchung und erfährt an dieser Stelle keine nähere Betrachtung. Zum RDHS vgl.: ASCHOFF, Staat und Kirche, 1-7; V. CAMPENHAUSEN, AXEL FRHR.: *Staatskirchenrecht*. München : C. H. Beck, ³1996, 29-31; HUBER, ERNST RUDOLF: *Deutsche Verfassungsgeschichte seit 1789*. Band I: Reform und Restauration: 1789-1830. Stuttgart : Kohlhammer, ²1966, 43-6; BECKER, HANS-JÜRGEN: „Reichsdeputationshauptschluß". In: *HRDG* IV, 554-557.

[22] Nachweis bei: ASCHOFF, Staat und Kirche, 122, Anm. 37.

1.2.1 Die hannoverschen Verhandlungsintentionen[23]

Die Bemühungen seitens der hannoverschen Regierung, mit der römischen Kurie eine Übereinkunft der nach der Säkularisation offenen Fragen in den neu erworbenen Bistümern Osnabrück und Hildesheim zu erreichen, begannen bald nach Abschluß des Wiener Kongresses im Jahre 1815. Obwohl die „Zerrüttung des katholischen Kirchenwesens [...] in den Gebieten der ehemaligen geistlichen Fürstentümer Hildesheim und Osnabrück weniger fühlbar [war] als in anderen deutschen Ländern"[24], strebte die hannoversche Regierung die Sicherung ihres Einflusses an. Ihr Hauptaugenmerk galt der Regelung der Bischofswahl und der Sicherung des staatlichen Einflusses auf diese wie auch auf die Diözese im Allgemeinen.

Aufgrund des hohen Alters des Fürstbischofs von Hildesheim, Franz Egon von Fürstenberg, war mit seinem baldigen Ableben zu rechnen und die Frage seiner Nachfolge zu entscheiden. Die hannoversche Regierung vertrat den Standpunkt, daß das Hildesheimer Domkapitel, 1810 durch die westphälische Regierung aufgehoben, auch als kirchliche Korporation erloschen war und somit sein Bischofswahlrecht verloren hatte[25].

> „Die Regelung der [Bischofs-]Wahl und die Sicherung des staatlichen Einflusses waren Hauptmotive, weshalb sich die Regierung nach Rom wandte und versuchte, mit dem Hl. Stuhl eine Konvention abzuschließen."[26] Darüber hinaus wollte die Regierung den Abschluß einer Konvention mit Rom dazu nutzen, „die landesherrlichen Rechte zu sichern und eine Opposition der Geistlichen gegen die Ausübung dieser Rechte unwirksam zu machen"[27].

1.2.2 Aufnahme der Verhandlungen[28]

Die Vorbereitungen bis zum Eintreffen der hannoverschen Gesandtschaft in Rom zogen sich über 16 Monate hin. In der Zwischenzeit war durch die hanno-

---

23 Vgl.: ASCHOFF, Staat und Kirche, 55-56; BERTRAM, Geschichte III, 232-235.

24 ASCHOFF, Staat und Kirche, 55.

25 Vgl.: BERTRAM, Bischöfe, 263; DERS., Geschichte III, 209; KONSCHAK, Klöster und Stifter, 98-110.

26 ASCHOFF, Staat und Kirche, 55.

27 ASCHOFF, Staat und Kirche, 56.

28 Vgl.: ASCHOFF, Staat und Kirche, 33-49, 57-60; HEGEL, Kirchenpolitische Beziehungen, 52-59.

versche Regierung mittels Erlaß der Verordnungen „Über die Gerichtsstellen im Fürstenthum Hildesheim“ und „Über die Errichtung eines Consistorii Römisch-Katholischer Confession in Hildesheim“ im Jahre 1815 eine Neuordnung der Verwaltung der Diözese Hildesheim herbeigeführt worden. Besonderer Streitpunkt war die Einrichtung des Konsistoriums, das als Verwaltungs- und Gerichtsbehörde hoheitliche Aufgaben des Bischofs wie des Staates gegenüber den Katholiken im Bistum Hildesheim wahrnehmen sollte, was kirchlicherseits inakzeptabel war und zu Differenzen geführt hatte.

Als sich herausgestellt hatte, daß auf dem Kongreß der deutschen Fürsten in Frankfurt kein Bundeskonkordat verhandelt wurde, sondern von den jeweiligen Ländern Einzelkonventionen abgeschlossen werden sollten, begann die hannoversche Regierung, selbst Erkundigungen einzuziehen. Da die preußische Regierung inzwischen schon eine eigene Gesandtschaft nach Rom geschickt hatte, wandte sich das Außendepartement der hannoverschen Regierung am 30. Septmeber 1816 an den Prinzregenten mit der Bitte, ebenfalls Verhandlungen mit der römischen Kurie aufzunehmen:

> „[Da die Wahrscheinlichkeit eines Bundeskonkordates so gering ist,] daß der kgl. Preuß. Hof schon wirklich . . . einen Gesandten nach Rom abgeordnet hat, um daselbst für die preußischen Staaten zu unterhandeln, und die Sache wegen der katholischen Untertanen in denen von Eurer Kgl. Hoheit erworbenen Ländern von großem Interesse ist, so dürfen wir nicht länger anstehen lassen, Eurer Kgl. Hoheit davon Vortrag zu tun und untertänigst anheimzugeben, ebenfalls einen Abgeordneten nach Rom zu senden, um sich mit dem päpstlichen Stuhle über die Rechte der Kirche und des Regenten in Ansehung der bischöflichen Gewalt und der Ernennung zu verstehen.“[29]

Gesandtschaftsleiter wurde der Kammerherr Friedrich von Ompteda, die Errichtung der Gesandtschaft am 10. Januar 1817 der römischen Kurie angezeigt[30]; ebenfalls zur Gesandtschaft gehörte Julius Leist, ehemaliger westfälischer Staatsrat und Professor für kanonisches Recht in Göttingen, der „sein Licht als protestantischer Kanonist vor dem Hl. Stuhl leuchten lassen“[31] sollte.

Am 29. Januar 1817 begab sich Ompteda über Zwischenstationen, wo er Informationen über die Beziehungen der verschiedenen deutschen Regierungen zur römischen Kurie einzuholen suchte, nach Rom, wo er am 1. April eintraf.

[29] Kabinettsminister v. Decken, v. Bremer, v. Arnswaldt und Rehberg an Prinzregent, 30. September 1816. Zit. bei: HEGEL, Kirchenpolitische Beziehungen, 54.

[30] Ernennungsschreiben zit. bei: HEGEL, Kirchenpolitische Beziehungen, 55-56.

[31] MEJER, zit. nach: HEGEL, Kirchenpolitische Beziehungen, 55.

Bald nach Omptedas Antrittsbesuchen bei Kardinalstaatssekretär Consalvi und Papst Pius VII., der den hannoverschen Gesandten mit besonderer Aufmerksamkeit empfing, begannen am 3. Mai 1817 die Verhandlungen.

1.2.3 Instruktionen der Hannoverschen Gesandtschaft[32]

Die ersten Instruktionen für die Verhandlungen mit dem Heiligen Stuhl, die für die hannoversche Gesandtschaft erstellt wurden, stammten von dem im Ministerium für die Bearbeitung der Verhandlungen zuständigen Geheimen Kabinettsrat Rehberg, „dem jedoch das Wesen der katholische Kirche fremd war"[33]. Dieser orientierte sich bei der Abfassung der Instruktion an verschiedenen Schriften josephinisch-episkopalistischer Tendenz[34] sowie am Gutachten von Blum[35]. Die durch den Prinzregenten gebilligte endgültige Fassung vom 10. Januar 1817 sah in bezug auf das Domkapitel Folgendes vor:

Das Kapitel sollte nur mehr aus sechs Domherren bestehen. Sie mußten von Geburt an deutsch sein, mindestens dreißig Jahre alt, theologische Kenntnisse aufweisen, sollten im Seelsorgedienst erfahren sein und die höheren Weihen besitzen. Die Übertragung der Kanonikate sollte durch den Landesherrn geschehen. Die Einkünfte sollten gestaffelt werden, wobei für die beiden älteren Kanoniker 1400 Rtr., die mittleren 1000 Rtr. und die beiden jüngeren 800 Rtr. vorgesehen waren.

Das Bischofswahlrecht geht dem Kapitel verloren zugunsten einer landesherrlichen Ernennung, der Informativprozeß bei der Besetzung eines vakanten Bischofsstuhles wird dem anderen Landesbischof übertragen. Ist ein Bischof IN PARTIBUS[36] einzusetzen, soll dieser nach landesherrlicher Bewilligung aus den Mitgliedern des Domkapitels ernannt werden.

---

32 Vgl.: ASCHOFF, Staat und Kirche, 60-66; HEGEL, Kirchenpolitische Beziehungen, 59-63.

33 L. OMPTEDA; zit. nach: ASCHOFF, Staat und Kirche, 60.

34 Nachweis bei ASCHOFF, Staat und Kirche, 60.

35 Von Hofrat Blum, Direktor des katholischen Konsistoriums in Hildesheim, verlangte das hannoversche Ministerium am 5. Dezember 1815 ein Gutachten über die in einem Konkordat mit dem Hl. Stuhl zu behandelnde Materie. Blum faßte seinen Bericht in josephinisch-episkopalistischer Richtung ab. Er „betrachtete alle Ernennungen zu kirchlichen Ämtern, auch die Besetzung der Bischofsstühle, als Staatssache. Der Papst solle auf alle Reservationen verzichten, das Plazet anerkennen und niemals Nuntien schicken. [...]. Allgemein müsse der Kirche alles „rein Geistliche" zukommen, der Staat aber dafür sorgen, daß sie in keiner Sache, die das allgemeine Wohl und die öffentliche Ruhe berührte, etwas ohne sein Vorwissen und seine Mitwirkung unternehme." ASCHOFF, Staat und Kirche, 56.

36 „Bischof IN PARTIBUS" ist hier iSv. EPISCOPUS AUXILIARIS zu verstehen.

Der Generalvikar wird durch den Bischof aus den Reihen der Domkapitulare ernannt mit landesherrlicher Genehmigung, die nicht grundlos verweigert werden wird.

Das Domkapitel fungiert für den Bischof und den Generalvikar als geistlicher Rat und ist gemäß den Normen des kanonischen Rechtes bei deren Amtsausübung hinzuzuziehen.

Obwohl die in der Instruktion vorgesehenen Maßnahmen vor dem Hintergrund der Idee des Staatskirchentums entwickelt worden sind und „fast alle Einrichtungen, die das Staatskirchentum des vorangegangenen Jahrhunderts entwickelt hatte, [...] zur Sicherung der Subordination der Kirche unter die staatliche Autorität gefordert [werden]«[37], war man in Hannover der Meinung, seine Ansichten in den Verhandlungen mit der römischen Kurie durchsetzen zu können[38]. *Bertram* resumiert:

> „Mit staunenswerter Naivität verlangte die Regierung vom heiligen Stuhle die Anerkennung der aus dem protestantischen Staatskirchentum, dem Febronianismus und Josephinismus entnommenen Hoheitsrechte des Staates über die Kirche, die eine Verleugnung der kirchlichen Dogmen und der kirchlichen Verfassung einschlossen."[39]

Hinter den Verhandlungspositionen Hannovers stand das Bestreben, die staatliche Kirchenhoheit in der abzuschließenden Konvention dergestalt zu verankern, daß dem einheimischen Klerus unter Hinweis auf die mit Rom ausgehandelte Gesetzeslage wirksam entgegentreten werden konnte und im Sinne der Regierung auf die Angelegenheiten der Kirche Einfluß zu nehmen war. Von diesem Grundsatz ist die hannoversche Regierung während der ganzen Verhandlungen, insbesondere in bezug auf die Besetzung der Kapitelsstellen und des Bischofsstuhles, nicht abgerückt.

---

37 ASCHOFF, Staat und Kirche, 63.

38 „Die optimistische Haltung Hannovers mag durch das gute persönliche Verhältnis zwischen dem Prinzregenten und Pius VII. und zwischen Münster und Consalvi begünstigt worden sein. Leist schrieb an Münster nach seiner Ankunft in Rom: „Allem Anscheine nach wird die Hannoversche Gesandtschaft in ihren Unterhandlungen glücklicher, als manche andere seyn, welches man fast allein dem Englischen Hofe zu verdanken hat, der hier im höchsten Ansehen steht und dessen Einfluß so groß ist, daß man zu sagen pflegt: um in Rom etwas durchzusetzen, sey es nur erforderlich, daß der Prinz Regent sich dafür verwende, da der Papst ihm nichts abschlagen könne." ASCHOFF, Staat und Kirche, 65, Anm. 48.

39 BERTRAM, Geschichte III, 233.

1.2.4 Die Verhandlungen der hannoverschen Gesandtschaft in Rom[40]

1.2.4.1 Erste Verhandlungsphase 1817[41]

Die erste Verhandlung fand am 12. Mai 1817 in Rom statt. Der von der Kurie mit der Führung der hannoverschen Angelegenheiten betraute Prälat Mazio wies schon zu Beginn der Verhandlungen auf die Unannehmbarkeit der hannoverschen Forderungen hin, so daß der hannoverschen Gesandtschaftsleiter Ompteda, um ein Fortkommen der Verhandlungen zu erreichen, Kardinalsstaatssekretär Consalvi selbst mittels zweier Noten vom 20. Mai und 28. Juni die Vorstellungen der hannoverschen Regierung mitteilte. Der Inhalt dieser Noten folgte den in den Instruktionen festgelegten Richtlinien und war unter Leists Einfluß gemäß den Grundsätzen des Staatskirchentums begründet. Consalvi erklärte in seiner Erwiderung vom 2. September einige der hannoverschen Forderungen aufgrund ihres Widerspruchs gegen die kirchliche Verfassung für unannehmbar.

In bezug auf das Domkapitel hielt Consalvi die Zahl von sechs Kanonikern für zu gering wie auch deren Einkünfte für zu niedrig. Ebenfalls kam für ihn eine landesherrliche Nomination der Kanoniker nicht in Frage. Begründet wurde dies mit dem Hinweis, daß die Dotation der Kapitel nicht aus landesherrlichen, sondern aus kirchlichen Gütern geschehe; im Reichsdeputationshauptschluß, der vom Papst nicht anerkannt werde, seien die Landesherrn zur Existenzsicherung der Kapitel verpflichtet worden. Abgelehnt wurde auch die Nomination des Bischofs durch den Landesherrn. Consalvi widersprach der hannoverschen Forderung mit dem Hinweis, daß der Landesherr den Unterhalt des Bischofs nicht aus eigenen, sondern aus kirchlichen Gütern dotiere und daher auch keine Rechte auf die Ernennung des Bischofs ableiten könne. Außerdem sei das als Privileg gewährte Nominationsrecht in der Geschichte nur katholischen Souveränen eingeräumt worden. Daher könne der Papst gar keine Veranlassung haben, den Domkapiteln von Hildesheim und Osnabrück das ihnen rechtmäßig und tatsächlich zustehende Bischofswahlrecht zu entziehen. Eine Beschränkung, den Generalvikar nur aus den Reihen des Domkapitels zu wählen, komme ebensowenig in Frage wie die Bindung des Bischofs an den Rat des Domkapitels.

Abschließend stellte Consalvi fest, daß sich weitere Verhandlungen erübrigten, bestünde Hannover auf den vorgelegten Forderungen. Obwohl die Antwort beim Prinzregenten höchstes Mißfallen erregte und Protest hervorrief, wurden

---

[40] Vgl.: BERTRAM, Bischöfe, 270-272; DERS., Geschichte III, 232-235.

[41] Vgl.: ASCHOFF, Staat und Kirche, 69-75.

in Hannover neue Instruktionen erarbeitet, derweil in Rom die Verhandlungen zwischen Mazio und der Gesandtschaft in der Zeit vom 19. September bis zum 17. Dezember 1817 fortgesetzt wurden.

Beabsichtigte der Kardinalstaatssekretär in seiner Note, „den Forderungen der hannoverschen Regierung die Prinzipien der katholischen Religion entgegenzustellen, und [ging] deshalb fast kaum auf Einigungsmöglichkeiten“[42] ein, so kam es bei den im Anschluß unter der Leitung von Mazio geführten Konferenzen zu einem Entgegenkommen der kurialen Seite, die dem Landesherrn Einfluß bei der Besetzung der Kapitelsstellen und des Bischofsstuhles ebenso zugestand wie bei der Ernennung des Weihbischofs und des Generalvikars.

Für die Wahl des Bischofs unterbreitete Mazio der hannoverschen Verhandlungsführung zwei Alternativen. Die erste sah vor, daß der Regierung eine vom Domkapitel erstellte Liste mit Kandidaten für das Bischofsamt eingereicht werde, von der die Regierung ihr nicht genehme Kandidaten streichen könne, jedoch so, „UT NUMERUS SUFFICIENS SUPERSIT“[43]. Von den verbleibenden Kandidaten würde der Papst dann den ihm am Geeignetsten zum Bischof ernennen. Die zweite Alternative bestand in einer Abwandlung der ersten, indem das Kapitel aus den von der Regierung nicht abgelehnten Kandidaten den Bischof wählen sollte.

Die Besetzung der Kapitelsstellen sollte ähnlich der Besetzung des Bischofsstuhles erfolgen. Domkapitel und Bischof sollten abwechselnd der Regierung, der in gleicher Weise wie bei der Bischofswahl ein Ausschlußrecht zugestanden werden sollte, vier Kandidaten für die freigewordene Stelle benennen. Unter den der Regierung genehmen Kandidaten sollte dann das Domkapitel wählen bzw. der Bischof einen von diesen zum Domherren ernennen.

In der Frage der Ernennung des Weihbischofs und Generalvikars bestand das Entgegenkommen der Kurie darin, daß beide Personen nicht gegen den Willen der Regierung ernannt werden sollten und daß das Gehalt des Generalvikars nur dann erhöht werden sollte, wenn dieser Domherr war.

Keine Einigung wurde erzielt über die Anzahl der Kapitelsstellen und den Modus der Ernennung des Weihbischofs und Generalvikars, da die hannoversche Verhandlungsführung für die Fortführung der Verhandlungen neuer Instruktionen bedurfte, diese aber erst am 5. Mai 1818 in Rom eintrafen.

---

42 ASCHOFF, Staat und Kirche, 74.

43 Zit. nach: ASCHOFF, Staat und Kirche, 73.

1.2.4.2 *Zweite Verhandlungsphase 1818*[44]

Bei der Abfassung der neuen Instruktionen wurde die Empfehlung Leists aufgegriffen, diejenigen Punkte aus den Verhandlungen auszuschließen und einseitig durch staatliche Gesetze zu regeln, von denen anzunehmen war, daß über sie keine Einigung zu erzielen sei. Auch wenn diese Maßnahmen darauf hindeuteten, daß die Verhandlungen sich schon auf eine bloße Zirkumskriptionsbulle hinbewegten[45], so weist *Aschoff*[46] darauf hin, daß zu diesem Zeitpunkt noch nicht davon auszugehen ist, daß Hannover nicht auch die einvernehmliche Regelung strittiger Fragen erreichen wollte. In bezug auf die Domkapitel befaßte sich die hannoversche Instruktion über die Frage der Besetzung und Dotation hinaus erstmalig mit der Aufhebung und Neufundierung der Kapitel.

Die zweite hannoversche Instruktion sah vor, im Gegensatz zur Auffassung des Heiligen Stuhls auf dem Standpunkte zu beharren, daß die zu errichtenden Domkapitel als neu fundiert anzusehen seien. Hannover verfolgte damit das Ziel, mißliebige Domherren des alten Kapitels aus dem neuen herauszuhalten, da

> „grade die fanatischen, welche der guten Ordnung höchst gefährlich sind, und ... auf nichts anders ausgehen, als das hierarchische System früherer Jahrhunderte herzustellen, am allerwenigsten, und gewiß unter keiner Bedingung zur Resignation zu bewegen seyn [würden]“[47].

War man sich in Hannover auch im Sommer 1817 noch nicht im Klaren darüber, ob die Kapitulare der alten Kapitel den neuen hinzuzuzählen oder aber von diesen ausgeschlossen seien[48], so betrachtete man es dort als „wünschenswerth, [...] die alten Domcapitel nicht wieder aufleben“[49] zu lassen. Besonders im Falle des alten Hildesheimer Domkapitels war die Regierung bestrebt, durch die Verhinderung des Zutrittes der Kapitulare des alten Domkapitels zum neuen einige ihr besonders mißliebige Personen[50] von der Möglichkeit

---

44 Vgl.: ASCHOFF, Staat und Kirche, 75-89; HEGEL, Kirchenpolitische Beziehungen, 86-100.

45 So etwa die Vermutung von Hegel. Vgl.: HEGEL, Kirchenpolitische Beziehungen, 87.

46 Vgl. ASCHOFF, Staat und Kirche, 75-76.

47 Kabinettsministerium an Münster, 5. Januar 1818. Zit. nach: ASCHOFF, Staat und Kirche, 77.

48 Nachweis bei: ASCHOFF, Staat und Kirche, 76.

49 Bremer an Münster, 18. August 1817. Zit. bei: ASCHOFF, Staat und Kirche, 76.

50 Bremer nennt im Schreiben an Münster unter den Personen, die seiner Meinung nach der Regierung Schwierigkeiten bereiten können, Weihbischof Wendt, „den Patron aller alten

jedweder Einflußnahme fernzuhalten. Wie ernst die hannoversche Regierung die Gefahr des Einflusses der alten Domherren nahm, geht aus der Position des Kabinettsministeriums hervor, auf der regierungsseitigen Ernennung der ersten Kapitulare des neuen Kapitels bestehen zu müssen, um diejenigen Personen, „deren unruhige und fanatische Gesinnungen bekannt sind, wenigstens im Augenblicke der Herstellung der kirchlichen Verfassung“[51] aus dem neuerrichteten Kapitel herauszuhalten. Im Kabinettsminsterium wurde befürchtet,

> „daß die erste Formation der Capitel, und der Geist, welcher den ersten Bischof mit seinem Capitel belebt, wo nicht für immer, doch für eine lange Zukunft entscheidend ist, weil dieser Geist auf die Neuzukommenden übergeht“[52].

Um dieses Ziel zu erreichen, billigte Hannover Mazios Vorschlag zur Besetzung des Domkapitels, bestand aber auf einem unbeschränkten Vetorecht gegen nicht genehme Kandidaten.

Auch war Hannover bestrebt, einen Ausschluß der alten Domherren vom neuen Domkapitel zu erreichen, da im Falle der Übernahme von Domherren des alten Kapitels in das neue der Anschein hätte entstehen können, das alte Kapitel lebe fort, woraus sich eventuell Ansprüche auf den säkularisierten Besitz des alten Kapitels hätten herleiten lassen können.

Bzgl. der Bischofswahl ging Hannover auf den römischen Vorschlag ein, den Domkapiteln das Wahlrecht aus einer vorher von der Regierung genehmigten Kandidatenliste unter Aufsicht eines landesherrlichen Wahlkommissars einzuräumen, da in den Verhandlungen deutlich geworden war, daß sich eine landesherrliche Nomination der Bischöfe nicht durchsetzen ließ.

Da sich jedoch alsbald herausstellte, daß auch mittels der neuen Instruktionen mit dem Hl. Stuhl kein Verhandlungsabschluß zu erreichen war, wandte sich Ompteda am 25. Mai 1818 erneut an die hannoversche Regierung und versuchte weiteres Nachgeben zu erreichen, indem er auf „die günstige Gesinnung

---

Anmaaßungen“ und Domkapitular Gudenau, „a medding fellow, der sich in alles hat ingerieren wollen, u. von uns schon oft hat zurückgewiesen werden müßen. Ihn herauszuhalten wäre, meines Bedenkens, schon eine wichtige Ursache, das alte Capitel nicht wieder herzustellen“. Nachweis: siehe Anm. 49.

51 Kabinettsministerium an Münster, 5. Januar 1818. Zit. bei: ASCHOFF, Staat und Kirche, 77.

52 Kabinettsministerium an Münster, 13. Juli 1818. Zit. bei: ASCHOFF, Staat und Kirche, 77, Anm. 96.

und Geneigtheit Consalvis"[53] hinwies, erreichte jedoch keine Veränderung der hannoverschen Position. *Aschoff* resumiert:

> „Denn ein Nachgeben, wenn es auch nur in Worten geschah und nachteilige Folgen durch geheime Verabredungen verhindert werden konnten, hätte die Verhandlungen der übrigen deutschen Höfe mit dem Hl. Stuhl erschwert. [...]. Hannover als erster protestantischer Staat, der mit dem Hl. Stuhl wegen eines Konkordates verhandelte, war sich der Bedeutung dieser Verhandlungen bewußt. Gab es der römischen Kurie in der Form nach, so konnte dies als Norm für nachfolgende Verhandlungen verstanden werden."[54]

Ungeachtet der bestehenden Divergenzen war der römische Seite am Abschluß eines Konkordates gelegen. Consalvi war bestrebt, eine Verbesserung des Verhältnisses zwischen dem Hl. Stuhl und Großbritannien, das mit Hannover in Personalunion verbunden war, zu erreichen. Darüber hinaus war sich die römische Kurie auch bewußt, daß durch den Abschluß eines Konkordates mit dem Königreich Hannover der erste Abschluß eines Vertrages zwischen dem Hl. Stuhl und einem protestantischen Staat nach dem Wiener Kongreß gelungen wäre.

> „Der Abschluß eines Konkordates mit Hannover, eines Vertrages zwischen dem Papst und dem König von Hannover, der gleichzeitig König von Großbritannien war, wäre eine Erhöhung des Ansehens, ein großer diplomatischer Erfolg für den Hl. Stuhl gewesen."[55]

Grundlegende Entscheidungen bzgl. der Konkordatsverhandlungen mit der hannoverschen Regierung fielen in der Sitzung der Kardinalskongregation am 23. und 27. Juli 1818, die die Richtung der nachfolgenden Verhandlungen vorgab und die Grundzüge des abzuschließenden Konkordates festlegte; obwohl sich die Verhandlungen bis zum Jahre 1821 hinzogen, wich das in ihnen erzielte Endergebnis nur unwesentlich von dem durch die Kardinalskongregation gebilligten Konkordatsentwurf ab.

Der Konkordatsentwurf der Kardinalskongregation sah vor, daß im Königreich Hannover zwei Bistümer bestehen sollten, die exemt und somit direkt dem Hl. Stuhl unterstellt waren. Die Dotation von Bischof und Domkapiteln sollte in liegenden Gütern erfolgen, deren Verwaltung SUB PROTECTIONE REGIAE MAJESTATIS vorzunehmen wäre. Die Anzahl der Domkapitelsstellen sowie de-

[53] ASCHOFF, Staat und Kirche, 78.

[54] ASCHOFF, Staat und Kirche, 78.

[55] ASCHOFF, Staat und Kirche, 82.

ren und des Bischofs Besoldung sollten nach hannoverschen Vorstellungen geschehen, jedoch dem Domkapitel zusätzlich vier Domvikare beigegeben werden. Bei der Besetzung der Bistümer hatte sich die Kongregation nicht festgelegt, sondern der hannoverschen Seite die Wahl überlassen zwischen päpstlicher Ernennung des Bischofs oder Wahl des Domkapitels aus einer vom Domkapitel der Regierung einzureichenden Liste mit Wahlkandidaten, von der die Regierung die ihr mißliebigen Personen hätte streichen können. Die Domkapitelstellen sollten abwechselnd durch den Bischof auf dem Wege der Ernennung und durch das Domkapitel mittels Wahl besetzt werden; die für Wahl und Ernennung erforderliche Kandidatenliste sollte vier Personen umfassen, von der die Regierung die ihr nicht genehmen Personen ausschließen kann. Die Kandidaten für die Domkapitelsstellen müssen zusätzlich zu den kanonischen Erfordernissen das Landesindigenat besitzen, mindestens dreißig Jahre alt und sich in der Seelsorge, Verwaltung oder Lehrtätigkeit ausgezeichnet haben. In der Wahl des Generalvikars sollte der Bischof frei sein, eine Besoldung durch den Staat aber nur dann erfolgen, wenn dieser zugleich Domkapitular ist. Zudem muß der Generalvikar zu den PERSONAS MAJESTATI SUAE GRATAS gehören. Desweiteren sollen alle Inhaber von Benefizien zur Ableistung des Treueeides gegenüber dem König gleich dem Bischof verpflichtet sein.

Auf der Grundlage dieses Konkordatsentwurfes, der vom preußischen Gesandten in Rom Niebuhr als das „Ultimatum des römischen Hofes“[56] bezeichnet wurde, führte der Hl. Stuhl alle weiteren Verhandlungen und machte in den wesentlichen Punkten keine Zugeständnisse mehr.

Zusammenfassend ist festzuhalten, daß die römische Seite im Punkte der kirchlichen Ämterbesetzung der hannoverschen Regierung durch die Gewährung des Ausschlusses von minder genehmen Kandidaten bei Wahlen oder Besetzungen erheblichen Einfluß auf die Auswahl der Stelleninhaber zugestanden hat. Auch ist bemerkenswert, daß die Kurie die Verpflichtung zur Ableistung des Treueeides gegenüber dem König in die Verhandlungsmaterie aufgenommen hat.

> „Seine Bedeutung erhält dieser [Konkordats-]Entwurf dadurch, wie von Niebuhr auch richtig gesehen wurde, daß er zeigt, „worauf der römische Hof, solange der Papst und der Cardinalsstaatssekretär regieren, mit protestantischen Regierungen abzuschließen bereit ist“.“[57]

Ompteda versuchte in seinem Gutachten vom September 1818 die hannoverschen Regierung zur Annahme des römischen Vorschlages, dieser „in mehrfa-

---

[56] MEJER, Propaganda; zit. nach: HEGEL, Kirchenpolitische Beziehungen, 92.

[57] ASCHOFF, Staat und Kirche, 86-87.

cher Hinsicht wünschenswerthen Convention"[58], zu bewegen, was ihm jedoch nicht gelang. Die Regierung hielt an einigen ihrer Standpunkte, u. a. dem uneingeschränkten Veto bei der Ablehnung der Kandidaten für die Bischofswahl, fest und suchte diese in Rom erneut durchzusetzen. Die entsprechenden Instruktionen wurden im Winter 1818 in Hannover erstellt und am 19. Januar 1819 vom Prinzregenten gebilligt.

1.2.4.3 Dritte Verhandlungsphase 1819

Die dritte Neufassung der hannoverschen Instruktionen, gelangte erst Mitte März nach Rom. Als Ompteda am 16. März verstarb, hatte er dem Kardinalstaatssekretär nur mehr mündlich mitteilen können, daß die hannoversche Regierung weiterhin auf einigen ihrer Forderungen bestehe. Die schon anberaumte neuerliche Verhandlung konnte bereits nicht mehr stattfinden. *Aschoff* resümiert am Ende dieses Abschnittes der Unterhandlungen zwischen Rom und Hannover:

> „Er [Ompteda] wies die hannoversche Regierung auf das Mögliche hin, das in Rom erreicht werden konnte. Wenn die Verhandlungen nach zwei Jahren noch nicht das Ergebnis gezeitig hatten, das von beiden Seiten erwartet worden war, so lag dies nicht an den Unterhändlern. Zwischen der auf staatskirchlichen Prinzipien beharrenden hannoverschen Regierung und der auf ihrer vollen Souveränität bestehenden Kirche gab es wenig Raum für Verhandlungen. Beim Tode Omptedas waren die Fronten eigentlich schon abgesteckt. Die römische Seite blieb auf den Bestimmungen des Konkordatsentwurfs im wesentlichen bestehen, während Hannover an den in der letzten Instruktion [vom 19. Januar 1819] aufgestellten Punkten festhielt, wenn man von der Forderung nach dem unbegrenzten Veto bei Bischofswahlen absieht. Die folgenden Verhandlungen konnten nur auf eine Aufweichung im Wortlaut oder den gänzlichen Ausschluß der kontroversen Punkte hinauslaufen."[59]

1.2.4.4 Vierte Verhandlungsphase 1819/1820[60]

Reden, Nachfolger des verstorbenen Ompteda, nahm die Verhandlungen in Rom wieder auf mit der Überreichung einer Note vom 16. Juli 1819, die sich an

---

[58] Ompteda an Kabinettsministerium, 18. November 1818. Zit. nach: ASCHOFF, Staat und Kirche, 87.

[59] ASCHOFF, Staat und Kirche, 90.

[60] Vgl.: ASCHOFF, Staat und Kirche, 90-96; HEGEL, Kirchenpolitische Beziehungen, 100-115.

die Vorgaben der Instruktion vom Januar 1819 hielt und die von Hannover gewünschten Änderungen des Konkordatsentwurfes vom August 1818 übermittelte. In den sich anschließenden Verhandlungen, die bis zum September 1820 andauerten, wurden in fast allen strittigen Punkten Kompromisse erzielt[61], selbst in der Frage des unbeschränkten landesherrlichen Vetos bei der Bischofswahl war die hannoversche Regierung zum Nachgeben bereit. Einen Endpunkt fanden die Verhandlungen mit der von der Kardinalsonderkongregation verfaßten Resolution „PETITIONES, DE QUIBUS SUPRA NON ESSE ADMITTENDAS“ vom 26. September 1820. In ihrem Beschluß nahm die Kongregation Stellung zur hannoverschen Anwort auf die von ihr in der vorhergehenden Sitzung vom 27. Mai 1820 vorgelegten Verhandlungspositionen. Der Resolution entsprechend wurde von Consalvi im Oktober ein Antwortschreiben an die hannoversche Regierung verfaßt, daß von Reden aber erst im April 1821 zugestellt wurde[62]. Dieses Schreiben stellt den Endpunkt der Verhandlungen, die zum Abschluß eines Konkordates führen sollten, dar. Der Kardinalstaatssekretär bedauerte den bisherigen Verlauf der Verhandlungen, machte aber desgleichen unmißverständlich deutlich, daß in den strittigen Fragen der Kompetenzen der Konsistorien keine Zustimmung zu den hannoverschen Forderungen möglich sei.

> „Der Grund für das Mißlingen lag [...] in den gegensätzlichen Positionen beider Partner. Sie kristallisierten sich an der Frage nach dem Kompetenzbereich der Konsitorien; hier standen die Ehegerichtsbarkeit und die Aufsicht über die Kirchengüter im Vordergrund. Ein

---

[61] Aus der Vorlage vom 20. Mai 1820 für die Kardinalssonderkommission, die sich mit den Verhandlungen bzgl. des Konkordates mit Hannover befaßte, geht hervor, in welchen Punkten Uneinigkeit bestand: bei der Besetzung der Pfarrstellen, der Berufung und Entlassung der Seminarprofessoren, der Überprüfung der kirchlichen Stiftungen durch die Regierung, dem von Hannover geforderten absoluten Veto bei der Bischofwahl und bzgl. der Frage nach der bischöflichen Gerichtsbarkeit und den Konsitorien. Vgl.: ASCHOFF, Staat und Kirche, 92.

[62] Fraglich ist, warum Consalvi die Antwort an die hannoversche Regierung so lange zurückgehalten hat. *Aschoff* weist darauf hin, daß die Hauptverhandlungen mit der preußischen Gesandtschaft über den Abschluß einer Zirkumskriptionbulle, deren Leitung ebenfalls Consalvi oblag, zwischen Juli 1820 und März 1821 stattfanden: „Auffällig ist, daß Consalvi die Note für die hannoversche Regierung Reden erst zwei Wochen nach der Konferenz zwischen ihm, Hardenberg und Niebuhr übergab, in der man sich mündlich über die Bestimmungen der preußschischen Bulle geeinigt hatte. Consalvi kann die Note für Hannover zurückgehalten haben, um durch ein Abbrechen der hannoverschen Verhandlungen, was die Übergabe der Note wahrscheinlich gemacht hätte, das Ergebnis der preußischen Verhandlungen nicht zu präjudizieren, zum anderen, um in der Einigung mit Preußen auch Hannover den Weg zu einer Verständigung weisen zu können. Vgl: ASCHOFF, Staat und Kirche, 95, Anm. 163.

Aufgeben dieser Behörden hätte für die Regierung nicht nur einen Prestigeverlust bedeutet."[63]

Die in der Note des Kardinalstaatssekretärs dargelegten kurialen Standpunkte und die Tatsache, daß die preußische Regierung inzwischen den Abschluß ihrer Verhandlungen und die Erwirkung einer Zirkumskriptionbulle mit dem Hl. Stuhl erreicht hatte, veranlaßten die hannoversche Regierung, nun ebenfalls vom Abschluß einer förmlichen Konvention abzugehen und den Erlaß einer Zirkumskriptionsbulle zu erwirken. Die für diese Verhandlungen notwendigen Instruktionen wurden am 12. Januar 1822 fertiggestellt.

1.2.5 Der Abschluß der Zirkumskriptionsbulle[64]

Die Instruktionen für die Erwirkung einer Zirkumskriptionsbulle vom Januar 1822 sahen vor, für das ganze Königreich Hannover nur ein Bistum mit Sitz in Hildesheim zu errichten, die Besetzung des Bischofsstuhles und des Domkapitels sollte wie bisher vereinbart erfolgen. Die Dotation von Bischof und Kapitel war in liegenden Gründen vorgesehen, deren Ausmittelung innerhalb eines Zeitraumes von fünf Jahren erfolgen sollte. Der Generalvikar sollte PERSONA GRATA sein und, falls er nicht dem Domkapitel angehörte, vom Bischof besoldet werden. Anstelle des Bistums Osnabrück sollte ein dem Hildesheimer Bischof unterstelltes Vikariat oder Kommissariat errichtet werden.

Durch die Erwirkung einer Zirkumskriptionsbulle gedachte die hannoversche Regierung „die Diöcesan-Verhältnisse, mittels Errichtung eines Bisthums" zu ordnen und die Regelung aller übrigen kirchlichen Angelegenheiten „der innern Gesetzgebung und einer Übereinkunft mit dem Bischofe und der Geistlichkeit" zu überlassen, auch wenn dadurch Differenzen mit der Diözesanleitung vorherzusehen waren [65]. Hannover glaubte, ohne Bindung an ein Konkordat leichter in die Regelung der kirchlichen Angelegenheiten im Bistum Hildesheim durch Erlaß einseitiger staatlicher Gesetze eingreifen zu können. Um der Kurie zusätzlich einen Anreiz zu bieten, aufgrund der neuen Vorschläge abzuschließen, schlug die Landesregierung für den Fall der Errichtung nur eines Bistums eine Erhöhung der Dotation des Hildesheimer Bischofs von 4000 Rtr. auf 6000 Rtr. und des Hildesheimer Domdechanten von 1500 Rtr. auf 1800 Rtr. vor.

---

[63] ASCHOFF, Staat und Kirche, 96.

[64] Vgl.: ASCHOFF, Staat und Kirche, 96-110; BERTRAM, Bischöfe, 272-273; DERS., Geschichte III, 235-237; HEGEL, Kirchenpolitische Beziehungen, 116-123.

[65] Kabinettsministerium an Georg IV., 31.12.1821. Zit. nach: ASCHOFF, Staat und Kirche, 97.

Die Antwort auf das hannoversche Ansuchen, eine Zirkumskriptionsbulle zu erwirken, erfolgte durch Consalvi am 26. April 1822. Dieser bedauerte das Scheitern der Konkordatsverhandlungen, rechtfertigte die römische Haltung und sprach seinen Wunsch aus, doch noch zu einem Konkordatsabschluß zu gelangen. Desweiteren räumte er die Möglichkeit des Erlasses einer Zirkumskriptionsbulle ein sowie der Erfüllung der hannoverschen Forderungen, ausgenommen der Aufhebung des Bistums Osnabrück und aller damit zusammenhängenden Punkte. Im anschließenden Notenwechsel zwischen Reden und Consalvi wurde die Kontroverse über die Frage der Dotation der Diözese dahingehend gelöst, daß in der Bulle beide Diözesen umschrieben, beide Kapitel und beide Seminare errichtet werden sollten, jedoch in Ermangelung von Mitteln zunächst nur die Diözese Hildesheim ausgestattet, ein Bischof, ein Kapitel und ein Seminar eingerichet würden. Osnabrück sollte als Diözese erhalten bleiben, zunächst aber nicht dotiert und durch den Bischof von Hildesheim mittels eines Generalvikars für Osnabrück verwaltet werden. Die hannoversche Regierung stimmte diesem Vorschlag unter der Bedingung zu, „daß es durchaus von dem diesseitigen Willen abhängen müsse, ob und wann man zu einer Dotation des zweyten Bisthums schreiten wolle“[66].

Der erzielte Kompromiß über die Frage der Dotation des Bistums Osnabrück eröffnete die Möglichkeit zum Abschluß der Zirkumskriptionsbulle. Für Rom war diese die günstigste der vorgeschlagenen Lösungen; Hannover war zwar in absehbarer Zeit nicht bereit, das Bistum Osnabrück zu dotieren, doch erkannte die beabsichtigte Regelung die Existenz des Bistums an. Die hannoversche Regierung hatte für ihren Teil erreicht, durch die gewählte Formulierung der Bulle nicht zu einer Dotierung von Osnabrück gezwungen werden zu können.

Die Verhandlungen kamen jedoch zunächst nicht zum Abschluß, da die hannoversche Regierung für den Generalvikar von Osnabrück die früher gestellte Forderung wieder aufnahm, er solle PERSONA GUBERNIO ACCEPTA[67] sein. In seiner Antwort legte Consalvi dar, daß eine derartige Forderung bisher in keiner Bulle und keinem Konkordat zugesichert worden sei und eine derartige Neuerung darstelle, daß er über die Aufnahme dieses Passus in den Vertragstext nicht ohne Konsultation des Papstes entscheiden könne. Aufgrund des außerordentlich schlechten Gesundheitszustandes von Papst Pius VII. sei dies aber nicht möglich.

---

66 Anweisung für die Gesandtschaft zu Rom, 22. Oktober 1822. Zit. nach: ASCHOFF, Staat und Kirche, 106.

67 Instruction für die Gesandtschaft zu Rom, 30. Juni 1823. Zit. nach.: ASCHOFF, Staat und Kirche, 106.

Da Pius VII. im Sterben lag „und sowohl Consalvi als auch die hannoversche Gesandtschaft sich bewußt waren, daß unter dem Nachfolger Consalvis die Fortsetzung der Verhandlungen wegen des zunehmenden Einflusses der *zelanti* großen Schwierigkeiten begegnen würde“[68], erklärte sich Reden mit Schreiben vom 19. August 1823 einverstanden mit den römischen Vorschlägen für die Zirkuskriptionsbulle. Als am Tage darauf Pius VII. verstarb, waren die Verhandlungen zwischen Hannover und Rom über die Zirkumskriptionsbulle gerade eben zum Abschluß gekommen.

Die hannoversche Regierung billigte das Vorgehen ihres Gesandten Reden und stimmte dem Entwurf der Bulle zu. Sie forderte Reden durch Schreiben vom 31. Oktober 1823 auf, die Publikation der Zirkumskriptionsbulle zu erreichen. Reden beantragte daraufhin am 2. Dezember 1823 beim Kardinalstaatssekretär des neuen Papstes Leo XII. die Ausfertigung der Bulle, die sich jedoch verzögerte, da der römische Kurienkardinal Severoli versuchte, das mit Hannover getroffene Abkommen rückgängig zu machen.

Bzgl. des Hildesheimer Domkapitels bemängelte Severoli die seiner Ansicht nach zu geringe Zahl der Kanoniker; der kuriale Unterhändler Mazio entgegnete, daß bei der Haltung der Regierung eine Vergrößerung des Kapitels nicht zu erreichen gewesen war und die noch vorhandenen sieben Hildesheimer Domherren die Plätze des neuen Kapitels füllen könnten. Auch war er der Auffassung, daß die noch vorhandenen Kanoniker des alten Hildesheimer Domkapitels das neue konstituierten. Ebenfalls bemängelte Severoli den Ausschluß der päpstlichen Verleihung der Dompräbenden, worauf Mazio erwiderte, daß anderen Souveränen ähnliches zugestanden worden und ein Nachgeben von römischer Seite notwendig gewesen sei, um einen Vertragsabschluß zu erreichen. Weiterhin kritisierte der Kardinal das Zugeständnis, daß der hannoverschen Regierung eine Frist bis zur Ausmittelung der Dotation zugestanden wurde, da von kirchlicher Seite aus keine Mittel zur Verfügung standen, die Regierung auch zur Erfüllung ihrer vertraglich eingegangenen Verpflichtung zu veranlassen[69].

Insgesamt kamen Mazios Erwiderungen zu dem Schluß,

> „daß die Einwände Severolis nicht von der Art waren, daß sie eine Ausfertigung der Bulle verhindern mußten, vielmehr war die Bulle

---

[68] ASCHOFF, Staat und Kirche, 107.

[69] Die Dotation ist tatsächlich erst nach längeren Verhandlungen und anders, als ursprünglich vertraglich vorgesehen, im Jahre 1865 erfolgt. Siehe dazu Kapitel 1.5.

notwendig, um die kirchlichen Verhältnisse notdürftig zu regeln und eine geordnete Seelsorge zu ermöglichen"[70],

so daß die Ausfertigung der Bulle am 21. Februar 1824 durch Papst Leo XII. angeordnet wurde.

1.3 Neuerrichtung des Hildesheimer Domkapitels durch die Zirkumskriptionsbulle Impensa Romanorum Pontificum Sollicitudo vom 26. März 1824[71]

1.3.1 Ausfertigung der Bulle

Die Ausfertigung der Bulle gemäß den vorausgegangenen Verhandlungen wurde durch Papst Leo XII. ohne inhaltliche Änderung angeordnet. Am 21. Februar 1824 erhielt Reden das von der Konsistorialkongregation unterzeichnete Dekret REGNI HANNOVERAE NOVAE CIRCUMSCRIPTIONIS DIOECESIUM mit dem Hinweis, daß im Dekret gegenüber der mit Consalvi im August 1823 vereinbarten Fassung zwei Änderungen vorgenommen werden mußten: zum einen war der Name des Papstes zu ändern, zum anderen war durch einen Schreiber versehentlich eine Klausel ausgelassen worden, die den Zustand des Hildesheimer Kapitels aufheben sollte. Das Dekret ist von Reden der Datarie übergeben worden, die es ohne wesentliche inhaltliche Änderungen in die Bulle eingerückt hat, so daß am 26. März 1824 die Zirkumskriptionsbulle IMPENSA ROMANORUM PONTIFICUM SOLLICITUDO durch Papst Leo XII. erlassen wurde.

Die hannoversche Regierung war mit dem erzielten Verhandlungsergebnis zufrieden, wenngleich der Tenor der Einleitung der Bulle Mißfallen erweckte, da

[70] ASCHOFF, Staat und Kirche, 110.

[71] Lateinischer und deutscher Text: HannGS 1824, I. Abt., 89-110; deutschte Übersetzung abgedruckt bei: HUBER, ERNST RUDOLF und HUBER, WOLFGANG: *Staat und Kirche im 19. und 20. Jahrhundert* / Dokumente zur Geschichte des deutschen Staatskirchenrechts / Band I / Staat und Kirche vom Ausgang des alten Reiches bis zum Vorabend der bürgerlichen Revolution. Berlin : Duncker & Humblot, 1973, 299-308. Vgl.: ASCHOFF, Staat und Kirche, 96-99, 102-114; BERTRAM, Bischöfe, 270-272; DERS., Geschichte III, 235-237; DYLONG, Hildesheimer Domkapitel, 286-287; HEGEL, Kirchenpolitische Beziehungen, 115-123; HENKEL, Handbuch, 63; SEELAND, Kurzer Abriß, 76-79; DAHL-KELLER, ULRIKE MARGA: *Der Treueeid der Bischöfe gegenüber dem Staat* / Geschichtliche Entwicklung und gegenwärtige staatskirchenrechtliche Bedeutung. Staatskirchenrechtliche Abhandlungen / Band 23. Berlin : Duncker & Humblot, 1992, 109-111.

er die Interpretationsmöglichkeit zuließ, Leo XII. hätte das Vorhaben seines Amtsvorgängers nur gezwungenermaßen abgeschlossen, er selbst jedoch hätte viel geringere Zugeständnisse an den hannoverschen Verhandlungspartner gemacht.

Vor allem vermißte die hannoversche Regierung die Erwähnung der „Königlichen Sorgfalt für das Wohl der Katholischen Kirche“[72]; da aber sonst allen Wünschen Hannovers entsprochen worden war, insbesondere der förmlichen Aufhebung der alten Domkapitel, teilte das Ministerium unter dem 11. Mai 1824 dem König mit, daß gegen die Genehmigung der Bulle keine Bedenken bestünden. Es fügte dem Schreiben eine von Leist verfaßte Übersetzung der Bulle sowie den Entwurf eines königlichen Genehmigungspatents, dessen Vorbild die preußische Kabinettsordre vom 23. August 1821 zur Genehmigung der preußischen Zirkumsskriptionsbulle ist, bei.

1.3.2 Rechtskraft und Geltung

Durch Veröffentlichung des königlichen Genehmigungspatents in der hannoverschen Gesetzessammlung am 20. Mai 1824 erteilte der König „kraft Unserer Majestäts-Rechte [...] den auf die vorher namhaft gemachten Gegenstände sich beziehenden Verfügungen der erwähnten päbstlichen Bulle unsere Königliche Genehmigung“[73]. Gleichzeitig verpflichtete diese „ [...] Alle, die es betrifft, jene Verfügungen als ein verbindliches Statut der katholischen Kirche in Unserm Königreich Hannover zu beobachten und zu befolgen [...].“

Die Genehmigung der Bulle ist erteilt worden „unbeschadet Unsern Majestäts-Rechten und den Rechten Unserer Unterthanen Evangelischer Religion und der Evangelischen Kirche im Königreiche“. Ihr Abdruck erfolgte in der Abteilung I, Verfassungsrecht, der Gesetzessammlung in lateinischer und deutscher Sprache.

---

[72] Kabinettsministerium an Münster, 4. Mai 1824. Zit. nach: ASCHOFF, Staat und Kirche, 112.

[73] Hann.GS 1824, 87. Abgedruckt im Textanhang, S.176.

1.3.3 Bestimmungen der Zirkumskriptionsbulle bzgl. des Hildesheimer Domkapitels[74]

1.3.3.1 Aufhebung des alten Domkapitels und aller seiner früheren Rechte, Privilegien und Vorrechte und Errichtung des neuen Domkapitels

Durch den Erlaß der Bulle erfolgte die Aufhebung des alten Hildesheimer Domkapitels, das seit der Zeit Altfrieds (851-874), des vierten Bischofs von Hildesheim, bestand: „ ...was die früheren Rechte, Privilegien und Vorrechte der vorher namhaft gemachten [...] Capitel betrifft, Wir auch die Zustimmung aller derer, die an der Sache betheiligt sind, hiermit ergänzen, beschließen Wir, Kraft apostolischer Machtvollkommenheit, nach vorgängiger gänzlicher Aufhebung, Erlöschung und Vernichtung des vorherigen Bestandes vorbenannter [...] Capitel, daß von jetzt an und in Zukunft das Capitel der Domkirche zu Hildesheim nur aus einer einzigen Würde, nämlich der Dechanei, aus sechs Canonikaten und vier Vikarien oder Pfründen bestehen solle".

Somit sind alle bisherigen Verfassungen, Statuten und gewohnheitsmäßigen Rechte des alten Domkapitels mit diesem erloschen.

1.3.3.2 Dotation des neuen Kapitels

Der hannoversche König hatte sich durch den Vertrag mit dem Heiligen Stuhl verpflichtet, innerhalb von vier Jahren nach Erlaß der Bulle dem Domkapitel Grundstücke, liegende Güter, Zehnte und Grundzinsen in einer entsprechenden Zusammensetzung zuzuweisen, so daß die festgesetzten Einkünfte der Kapitulare und Vikare durch diese erbracht werden können[75].

Als jährliches Einkommen werden dem Domdechanten 1500 Thaler, den beiden älteren Kanonikern je 1400 Thaler, dem dritten und vierten Kanoniker je 1000 Thaler, den beiden verbleibenden Kanonikern je 800 Thaler zugewiesen. Solange das Bistum Osnabrück nicht dotiert war, erhielt der Hildesheimer Domdechant eine Zulage von 300 Thalern. Die Vikare des Domkapitels erhalten jeweils 400 Thaler. Darüber hinaus sind dem Domdechanten, allen Kanonikern und dem nach der Ordnung ersten und zweiten Vikar Häuser zuzuweisen, „die einer jeden Pfründe derselben angewiesen werden".

Die vorzunehmende Dotation des Kapitels ist durch den Exekutor der Bulle oder den dazu deligierten Vertreter zu prüfen und im Falle des Einverständnis-

---

[74] Vgl.: ASCHOFF, Staat und Kirche, 111-114; DERS.: „Hildesheimer Bischofswahlen im 20. Jahrhundert". In: *DHVG* 48 (1980) 65-82, hier: 66; BERTRAM, Bischöfe, 272-273; DERS., Geschichte III, 236; HEGEL, Kirchenpolitische Beziehungen, 126-128.

[75] Zum Problem der Ausführung der Dotation vgl. Kapitel 1.5.

ses zu genehmigen. Bis zur Einlösung dieser Verpflichtung sind dem Domkapitel die zustehenden Einkünfte einmal jährlich abgabenfrei und bar aus dem königlichen Schatz vollständig auszuzahlen.

1.3.3.3 Besetzung der Kanonikate und Vikarien des neuen Domkapitels

Durch den Erlaß der Zirkumskriptionsbulle erfährt der Zugang zum Domkapitel eine Neuregelung. Mit der Aufhebung des alten Kapitels entfallen die durch Statutarrecht geforderten Zugangsvoraussetzungen[76], so daß nur mehr die gemeinrechtlichen Normen Geltung haben, die als Mindestvoraussetzung für den Zugang zum Kathedralkapitel die Subdiakonatsweihe erforderten, daß die eine Hälfte der Kanonikate mit Priestern, die andere Hälfte mit Diakonen und Subdiakonen besetzt werden muß, und vorschrieben, die Hälfte der Kanonikate an Magister, Doktoren oder Lizentiaten der Theologie oder des Kanonischen Rechtes zu vergeben[77].

Zusätzlich zu diesen Erfordernissen sind für die Aufnahme in das neue Domkapitel aufgrund der Bestimmungen der Bulle weitere Anforderungen zu erfüllen.

Außer dem Erfordernis des Landesindeginats wird der für ein Kanonikat oder Vikariat in Frage kommende Personenkreis weiter eingeschränkt. Zusätzlich zu den durch das kanonische Recht geforderten Eigenschaften muß die für ein Kanonikat vorgesehen Person die Priesterweihe empfangen haben, mindestens dreißig Jahre alt sein und eine besondere Eignung auf einem Gebiete des kirchlichen Dienstes, wie der Seelsorgsausübung, Verwaltung eines Kirchenamtes oder des Professorates am bischöflichen Seminar, besitzen. Für die Verleihung einer Vikariatsstelle sind diese Bedingungen im Vertragstext nicht genannt; da die Vikare nicht dem Kapitel angehören und im Gesetzestext gesondert erwähnt werden, ist davon auszugehen, daß für sie nicht die weitergehenden Anforderungen der Bulle, sondern nur die durch das kanonische Recht festgesetzten Anforderungen gelten[78].

---

[76] Einen Überblick über die partikularen und statutarischen Bestimmungen für die Erlangung einer Domherrenstelle bis zur Säkularisation mit Quellenangaben bei: HINSCHIUS, PAUL: *Das Kirchenrecht der Katholiken und Protestanten in Deutschland* / System des katholischen Kirchenrechts mit besonderer Rücksicht auf Deutschland / [Band 6/2]. Berlin : Guttentag, 1878. Photomechanischer Nachdruck der Akademischen Druck- und Verlagsanstalt Graz, 1959, § 81, B. Eine Untersuchung der Zugangsvoraussetzungen zum Hildesheimer Domkapitel im 18. Jahrhundert bei: DYLONG, Hildesheimer Domkapitel, 97-106.

[77] Vgl.: HINSCHIUS, Kirchenrecht 6/2,§ 81, B.

[78] „[...] wurden bei den einzelnen Stiftern Geistliche angestellt, welche zwar zu der Kirche gehörten, aber im Gegensatz zu den Kanonikern weder Mitglieder des Kapitels waren,

Die Besetzung der Dechanei sowie der Kanonikate und Vikariate erfolgt alternierend durch den Bischof und das Kapitel. Der zur Besetzung jeweils Berechtigte hat innerhalb von sechs Wochen, vom Zeitpunkt der Erledigung einer Stelle an gerechnet, eine Liste von vier Kandidaten, die über die erforderlichen Eigenschaften verfügen, dem königlichen Ministerium zur Prüfung vorzulegen. Sofern dem Ministerium Kandidaten weniger genehm oder auch verdächtig erscheinen, kann dieses die Streichung der beanstandeten Person von der Wahlliste verlangen. Im Text der Bulle ist, im Gegensatz zu den Bestimmungen über die Wahl des Bischofs, nicht festgelegt, wieviele Kandidaten mindestens auf der Wahlliste verbleiben müssen; unter Berücksichtigung früherer mit Consalvi getroffener Absprachen ist jedoch von mindestens zwei Personen auszugehen[79]. Innerhalb von vier Wochen nach der Stellungnahme des Ministeriums zur Kandidatenliste hat der Bischof das in Frage kommende Amt an einen Bewerber zu verleihen bzw. das Kapitel diesen zu ernennen, sofern die Regierung keine Einwendungen hat. Ist der Bewerber ernannt, hat der Bischof diesem die kanonische Einsetzung zu erteilen.

1.3.3.4 Das Bischofswahlrecht des neuen Domkapitels

Das neue Domkapitel zu Hildesheim behält das Recht der Bischofswahl, das Kaiser Heinrich II. diesem durch Urkunde vom 13. März 1013 zugesichert hat, doch erfolgen Einschränkungen durch die Bulle[80]: Das Domkapitel wählt zwar weiterhin frei den Bischof, doch unterliegt die Auswahl der Wahlkandidaten Einschränkungen.

[...]. Der für sie am häufigsten vorkommende Name ist: vicarii, ...So bildete die Gesamtheit der hier besprochenen Stellvertreter neben dem Kapitel gewissermaßen einen zweiten Corpus niederen Rechtes, welches mit der Verwaltung der Angelegenheiten des ersten nichts zu thun hatte, dessen Mitglieder aber die höheren ordines, meistens sogar die Priesterweihe besitzen mußten, ...". HINSCHIUS, Kirchenrecht 6/2, § 81, D.

[79] Vgl.: ASCHOFF, Das Staat und Kirche, 73.

[80] Das Recht der grundsätzlich freien Bischofswahl, das durch die Urkunde vom 13. März 1013 durch Kaiser Heinrich II. dem Hildesheimer Domkapitel zugesichert worden war, ist anfänglich durch das Ernennungsrecht des Kaisers eingeschränkt gewesen, bis dieser im Wormser Konkordat von 1122 auf die Belehnung der Bischöfe verzichtet hat. Verschiedentlich erfolgte auch unberechtigte Einmischung der bischöflichen Ministerialen bei der Bischofswahl; 1198 setzte Papst Innozenz III. nach Absetzung von Bischof Konrad I. den vom Domkapitel auf seine Anweisung hin gewählten Bischof Hartbert gegen die Ministerialen durch und zwang diese zur Anerkennung. Durch Reichserlaß von 1221 wurde den bischöflichen Ministerialen jegliches Recht der Mitwirkung an der Bischofswahl verboten, so daß spätestens von diesem Zeitpunkt an das ausschließliche Bischofswahlrecht des Domkapitels galt. Vgl.: HENKEL, Handbuch, 63. Weitere Nachweise und Quellenangaben ebenda.

Innerhalb von vier Wochen, gerechnet vom Tage der Erledigung des bischöflichen Stuhles, hat das Domkapitel dem königlichen Ministerium eine Liste mit Wahlkandidaten aus der Geistlichkeit des ganzen Königreichs vorzulegen. Als Eignungsvoraussetzungen sind gefordert: „Jeder der Wahl-Candidaten soll wenigstens das 30. Lebensjahr zurückgelegt haben, mit dem Landes-Indigenate versehen seyn, die Studien in der Theologie und dem canonischen Rechte rühmlich vollendet und entweder die Seelsorge, oder das Amt eines Professors in den Seminarien mit Beifall ausgeübt, oder in der Verwaltung kirchlicher Geschäfte sich ausgezeichnet haben, in dem Besitze des besten Rufes sich befinden und seine Lehre und Sitten ohne allen Tadel seyn."

Befinden sich nach Meinung der Regierung unter den vorgeschlagenen Personen Kandidaten, die ihr weniger genehm sind, so kann sie vom Kapitel die Streichung dieser Personen von der Wahlliste verlangen, jedoch muß eine hinreichende Anzahl von Kandidaten auf der Liste verbleiben, so daß eine Wahl möglich ist. Das Domkapitel hat dann unter Beachtung der kanonischen Normen aus den nach staatlicher Prüfung verbliebenen Kandidaten den neuen Bischof zu wählen; die Wahlurkunde ist innerhalb von vier Wochen nach erfolgter Wahl an den apostolischen Stuhl zu übersenden.

Der sich an die Wahl anschließende Informativprozeß wird durch den apostolischen Stuhl entweder dem Bischof des anderen, nicht erledigten Bistums des Königreichs übertragen oder aber einem anderen, mit einer Kirchenwürde ausgezeichneten Geistlichen des Königreiches. Die Ausführungsbestimmungen für den Informativprozeß sind in jedem einzelnen Falle vom Heiligen Stuhl durch Übersendung einer Dienstanweisung an den Exekutor mitzuteilen. Stellt der apostolische Stuhl aufgrund der Aktenlage die kanonische Eignung des Gewählten fest, so hat er alsbald als möglich diesem unter Beachtung der bestehenden Bräuche die apostolische Bestätigung der Wahl zum Bischof zu erteilen.

Wird festgestellt, daß die Wahl nicht auf kanonische Weise erfolgt ist oder aber der Kandidat nicht die erforderlichen Eigenschaften besitzt, so hat das Kapitel das Recht, zu einer erneuten Wahl unter Beachtung des kanonischen Rechtes zu schreiten, wie es die Bulle festlegt. Ist aber die Wahl des Domkapitels vom apostolischen Stuhl bestätigt worden, so ist der gewählte Bischof durch den anderen konsekrierten Bischof des Königreichs, welchem der apostolische Stuhl dafür eine ausdrückliche Vollmacht zu erteilen hat, unter Mitwirkung zweier anderer Bischöfe zu weihen. In Ermangelung anderer Bischöfe sollen zwei infullierte Prälaten oder aber, wenn diese nicht zu Verfügung stehen, zwei mit einer kirchlichen Würde versehene Priester des Königreichs Hannover an der Weihe mitwirken.

1.4 Ausführung der Bulle Impensa Romanorum Pontifcum in bezug auf das Domkapitel zu Hildesheim[81]

Die Errichtung des neuen Domkapitels gemäß den Bestimmungen der Zirkumskriptionsbulle erfolgte nach mehreren Verzögerungen, bedingt durch Tod des Fürstbischofs v. Fürstenberg und der Exekutoren, am 1. Juli 1828[82].

1.4.1 Die Besetzung des neuen Hildesheimer Domkapitels[83]

Von den noch lebenden Domherren des alten Kapitels bemühten sich während der Verhandlungen um das Hildesheimer Domkapitel vier Domherren um die Aufnahme in das neue Kapitel[84].

1.4.1.1 Zum Problem des Ausschlusses der alten Domherren vom Domkapitel neuer Stiftung

Die hannoversche Regierung stellte sich strikt gegen eine Aufnahme der Domherren des alten Kapitels in das neue[85]; insbesondere befürchtete sie die Aufnahme des Domherren Gudenau, „der vermöge seines Aufenthalts, als Priester und durch seine Kenntnisse unstreitig sehr fähig wäre, eine Stelle in dem neuen Kapitel einzunehmen", jedoch durch seinen „Eifer für die Rechte und die Unabhängigkeit der Kirche, bei seiner unruhigen Thätigkeit und seinen Hang zur Intrigue" der Regierung sehr wahrscheinlich große Schwierigkeiten bereitet hätte[86]. Durch die Durchsetzung der Aufhebung des alten Kapitels durch die Bulle IMPENSA hatte die hannoversche Regierung den Übergang der alten Kapitulare in das neue Kapitel, sofern diese nicht ohnehin resigniert hatten, verhindert.

---

[81] Vgl.: ASCHOFF, Staat und Kirche, 117-128; BERTRAM, Bischöfe, 273; DERS., Geschichte III, 237-238; DYLONG, Hildesheimer Domkapitel, 286-288; HEGEL, Kirchenpolitische Beziehungen, 124-132; HENKEL, Handbuch, 50, 61-63.

[82] Zum Problem der Exekution der Zirkumskriptionsbulle und der Bestellung der Exekutoren vgl.: ASCHOFF, Staat und Kirche, 117-124; HEGEL, Kirchenpolitische Beziehungen, 128-132.

[83] Vgl.: ASCHOFF, Staat und Kirche, 121-129.

[84] V. Elmendorff, v. Bourscheidt-Burgbroel, v. Ledebur, Vorst von Lombeck-Gudenau. Vgl.: DYLONG, Hildesheimer Domherren, 287.

[85] Vgl. Kapitel 1.2.4.2.

[86] Münster an Kabinettsministerium, 3. Juni 1823; zit. bei: ASCHOFF, Staat und Kirche, 122. Zur Person des Domherren Gudenau vgl.: BERTRAM, Bischöfe, 269; DYLONG, Hildesheimer Domkapitel, 449-450.

Dennoch suchte der Exekutor der Bulle, Weihbischof Gruben, eine Berücksichtigung der alten Domherren bei der Benennung für die Kandidaten des neuen Kapitels zu erreichen; er beabsichtigte, für die Kapitulare des alten Kapitels die Stellung eines „aggregierten Domherren" zu erreichen[87]. Den aggregierten Domherren sollten alle Rechte eines wirklichen Domherren zukommen wie die Teilnahme an den Kapitelsgeschäften, insbesondere der Bischofswahl, das STALLUM IN CHORO sowie die rangmäßige Stellung nach dem Dechanten vor den neuen Kapitularen. Da die hannoversche Regierung aufgrund der Befürchtung, „diese Domherren könnten alte Ideen und Grundsätze in das neue Kapitel übertragen und seinen liberalen und tolerenten Charakter, den man ihm verleihen wolle, gefährden"[88], den aggregierten Domherren nur das STALLUM zubilligen wollte, eine Beteiligung an der Bischofswahl aber ablehnte, entschieden sich die infragekommenden alten Domherren gegen eine derartige Aggregation[89].

Ebenfalls nicht durchsetzen ließ sich der Vorschlag des Exekutors, dem neuen Kapitel Ehrendomherren, wie sie in der preußischen Zirkumskriptionsbulle vorgesehen sind, beizugeben[90]. Die hannoversche Regierung lehnte dieses Vorha-

[87] Gruben begründete diesen Vorschlag damit, daß durch die „aggregierten Domherren" einerseits der Gottesdienst im Dom eine größere Würde erhielte und andererseits die so aggregierten Domherren ihre Pension im Königreich Hannover verzehrten.

[88] ASCHOFF, Staat und Kirche, 124.

[89] ASCHOFF, Staat und Kirche, 124, spricht davon, daß alle bisher an einer Aggregation an das neue Kapitel interessierten Domherren des alten Kapitels diese abgelehnt haben, da ihnen die ihnen dann zukommende Rechtsstellung nicht ausreichend oder zu ungenau definiert war und führt für die Kenntnis der Information der Ablehung als Quelle ein Regierungsdokument vom 11. Juli 1828 an. Aus der Exekutionsurkunde vom 1. Juli 1828 geht hervor, daß alle in bezug auf eine Aggregation befragten Kapitulare des alten Kapitels abgelehnt haben mit Ausnahme des Domherrn v. Bourscheid-Burgbroel, der PROPTER ABSENTIAM MENTEM [...] DECLARARE NON POTUIT, ob er eine Aggregation wünsche; für den Fall, daß dieser Domherr wieder geschäftsfähig würde und eine Aufnahme wünsche, ist diesem durch die Exekutionsurkunde das STALLUM IN CHORO POST DECANUM reserviert, das VOTUM IN CAPITULO jedoch versagt. Da von Bourscheidt-Burgbroel erst am 23.11.1835 verstorben und in der Literatur kein Hinweis auf einen Verzicht zu erhalten ist (Prosopographie bei: BERTRAM, Bischöfe, 269; DYLONG, Hildesheimer Domherren, 440-441), scheint hier der Fall eines Domherrn mit ausschließlich Ehrenrechten gegeben zu sein.

[90] Diesen „Ehrendomherren" sollte SESSIO IN CHORO und VOTUM IN CAPITULO zukommen „oder ihre Rechte durch Übereinkunft mit dem Hl. Stuhl abgesprochen werden". Vgl. ASCHOFF, Staat und Kirche, 124. Eine Differenzierung der Bedeutung des Begriffes „Ehrendomherr" sowie ein einsprechender Hinweis auf die Ehrendomherren der preußischen Domkapitel fehlt bei ASCHOFF, Staat und Kirche. Eine Untersuchung des Begriffes erfolgt in dieser Arbeit, Kapitel 2.4.3.

ben ab, da eine „Zulassung von Ehrendomherren [...] ihre Politik inkonsequent erscheinen [ließe], weil sie sich in Rom jeder Vergrößerung des Kapitels widersetzt hatte, und da sie befürchte, die Ehrendomherren könnten ihre Stellung als Anwartschaft auf freiwerdende Kapitularstellen betrachten“[91].

1.4.1.2 Die Besetzung der Kapitelsstellen

Die Besetzung des neuen Hildesheimer Domkapitels erfolgte durch Urkunde vom 1. Juli 1828. Domdechant wurde Joseph Osthaus, Domkapitulare Joseph Merz, Ferdinand Fritz, Bernard Brand, Franz Spiekermann, Joseph Hantelmann und Johannes Schneider. Sie erfolgte gemäß den Grundsätzen der Regierung, daß das „Domkapitel [...] aus Männern gebildet werden [sollte], die durch ihren Lebenswandel und ihre Lehre den übrigen Pfarrern das 'Beispiel des Gehorsams und der Unterwürfigkeit unter die Gesetze des Staats' geben und nie den Grundsatz aus den Augen verlieren sollten, daß die Kirche nur eine 'religiöse Anstalt im Staate' ist.“[92] *Aschoff* resumiert:

> „Die Mehrzahl der Kapitulare kamm aus der Seelsorge; es fehlten Theologieprofessoren und Kanonisten. Priester, die diesem Anpruch nahekamen, [...], wurden nicht in das Kapitel gelassen. Das Charakteristikum des Kapitels ist die Mittelmäßigkeit.“

1.4.2 Erlaß einer Ordung für das neue Kapitel[93]

Die Zirkumskriptionsbulle hat das Domkapitel als CAPITULUM CLAUSTRUM, bestehend aus der Dignität des Domdechanten und sechs Domherrenstellen, konstituiert, diesem vier Domvikare beigegeben und die Dotation bestimmt. Darüber hinaus ist der Modus der Aufnahme in das Kapitel und unter die Domvikare sowie die Art und Weise der Ausübung des Rechtes der Bischofswahl be-

---

91 ASCHOFF, Staat und Kirche, 124. *Nottarp* weist daraufhin, daß die ganze kirchenrechtliche Publizistik der Jahre 1803-1817 über die Neuordnung des deutschen Kirchenwesens nicht von Ehrendomherren spricht: „Deshalb verwundert es nicht, auch [...] in den Konventionen mit [...] Hannover von 1821 [...] nichts über ihre etwaige Bestellung zu finden, obwohl die von ihnen geschaffenen neuen Domkapitel gegen früher teilweise recht klein sind. Für das Moment der Pflege und Ausgestaltung des Chordienstes, das in Italien immer von Bedeutung blieb, hatte man in Deutschland damals infolge der rationalistischen Denkweise kein Verständnis, daher [...] die Domkapitel lediglich in ihrer Eigenschaft als Senat des Bischofs für notwendig erachtet wurden und dafür, und dafür genügte schon eine geringe Personenzahl.“ NOTTARP, HERMANN: „Ehrenkanoniker und Honorarkapitel“. In: *ZRGkan* 14 (1925) 174-335, hier: 248-249.

92 ASCHOFF, Staat und Kirche, 126.

93 D 164 (Abschrift), Bl. 125-128.

stimmt. Die Regelung der inneren Ordnung des Kapitels wird durch die Exekutionsurkunde vom 1. Juli 1828 vorgenommen.

Diese Ordnung ist gegliedert in 16 Abschnitte, die sich mit unterschiedliche Materie befassen. Die Abschnitte 1 bis 5, 7 ,9 und 16 bestimmen die Besetzung der Kanonkate und Vikarien, die Frage der Aufnahme von Kanonikern des aufgehobenen Domkapitels in das neu zu konstituierende, die Zuweisung der Kurien an die Domherren und Vikare und die Zuweisung von Geldmitteln und stellen somit Ausführungsbestimmungen zur Zirkumskriptionsbulle dar. Die übrigen Abschnitte betreffen die innere Ordnung des Kapitels und liturgische Fragen.

1.4.2.1 Die äußere Ordnung betreffende Bestimmungen.

Durch die Exekutionsurkunde wurde die erste Besetzung des neuen Domkapitels und der Domvikarien vorgenommen. Abschnitt 1 nimmt die Übertragung des Dekanates[94] vor, die Abschnitte 3[95] und 7[96] die Übertragung der Domherrenstellen und Vikarien; durch die Bestimmung von Abschnitt 2[97] ist die Besetzung des ersten Kanonikates und die von Abschnitt 7 Satz 2 die Besetzung der zweiten und vierten Vikarie dem Exekutor vorbehalten.

Abschnitt 5[98] enthält die Information, daß alle Kapitulare des aufgehobenen Domkapitels mit Ausnahme des Domherrn v. Bourscheidt-Burgbroel, der

---

94 „I. Cathedralis Ecclesiae Hildesiensis Decanatum conferimus admodum reverendo Josepho Osthaus, Decano Ecclesiae collegiatae ad S. Mauritium prope Hildesium.“ D 164, Bl. 125b-126.

95 „III. Ecclesiae Cathedralis Hildesiensis Canonicatum secundum conferimus admodum reverendo Josepho Hantelmann, Parocho Ecclesiae Cathedralis Hildesiensis primario. Canonicatum tertium admodum reverendo Francisco Spikermann, Parocho ecclesiae collegiatae ad sanctam crucem Hildesii. Canonicatum quartum admodum reverendo Francisco Josepho Merz, parocho Hannoverae. Canonicatum quintum admodum reverendo Ferdinando Fritz, parocho Ecclesiae cathedralis Hildesiensis secundo. Canonicatum sextum admodum reverendo Bernardo Brandt, parocho in Itzum.“ D 164, Bl. 136.

96 „VII. Vicariam seu praebendam primam conferimus admodum reverendo Friderico Meyer, huiusque parocho in Hohenhameln, ita tamen, ut eo ipso excidat dicto beneficio parochiali; vicariam seu praebendam tertiam admodum reverendo Patritio Büchels, concionatori festivali in ecclesia Cathedrali. De ejusdem Vicariis seu praebendis secunda & quarta ex causis relevantibus dispositionem Nobis reservamus.“ D 164, Bl. 126b.

97 „II. De ejusdem Cathedralis Ecclesiae Canonicato primo ex causis relevantibus dispositionem ad interim Nobis reservamus.“ D 164, Bl. 126.

98 „ V. Ex canonicis antiqui Capituli rogatis, an velint tanquam aggregati canonici Capitulo restaurando & jamquam [?] restauro nomen dare, omnes negarunt, se velle adscribi, praeter unum Canonicum L. B. de Bourscheidt, qui propter absentiam mentem suam

PROPTER ABSENTIAM MENTEM SUAM DECLARARE NON POTUIT, auf eine Aggregation an das neue Kapitel verzichtet haben. Für den Fall, daß sich v. Bourscheidt-Burgbroel zu einer Aggregation entscheiden sollte, ist diesem die erste Stalle im Chor nach der des Dechanten zu übertragen; jedoch hätte er im Falle der Aggregation kein Stimmrecht. Für alle für die Kapitelsstellen vorgesehenen neuen Inhaber gilt gem. der Bestimmungen von Abschnitt 4[99], daß sie durch Antritt der neuen Benefizien ihre bisher innegehabten verlieren. Gem. Abschnitt 9[100] erfolgt die Einweisung in die Kurien durch den Exekutor. Abschnitt 16 über die Zuweisung von Geldmitteln wiederholt die Bestimmungen der Bulle über die Dotation des Kapitels.

1.4.2.2 Die innere Ordnung betreffende Bestimmungen

Gem. Abschnitt 10[101] obliegt dem Dechanten die Sorge für alle Angelegenheiten des Kapitels, insbesondere der Kultus und Officium betreffenden Dinge. Abschnitt 11[102] bestimmt die Rangfolge in Chor und Kapitel. Die Mitglieder des Kapitels sind gem. Abschnitt 8[103] berechtigt, das Abzeichen des Hildesheimer Domkapitels[104] zu tragen und erfreuen sich der in der Zirkumskriptionsbulle festgelegten Rechte. Die Kanoniker haben gem. Abschnitt 13[105] Residenzpflicht und sind verpflichtet, den ihnen vom Bischof übertragenen Aufgaben nachzu-

---

declarare non potuit. In casu, quo dictus L. B. de Bourscheidt adscribi velit Capitulo restituto, adsignamus ipsi stallum in Choro post Decanum, votum tamen in Capitulo ipsi nullo modo competet." D 164, Bl. 126-126b.

99 „IV. Omnes ex praenominatis, qui huiusque possederunt beneficium parochiale, ea conditione canonicatu in ecclesia cathedralii provisi sunt, ut eo ipso excidant beneficio parochiali antae habito." D 164, Bl. 126.

100 „IX. De domibus in habitationem Decani & Canonicorum, sicut duorum in ordine praecedentium Vicariorum assignandis seperatim dispposituri sumus." D. 164, Bl. 126b.

101 „X. Ad Cathedralis Ecclesiae Decanum cura pertinebit rerum capitularium omnium, in specie earum, quae respiciunt cultum & officium divinum." D 164, Bl. 126b.

102 „XI. Decano stallum in choro & sedem in Capitulo adsignamus primum latere dextro, canonico primo reservamus stallum in choro primum á latere sinistro & sedem in Capitulo post Decanum; reliquis adsignamus alternando secundum ordinem." D 164, Bl. 127.

103 „VIII. Supra memoratos Decanum & Canonicos ecclesiae Cathedralis Hildesiensis gaudere volumus juribus & praerogatus per Bullam Apostolicam: Impensa Romanorum Pontificum, Hildesiensi Capituli adtributis." D 164, Bl. 126b.

104 Zur Geschichte des Kapitelsabzeichens vgl. Anm. 508.

105 „XIII. Cathedralis Ecclesiae Hildesiensis Decanus & Canonici obligantur, singulis annis per menses saltem novem apud Ecclesiam cathedralem residere & Episcopo suo mandanti in rebus Ecclesiae gerendis opum fidelem praestare, item officio divino sedulo ac devote interesse." D 164, Bl. 127.

kommen. Aus ihren Reihen ist gem. Abschnitt 6[106] ein CANONICUS PAENITENTIARIUS und ein CANONICUS CONCIONATOR zu bestimmen, das Vorfahren ist durch den neuzuwählenden Bischof festzulegen.

Das Kapitel wird durch Abschnitt 12 zur Abfassung von Statuten verpflichtet, die nach Genehmigung des zukünftigen Bischofs durch den Heiligen Stuhl zu bestätigen sind[107]. Gem. Abschnitt 13 haben die Domherren bis zur Statutenerstellung das OFFICIUM DIVINUM schicklich zu versehen und die Herzen der Christgläubigen aufzuerbauen. Abschnitt 15 befaßt sich mit der Teilnahme der Seminaristen an der Kathedralliturgie.

1.5 Endgültige Regelung der Dotation von Bischöflichem Stuhl und Domkapitel zu Hildesheim im Jahre 1865[108]

Gemäß den zwischen der hannoverschen Regierung und dem Hl. Stuhl getroffenen und in der Bulle IMPENSA ROMANORUM PONTIFICUM festgeschriebenen Vereinbarungen

> „... hat vorerwähnter König Georg das Versprechen ertheilt, binnen vier Jahre, von dem Tage des gegenwärtigen Briefes an gerechnet, dem Bischofe und Capitel an Grundstücken, liegenden Gütern, Zehnten und Grundzinsen, in der jedem Theile gebührenden Menge, soviel überweisen zu wollen, als erforderlich ist, um die nach den obigen Bestimmungen jedem angewiesenen jährlichen Einkünfte, welche von jeglicher Art der Belästigung ganz befreiet verabfolget werden sollen, vollständig berichtigen zu können“[109].

Ebenfalls war in der Bulle die Regelung getroffen worden, in der Zeit bis zur Anweisung der Einkünfte in Grundstücken, liegenden Gütern, Zehnten und

[106] „VI. De designatione personarum ex gremio Capituli sui mendarum quae fungantur respective Paenitentiarii & Concionatoris muniribus, futuro Episcopo reservamus dispositionem.“ D 164, Bl. 126b.

[107] „XII. [...]. Statuta condita, visa & adprobata ab Episcopo futuro, Delegato Apostolico exhibeantur pro obtinenda Sancta Sedis confirmatione.“ D 164, Bl. 127.

[108] Vertragstext: D 290, Bl. 24-31 (Abschrift für die Prozeßakten des Domkapitels), wiedergegeben im Textanhang, S. 177ff. Vgl.: ASCHOFF, Staat und Kirche, 183-184, 272-273; BERTRAM, Bischöfe, 292-294; DERS., Geschichte III; 272-273; HEGEL, Kirchenpolitische Beziehungen, 153-154, 159; SCHARF-WREDE, Bistum, 60-61.

[109] Bulle Impensa Romanorum Pontificum, II. Die Dotation der beiden Bisthümer, 1. Hildesheim. Siehe Textanhang, S. 168ff.

Grundzinsen, „dem Bischofe und Capitel die erwähnten Einnahmen einmal jährlich aus dem königlichen Schatze vollständig und frei in baarem Gelde" auszuzahlen. Doch auch über das Jahr 1828 hinaus blieb es bei dieser Regelung. Wie *Aschoff* nachgewiesen[110] hat, war die Regierung durchaus bemüht, die in der Bulle vereinbarte Dotation zu beschaffen, doch bereiteten die Ausmittelung der Güter und die schlechte Finanzlage des Fonds, aus dem die Güter angewiesen werden sollten, zunächst Schwierigkeiten. Hinzu trat dann nachlassendes Interesse an der endgültigen Ausführung der vorgesehenen Dotation, da einerseits von Seiten der Hildesheimer Kirchenbehörden nicht auf schnelle Ausführung gedrängt wurde und es andererseits der Regierung vorteilhafter erschien, die in der Bulle festgesetzten Gehälter den Empfängern in bar auszuzahlen.

Bereits im Jahr 1829 hat die hannoversche Seite vorgeschlagen, die Dotation von Bischöflichem Stuhl und Domkapitel weiterhin in barem Gelde auszuzahlen, als Sicherheit dafür jedoch Grundstücke gerichtlich festsetzen zu lassen, deren durchschnittliches Aufkommen den an Bischof und Kapitel zu zahlenden Beträgen entspräche. Im Falle ausbleibender Zahlung sollten Bischof und Kapitel diese Grundstücke erhalten. *Aschoff* resumiert:

> „Man kann [...] nicht das Bemühen absprechen, versucht zu haben, durch diese Regelung die Schwierigkeiten der genauen Ausmittelung der Dotationsgüter zu vermindern, dem Bischof und dem Kapitel ein festes Einkommen zu garantieren und auch die vom Hl. Stuhl mit der Dotation in liegenden Gründen beabsichtigte Unabhängigkeit der Geistlichen von der Staatsgewalt zu berücksichtigen."[111]

Wenn auch Bischof Osthaus, Domdechant Spiekermann und Generalvikar Schneider ebenso wie der Exekutor der Bulle, Ledebur, für den staatlichen Vorschlag votierten, scheiterte seine Umsetzung am Widerstand der übrigen Domkapitulare, die nach Erlaß des Staatsgrundgesetztes von 1833, das der Ständeversammlung eine Überwachung der staatlichen Finanzen und Beschränkung der kirchlichen Freiheit ermöglichte, eine größere Sicherheit ihrer Einkünfte und eine vermehrte Unabhängigkeit vom Staat erreichen wollten. Hinzu kam der Sachverhalt, das nach den Ablösegesetzen von 1833 Zehnte und Grundzinsen nicht mehr als stabile Güter im Sinne der Bulle galten.

Die Verhandlungen über die Ausführung de Dotation zogen sich, bedingt durch Versterben der Bischöfe und Exekutoren sowie Ablehnung der Regierungsangebote in Hildesheim, bis zum Februar 1864 hin. Nach der Ablehnung der Re-

[110] Vgl.: ASCHOFF, Staat und Kirche, 183-184.

[111] ASCHOFF, Staat und Kirche, 183-184.

gierungsvorschläge erfolgte eine Wiederaufnahme der Verhandlungen durch Bischof Fritz und das Domkapitel im Jahre 1839, jedoch erfolglos. Nach dem Tode des Exekutors Ledebur wurde Bischof Wandt zum neuen Exekutor bestellt, der 1843 bzgl. der Dotationsfrage beim Ministerium vorstellig war. Der 1844 ergehende Vorschlag sah eine Dotation zu jeweils einem Drittel in Grundbesitz, Zehnten und Grundzinsen vor; Dieser wurde aber in Hildesheim abgelehnt, da Zehnte und Grundzinsen seit 1833 nicht mehr als stabile Güter im Sinne der Bulle galten. Ebenfalls lehnte der Bischof die Annahme ablösbarer Leistungen wie die bloße Hypothekenbestellung als Sicherheit für staatliche Zahlungen ab. Das 1847 von der Regierung unterbreitete Angebot sah die Dotation jeweils zur Hälfte in Grundstücken sowie in Zehnten und Grundzinsen vor; Bischof Wandt war zwar geneigt, auf diesen Vorschlag einzugehen, doch gerieten die Verhandlungen ins Stocken und kamen durch den Tod des Bischofs nicht zum Abschluß. Nach dem Tode Wandts wurde Weihbischof Lüpke in Osnabrück zum Exekutor bestellt, der 1853 den neuen Hildesheimer Bischof Wedekin als Exekutor delegierte. Die Regierung in Hannover wiederholte ihren Vorschlag, die in der Bulle vorgesehene Dotation in liegenden Gütern durch eine staatliche Zahlung, abgesichert durch eine Hypothek an staatlichem Grundbesitz, ablösen zu wollen, doch Hildesheim lehnte diesen Vorschlag ab. Der daraufhin ergehende neue Regierungsvorschlag sah wieder eine Dotation vor, die zur Hälfte aus Grundbesitz, zur Hälfte aus Zehnten und Grundzinsen bestehen sollte. Im Laufe der Verhandlungen starb Weihbischof Lüpke; neuer Exekutor wurde Bischof Johann Georg von Münster, der die Verhandlungen wieder an Bischof Wedekin subdeligierte.

Wieder gerieten die Verhandlungen ins Stocken. Am 13. Februar 1864 erging dann von der Regierungsseite das Angebot, die Dotation in Grundbesitz aufzugeben zugunsten von staatlichen Leistungen. Die Regierung stellte dafür eine Erhöhung der Bezüge für Bischof und Domkapitel um 15%, was von diesem aufgrund des gesunkenen Geldwertes schon seit 1863 gefordert worden war, in Aussicht, sowie die Absicherung dieser Leistungen durch eine öffentliche Spezialhypothek auf die Klostergüter Wöltingerode, Grauhof und Riechenberg. Der größte Teil dieser staatlichen Leistungen an Bischof und Domkapitel wurde durch den Allgemeinen Hannoverschen Klosterfonds erbracht.

Seit den dreißiger Jahren hatte die hannoversche Regierung versucht, die ausschließliche Dotation in liegenden Gütern zu vermeiden und eine Modus zu erreichen, bei dem die festgesetzten staatlichen Leistungen in bar ausgezahlt wurden, aber durch Hypotheken auf staatliches Grundvermögen abgesichert waren. Die Bistumsleitung suchte aber im Wissen um die Nichterfüllung der den preußischen Bistümern in der Bulle DE SALUTE ANIMARUM zugesicherten Dotationen durch Preußen eine Regelung zu erreichen, die dem Bistum und

Kapitel größtmögliche Sicherheit bieten könnte. Hinzu kam die Schwierigkeit der Ausmittelung der vom Staat zu erbringenden Leistungen und die seit 1833 geänderte Gesetzeslage, daß Zehnte und Grundzinsen nicht mehr als stabile Güter im Sinne der Bulle IMPENSA ROMANORUM galten, von der Regierung aber immer wieder als Teil der Dotation vorgeschlagen wurden. Da Bischof Wedekin glaubte, kein günstigeres Verhandlungsergebnis erzielen zu können, wurde dem Vorschlag der Regierung am 7./8. Mai 1864 zugestimmt.

Diese Vereinbarung über die Ausstattung des Bischöflichen Stuhls und des Domkapitels in Hildesheim, die zwischen dem hannoverschen Kultusministerium und Bischof Eduard Jacob Wedekin getroffen worden war, wurde am 25. Mai 1865 vom Papst bestätigt, durch den Bischof von Hildesheim am 10. Juli, den Vertreter des Kultusministers am 28. Juli unterzeichnet und trat zum 1. Juli 1865 in Kraft.

1.6 Das Domkapitel zu Hildesheim von der Annexion des Königreichs Hannover durch Preußen (1866) bis zum Abschluß des Preußenkonkordates (1929)[112]

Nach der Annexion des Königreiches Hannover durch Preußen, verkündet durch Gesetz vom 20. September 1866, „betreffend die Vereinigung des Königreichs Hannover [...] mit der preußischen Monarchie“[113] galt ab 1. Oktober 1867, gem. § 2 des Gesetzes, im ehemaligen Königreich Hannover die preußische Verfassung, die hannoversche Landesverfassung von 1840 war außer Kraft gesetzt. Die noch ausstehenden Ausführungsbestimmungen zum Vereinigungsgesetz folgten wenig später im „Patent über die Besitznahme des vormaligen Königreichs Hannover“[114] vom 3. Oktober 1866. Das Patent bestimmte,

[112] Vgl.: BECKER, HANS-JÜRGEN: „senatus episcopi - Die rechtliche Stellung der Domkapitel in Geschichte und Gegenwart“. In: GÖRRES-GESELLSCHAFT ZUR PFLEGE DER WISSENSCHAFT (Hrsg.): *Jahres- und Tagungsbericht der Görres-Gesellschaft 1989*. O. O., o. J., 1990, 33-54, hier: 45-48; BERTRAM, Geschichte III, 324; GATZ, ERWIN: „Domkapitel und Bischofswahlen in Preußen 1821-1945“. In: *Römische Quartalsschrift* 78 (1983) 101-126, hier: 102-103, 106; DERS.: „Domkapitel und Bischofswahlen in den deutschsprachigen Ländern seit dem 19. Jahrhundert“. In: PORTMANN-TINGUELY, ALBERT (Hrsg.): *Kirche, Staat und katholische Wissenschaft in der Neuzeit* / Festschrift für Heribert Raab zum 65. Geburtstag am 16. März 1988. Paderborn u.a.: Schöningh, 1988, 397-410, hier: 399-400; SCHARF-WREDE, Bistum, 29-37, 53-56, 209-210, 305-317; SEELAND, Kurzer Abriss, 87; SEITERS, Gymnasium Josephinum, 86-101.

[113] PrGS 1866, 555f.

[114] PrGS 1866, 591f.

daß Preußen mit allen Rechten der Landeshoheit und der Oberherrlichkeit die annektierten Länder in Besitz nehmen und sich einverleiben kann, einschließlich sämtlicher Zubehörden und Ansprüche dieser Länder, die das vormalige Königreich Hannover gebildet haben.

Obwohl das Königreich Hannover als völkerrechtliches Subjekt erloschen war, „und der Wechsel des Regimes gerade nach Ansicht der Kirche die Identität für Konkordatszwecke beenden kann"[115], sind „die konkordatären Vereinbarungen mit Hannover [...] nach 1866 im Verhältnis zu Preußen weiter beachtet worden, obwohl hier der staatliche Partner zweifelsfrei untergegangen war"[116].

> „Da es sich bei den Konkordaten auch nicht um sog. gebietsbezogene Verträge des Völkerrechts handeln kann, muß die Fortführung [...] der konkordatären Vereinbarungen mit Hannover [...] im 19. Jahrhundert auf andere Gründe zurückgeführt werden, nämlich den übereinstimmenden Willen der Kirche und des neuen staatlichen Partners, alte konkordatäre Beziehungen, die eigentlich sonst erloschen waren, fortzuführen."[117]

Bzgl. des Domkapitels ist durch die Einverleibung des Bistums Hildesheim in den preußischen Staat keine Rechtsänderung eingetreten[118]. Weiterhin finden die Bestimmungen der Bulle IMPENSA ROMANORUM PONTIFICUM von 1824 Anwendung; wie *Scharf-Wrede* festgestellt hat, hat die preußische Regierung auf Verfassung, Besetzung und Tätigkeit des Domkapitels in den Jahren 1866-1871 keinen Einfluß genommen[119].

Während der Auseindersetzung der katholischen Kirche mit dem preußischen Staat wurde 1876 das Kapitel durch die römische Kurie angewiesen, „USQUE AD OPPORTUNIUS TEMPUS" das freigewordene Kanonikat nicht wieder zu besetzen; da Bischof und Kapitel, die abwechselnd die Wiederbesetzung freigewordener Kanonikate gem. der Zirkumskriptionsbulle hätten vornehmen müssen, dieser Verpflichtung nicht nachgekommen sind, waren am 9. Mai 1883 nach

---

[115] WENGLER, WILHELM: *Völkerrecht und Reichskonkordat von 1933*. Wiesbaden : Ritter & Co., 1956, 18.

[116] WENGLER, Völkerrecht, 19.

[117] WENGLER, Völkerrecht, 19.

[118] Wie *Scharf-Wrede* festgestellt hat, sind Stellungnahmen des Domkapitels zur Annexion in den Domkapitelsprotokollen der Jahre 1852-1877 nicht erhalten. Vgl.: SCHARF-WREDE, Bistum, 33, Anm. 19.

[119] Vgl.: SCHARF-WREDE, Bistum, 54-56.

dem Tod des letzten Kapitelsmitglieder alle Kanoniate verwaist[120]. Der Grund für dieses verhalten dürfte in der Uneinigkeit von Bischof, Kurie und verbliebenen Kapitularen über das politische „Anforderungsprofil" der zu berufenden Kapitulare gelegen haben.

Die Wiederbesetzung des Kapitels erfolgte gem. römischer Vollmacht am 1. Oktober 1833 durch den Bischof von Hildesheim, der vorher durch vertrauliche Gespräche die staatliche Zustimmung zu den vorgesehenen Kandidaten eingeholt hatte. Gleichzeitig mit der Wiederbesetzung wurden die staatliche Leistungen an das Domkapitel, die seit 1875 gesperrt waren, wieder aufgenommen. Die nachfolgenden Besetzungen sind ohne Schwierigkeiten durchgeführt worden, wenngleich die preußische Regierung bisweilen Kandidaten als „nicht genehm" abgelehnt hat; die letzte Ablehnung eine Kandidaten vor Abschluß des Preußenkonkordates ist im Jahre 1899 erfolgt.

1.7 Ergebnis

Reichsdeputationshauptschluß und Säkularisation des Fürstbistums Hildesheim durch Preußen bedeuteten eine Zäsur in der Geschichte des Domkapitels zu Hildesheim und waren der Ausgangspunkt verschiedener Umgestaltungen des Kapitels alter Stiftung, das seit dem 9. Jahrhundert bestand.

Während der preußischen Herrschaft im Fürstbistum Hildesheim von 1802 bis 1806 blieb das Domkapitel aufgrund der Unentschlossenheit des preußischen Königs zwar bestehen, doch büßte es alle seine Mitwirkungsmöglichkeiten auf landesherrlicher Ebene ein: es verlor seine eigenen landesherrlichen Rechte und die Kapitulare gingen ihrer Ämter in den ehemals fürstbischöflichen Behörden durch deren Auflösung verlustig. Da die preußische Regierung beabsichtigte, im Hildesheimer Domkapitel nur mehr 12 Kanonikate und 1 Dignität fortbestehen zu lassen, konnten zwecks Aussterbens der Stelleninhaber der als überzählig erachteten Kanonikate keine neuen Mitglieder in das Kapitel aufgenommen werden.

Erlangte das Fürstbistum von Oktober bis November 1806 noch einmal seine alte Selbständigkeit wieder und fungierte das Domkapitel wieder als Landstand und der Domdechant als Vorsitzender der Ständeversammlung, so erfolgte während der französischen Besetzung des Fürstbistums von 1806 bis 1813 der weitere Niedergang: 1807 Aufhebung der Landstände, 1808 Besetzungsverbot

[120] Vgl.: SCHARF-WREDE, Bistum, 209, mit Quellennachweisen.

freiwerdender Kanonikate, 1810 Aufhebung des Domkapitels selbst und das Erlöschen aller seine Rechte, Pflichten und Privilegien.

Als das Königreich Hannover 1813 das ehemalige Fürstbistum in Besitz nahm, lebten noch 13 Kapitulare des alten Kapitels. Um seinen Einfluß im neuerworbenen katholischen Gebiet zu sichern, suchte die protestantische hannoversche Regierung eine Neuorganisation der Einrichtungen der katholischen Kirche im ehemaligen Fürstbistum zu erreichen. Insbesondere sollte durch Mitwirkung bei der Bischofswahl Einfluß genommen wie auch finanzielle Fragen im Sinne der Landesregierung entschieden werden. Aus diesem Grunde war das Domkapitel, das seit dem 12. Jahrhundert frei den Bischof von Hildesheim wählte und über umfangreiche Besitzungen Mitwirkungsmöglichkeiten in kirchlichen Belangen verfügte, während der ganzen Verhandlungen über den Abschluß von Konkordat und Zirkumskriptionsbulle Verhandlungsgegenstand.

Von den zu Verhandlungsbeginn gestellten Maximalforderungen der hannoverschen Regierung, die Zahl der Kanonikate des Kapitels auf sechs und die der Dignitäten auf eine zu beschränken, das Kapitel nicht in liegenden Gründen zu dotieren, sondern Geldbeträge in bar anzuweisen, die Kapitulare durch die Landesregierung zu ernennen, das Bischofswahlrecht zugunsten einer landesherrlichen Ernennung aufzuheben und den Bischof an den Rat des Kapitels zu binden, um die staatliche Kirchenhoheit sicher zu verankern, mußte die hannoversche Regierung in den sich lang hinziehenden Verhandlungen abweichen, doch war die Richtung für die Entwicklung des neu zu errichtenden Kapitels vorgezeichnet, da die römische Kurie bei den Verhandlungen in bezug auf das Domkapitel und seine Rechte zum Nachgeben bereit war, um die Regelung anderer Verhandlungspunkte in ihrem Sinne zu erreichen.

Ergebnis der Verhandlungen war, daß die hannoversche Regierung die Aufhebung des alten Domkapitels und die Übernahme der alten Domherren in das neue Kapitel durchsetzen konnte. Sie hatte damit erreicht, daß durchaus fähige und für die Belange der Kirche eintretende Domherren nicht in das neue Kapitel hineinkamen; durch die Besetzung des Kapitels mit zwar in der Seelsorge erfahrenen, aber fachlich nicht weiter spezialisierten Priestern erreichte sie, daß es von Seiten des Domkapitels praktisch keinen Einfluß auf die Leitung der Diözese und keinen Widerstand gegen die Landesregierung gab. Aufgrund der bisher erstellten Untersuchungen legt sich der Schluß nahe, daß die hannoversche Regierung gerade deswegen auf die formelle Aufhebung des alten Domkapitels und die Nichtaufnahme der alten Domherren in das Kapitel neuer Stiftung gedrungen hatte, um zu verhindern, daß der Domherr Joseph Clemens Maria Vorst von Lombeck-Gudenau, der sich zwar sehr fähig, aber diplomatisch ungeschickt für die Belange des Bistums eingesetzt hatte und der für das Domdekanat in Frage gekommen wäre, Zugang zum neuen Kapitel erhielt.

Durch die Neuerrichtung wurde die Größe des Kapitels auf 6 Kanonikate und eine Dignität sowie vier Vikarien beschränkt, deren Dotation in liegenden Gütern letztendlich nicht zustande gekommen ist, sondern in Geldleistungen des Staates an das Kapitel umgewandelt wurde. Die Besetzung der Kanonikate erfolgte abwechselnd durch Bischof und Kapitel, doch konnte die Landesregierung ihr mißliebige Personen von der Wahlliste streichen. Ebenfalls beschnitten wurden die Rechte des Kapitels bei der Bischofswahl: zwar wählte es weiterhin frei aus einer von ihm selbst erstellten Liste, doch konnte die Regierung vor der Wahl ihr nicht genehme Personen von dieser Wahlliste streichen lassen.

Am Ende der hannoverschen Herrschaft im ehemaligen Fürstbistum Hildesheim besteht nur mehr ein von 42 Kanonikaten und 2 Dignitäten auf 6 Kanonikate und 1 Dignität verkleinertes Domkapitel, das aller seiner Vermögen verlustig gegangen und, da eine Dotation in liegenden Gütern nicht erfolgt ist, auf die vertraglich zugesicherte periodische staatliche Geldzahlung angewiesen ist. Der Zugang in das Kapitel ist von der Akzeptanz durch den Staat abhängig wie auch die ehemals freie Bischofwahl staatlicher Beschränkung unterworfen ist. Durch die Besetzungspolitik gelang es der Regierung, im Domkapitel keinen Widerpart zu haben.

Nach der Annexion des Königreiches Hannover durch Preußen betrachteten der Hl. Stuhl und Preußen die hannoversche Zirkumskriptionsbulle für die katholische Kirche im Gebiete des ehemaligen Königreichs Hannover als weiterhin gültig und wandten sie an, daher ist bis zum Abschluß des Preußenkonkordates im Jahre 1929 keine Änderung gegenüber der bestehenden Rechtslage eingetreten. Während der Auseinandersetzungen des Kulturkampfes zeigte sich die schon während der römischen Verhandlungen mit Hannover befürchtete Problematik der nicht ausgeführten Dotation des Kapitels (und des bischöflichen Stuhles) in liegenden Gründen: der Staat stellte nach eigenem Ermessen die Finanzleistungen ein. Daß während dieser Zeit auch alle Kanonikate durch Versetzung oder Tod verwaisen konnten, zeigt, wie entbehrlich das Kapitel als solches für die Funktion der Diözese war, sofern es keinen Bischof zu wählen galt.

2 Das Domkapitel zu Hildesheim nach dem Vertrag des Freistaates Preußen mit dem Heiligen Stuhle (Preußenkonkordat) von 1929

2.1 Gesetzeskraft und Geltung des Vertrages

2.1.1 Gesetzeskraft[121]

Der zwischen dem Apostolischen Stuhl und dem Preußischen Staatsministerium geschlossene Vertrag ist ein völkerrechtlicher Vertrag und schafft für das Gebiet des preußischen Staates staatliches und partikuläres kirchliches Recht.

> „Das Verhältnis des konkordatären Rechts zum kirchlichen wird durchweg so bestimmt, dass es ihm vorangehe, dass also durch den Abschluß des Konkordats die entgegenstehenden Bestimmungen des kirchlichen Rechts für den Geltungsbereich der konkordatären Regelung ausser Kraft träten.“[122]

---

[121] Vgl.: BARION, HANS: „Konkordat und Codex“. In: *Kirchenrechtliche Abhandlungen* / 117. und 118. Heft: Festschrift Ulrich Stutz zum siebzigsten Geburtstag dargebracht von Schülern, Freunden und Verehrern. [Johannes Heckel (Hrsg.)]. Stuttgart : Ferdinand Enke, 1938, 371-388; v. CAMPENHAUSEN, Staatskirchenrecht, 55-59, 153-161; HILLING, NIKOLAUS: „Die Konkordatsfrage“. In: *AkathKR* 110 (1930) 121-135; HOLLERBACH, ALEXANDER: „Konkordat (seit 1801)“. In: *HDRG* II, 1070-1074; JONE, HERIBERT: *Gesetzbuch des kanonischen Rechtes* / Erklärung der Kanones. I. Band / Normenrecht und Personenrecht (Kan. 1 - Kan. 725). Paderborn : Schöningh, 1939; ders.: *Gesetzbuch des kanonischen Rechtes* / Erklärung der Kanones. III. Band / Sachenrecht (Kan. 726 - Kan. 1551). Paderborn : Schöningh, 1940, cc. 3, 22; KOENIGER, ALBERT: *Die neuen deutschen Konkordate und Kirchenverträge mit der preußischen Zirkumskriptionsbulle* / Kanonistische Studien und Texte / Band 7. Bonn und Köln : Ludwig Röhrscheid, 1932, 149-150, 180; MÖRSDORF, KLAUS: *Lehrbuch des Kirchenrechtes auf Grund des Codex Iuris Canonici* / Begründet von Eduard Eichmann, fortgeführt von Klaus Mörsdorf. I. Band / Einleitung, Allgemeiner Teil und Personenrecht. München u.a.; Schöningh, [11]1964; DERS.: *Lehrbuch des Kirchenrechtes auf Grund des Codex Iuris Canonici* / Begründet von Eduard Eichmann, fortgeführt von Klaus Mörsdorf. II. Band / Sachenrecht. München u.a.; Schöningh, [11]1967, § 6, IV, § 8, II; SCHARF, THOMAS: „Das Preußenkonkordat von 1929 in seiner Bedeutung für das Bistum Hildesheim“. In: *DHVG* 56 (1988) 109-120, hier: 109-115; WENGLER, Völkerrecht, 7-23; WESEMANN, PAUL: „Domkapitel nach dem II. Vatikanum. Abschaffung oder Reform?“ In: FACULTAS IURIS CANONICI (Hrsg.): *Investigationes Theologico - Canonicae* [FS Bertrams]. Rom : Università Gregoriana 1978, 501-531, hier: 509-517.

[122] BARION, Konkordat und Codex, 384.

Gem. can. 3 CIC/1917 berühren die durch Erlaß des CIC/1917 in Kraft getretenen kirchlichen Normen die zwischen dem Heiligen Stuhl und den verschiedenen Nationen abgeschlossenen Verträge nicht. „[...]; wenn der CIC den Vorrang der Konkordate ausdrücklich nur für die bei seinem Inkrafttreten geltenden anerkennt, so darum, weil die gleiche Regelung für die später geschlossenen Konkordate [...] sich nach c. 22 von selbst versteht“[123]. Einseitig durch die Vertragspartner erlassene Gesetze stellen einen Vertragsbruch dar:

> „Solche Gesetze sind auch rechtsgültig, aber das vertragswidrige Gesetz hat nicht die Kraft, den Vertrag selbst aufzuheben, dieser bleibt gültig, wenn auch verletzt. Es gilt m.a.W. auch im Vertragskirchenrecht der Grundsatz, daß neueres Gesetz das ältere aufhebt (lex posterior derogat lex priori), aber der Gesetzgeber macht sich des Vertragsbruches schuldig, wenn das Gesetz mit dem Vertrag nicht übereinstimmt.“[124]

Eine Abweichung vom Vertragsinhalt ist nur unter Zustimmung des anderen Vertragspartners möglich. Diese Bindung an den Vertrag gilt ebenso für die kirchliche Seite:

> „Soweit Normen des Kirchenrechtes zum Gegenstand des Vertrages (...) geworden sind, nehmen diese Normen vertraglich gebundenen Charakter an, so daß der Papst diese vertraglich gebundenen Normen für die Konkordatsfälle bloß im Einvernehmen mit dem staatlichen Partner aufheben oder abändern kann.“[125]

Ist ein Vertrag bei seinem Abschluß nicht befristet, so gilt er unter der Klausel REBUS SIC STANTIBUS fort, sofern nicht Umstände eintreten, die seine Fortgeltung aufheben[126].

---

[123] BARION, Konkordat und Codex, 384.

[124] V. CAMPENHAUSEN, Staatskirchenrecht, 160.

[125] MÖRSDORF, Kirchenrecht, § 8, II, 1.

[126] „Ändern sich die Verhältnisse eines Vertragspartners so grundlegend, daß ihm das Festhalten an dem Vertrag nicht mehr zugemutet werden kann, so ist er berechtigt, von dem Vertrag zurückzutreten. Mit Annahme der Kündigung endigt alsdann der Vertrag. Ohne formelle Aufkündigung kann ein Konkordat hinfällig werden, wenn sich infolge von Staatsumwälzungen, Friedensschlüssen mit Länderzerstückelung oder -erweiterung so große Veränderungen eingestellt haben, daß der staatliche Vertragskontrahent nicht mehr als diesselbe juristische Person anzuerkennen ist.“ MÖRSDORF, Kirchenrecht, § 9, II ,1.

Im Einverständnis beider Vertragspartner kann der Vertragsinhalt auch von neuem bestätigt oder von neuem rezipiert werden, um eine Fortgeltung zu erreichen[127].

2.1.2 Geltung[128]

Die zwischen Seiner Heiligkeit Papst Pius XII. und dem Preußischen Staatsministerium am 14. Juni 1929 getroffene Übereinkunft über die Rechtslage der katholischen Kirche in Preußen trägt den Titel „Vertrag des Freistaates Preußen mit dem Heiligen Stuhle". Durch das Bestätigungsgesetz des preußischen Landtags vom 9. Juli 1929 ist der Vertrag bestätigt worden; mit dem Austausch der Ratifikationsurkunden haben der Vertrag und das Schlußprotokoll, das integrierter Bestandteil des Vertrages ist, am 13. August 1929 vertragsrechtliche Wirksamkeit erlangt.

In der Literatur finden sich unterschiedliche Bezeichnungen des „Vertrages zwischen dem Heiligen Stuhl und dem Freistaate Preußen"[129]. Wie *Hilling* nachgewiesen hat, werden Verträge, die „eine gewisse Angleichung der staatlichen und kirchlichen Interessen an einander"[130] herbeiführen sollen, unterschiedlich benannt, auch das „neue kirchliche Gesetzbuch bedient sich ebenfalls einer wechselnden Terminologie, indem es in can. 3 von „conventiones",

[127] Vgl. Art. 2 Abs. 1 PreußK: „Die gegenwärtige Diözesanorganisation und -zirkumskription der katholischen Kirche Preußens bleibt bestehen, soweit sich nicht Änderungen aus dem Folgenden ergeben." Durch diese Regelung gelten bestimmte Normen der Zirkumskriptionsbullen DE SALUTE ANIMARUM (1821) des Königreichs Preußen und IMPENSA ROMANORUM PONTIFICUM (1824) des Königreichs Hannover, das 1866 von Preußen annektiert worden ist, fort.

[128] Vgl.: GOLOMBEK, DIETER: *Die politische Vorgeschichte des Preussenkonkordates (1929)*. Veröffentlichungen der Kommission für Zeitgeschichte bei der katholischen Akademie in Bayern / hrsg. von Konrad Repgen / Reihe B: Forschungen / Band 4. Mainz : Grünewald, 1970, 106-107. HUBER, ERNST RUDOLF, und HUBER, WOLFGANG: *Staat und Kirche im 19. und 20. Jahrhundert* / Dokumente zur Geschichte des deutschen Staatskirchenrechts. Band IV / Staat und Kirche in der Zeit der Weimarer Republik. Berlin : Duncker & Humblot, 1988, 315-317, 321-322; HUBER, Verfassungsgeschichte IV, 918-920; KOENIGER, Konkordate und Kirchenverträge, 149-153, 155-156; WENGLER, Völkerrecht, 7-23.

[129] „Die am 14. Juni 1929 zwischen dem Hl. Stuhle und Preußen abgeschlossene kirchenpolitische Vereinbarung hat die offizielle Bezeichnung „förmlicher Vertrag" oder solenne Convenzione. Bei der Verkündung in den Acta Apostolica Sedis XXI, 521 lautet aber die lateinische Überschrift: Inter Sanctam Sedem et Borussiae rempublicam solemnis Conventio seu Concordatum." HILLING, Konkordatsfrage, 127, Anm. 2.

[130] HILLING, Konkordatsfrage, 126.

in can. 255 von „pacta conventa“ und in can. 1471 von „concordata“ spricht“[131]; jedoch „haben die unterschiedlichen Namen auf die juristische Wirkung und Geltung gar keinen Einfluß“[132].

Im Folgenden wird der „Vertrag zwischen dem Heiligen Stuhl und dem Freistaate Preußen vom 14. Juni 1929“, wie weithin in der Literatur, als „Preußenkonkordat“ bezeichnet.

Wie *Scharf* in seiner Untersuchung festgestellt hat, sind Äußerungen des Hildesheimer Bischofs, Domkapitels und Klerus zum Preußenkonkordat nicht zu finden[133].

2.1.3 Inkorporation älteren Rechtes[134]

Gem. Art. 2 Abs.1 PreußK bleibt die „Diözesanorganisation und -zirkumskription [...] bestehen, soweit sich nicht aus dem Folgenden Änderungen ergeben“. Für das Hildesheimer Domkapitel bedeutet dies, daß Bestimmungen der 1824 zwischen dem Heiligen Stuhle und dem König von Hannover abgeschlossenen Zirkumskriptionsbulle IMPENSA ROMANORUM PONTIFICUM fortgelten.

Die fortgeltenden Bestimmungen beziehen sich auf den unveränderten Fortbestand der Dignität des Domdechanten als einziger Dignität[135] und den der Domvikarien[136], jeweils unter Neuregelung der Ernennung und Veränderung der Zu-

---

131 HILLING, Konkordatsfrage, 126.

132 HILLING, Konkordatsfrage, 127.

133 Vgl.: SCHARF, Preußenkonkordat, 119.

134 Vgl.: GOLOMBEK, Vorgeschichte, 5-6, 48-51; JÜSTEN, EVA: *Das Domkapitel nach dem Codex Iuris Canonici von 1983 unter besonderer Berücksichtigung der Rechtslage in Deutschland und Österreich*. Europäische Hochschulschriften / Reihe II / Rechtswissenschaft / Bd. 1386. Frankfurt am Main u.a. : Lang, 1993, 85; Koeniger, Konkordat und Kirchenverträge, 154; LINK LUDWIG: *Die Besetzung der kirchlichen Ämter in den Konkordaten Papst Pius' XI*. Kanonistische Studien und Texte / hrsg. von Albert M. Mkoeniger / Band 18 u. 19. Bonn, 1942, 369-370; MÖRSDORF, Kirchenrecht, § 78, II, 1; Regierungsbegründung zum PreußK: Einführung, Begründung zu Art. 2.

135 Siehe Kapitel 2.4.2.

136 Siehe Kapitel 2.4.3.

gangsvoraussetzungen. Die Anzahl der Kanonikate und der Zugang zu ihnen erfährt eine vollständige Neuregelung[137], ebenso die Bischofswahl[138].

Die Dotation des Kapitels erfährt durch Art. 4 PreußK iVm. dem Schlußprotokoll eine Neuregelung, jedoch unter Anerkennung bestehender älterer Dotationsverträge[139].

2.2 Zusatzabkommen zum Vertrag des Freistaates Preußen mit dem Heiligen Stuhl vom 17. Juli / 30. August 1933 betreffend die Staatspatronate und die Besetzung der Kanonikate[140]

Das PreußK normiert, daß im Gegensatz zu den Bestimmungen des CIC/1917, der die Verleihung der Kanonikate durch den Bischof nach Anhörung des Kapitels vorsieht[141], die Kanonikate gem. Art. 8 Abs. 2 durch den Bischof abwechselnd nach Anhörung und mit Zustimmung des Domkapitels zu besetzen sind, so daß gem. can. 3 CIC/1917 im Bereich der Geltung des PreußK can. 403 CIC/1917 nicht anzuwenden ist. Nach kirchlichem Recht ist jedoch für die Besetzung der Kanonikate nicht nur die Vorschrift von can. 403 CIC/1917 maßgeblich, sondern auch can. 1435 CIC/1917, der „gewisse päpstliche Reservationen für die Besetzung von Benefizien überhaupt aufstellt und damit auch in die Besetzung der Kanonikate eingreift, wie übrigens in c. 403 ausdrücklich festgestellt wird“[142]. Aus der Tatsache, daß im Falle der Kanonikatsbesetzung gem. konkordatärer Regelung Bestimmungen ohne formelle Bezugnahme auf das kirchliche Recht formuliert sind, erwächst die Frage, ob die fragliche Konkordatsbestimmung lediglich can. 403 CIC/1917 ersetzt, so daß neben der

---

[137] Siehe Kapitel 2.4.1.

[138] Siehe Kapitel 2.5.2.

[139] Siehe Kapitel 2.3.2.

[140] Vgl.: HILLING, NIKOLAUS: „Ergänzungsbestimmungen zum Preußischen Konkordat vom 14. Juni 1929, betr. die staatlichen Patronate und die Besetzung der Domherrenstellen.“ *AkathKR* 115 (1935) 464-465; HOFMEISTER, PHILIPP: *Bischof und Domkapitel nach altem und neuem Recht.* Neresheim, 1931, 107; JONE, Gesetzbuch, cc. 120, 396, 403, 1435; *Jone* erwähnt das Zusatzabkommen zum PreußK bei der Kommentierung der cc. 396, 403 und 1435 des CIC/1917 nicht; LINK, Besetzung, 488-497, 507; MÖRSDORF, Kirchenrecht, § 45, II, 2, § 62, II, § 78, IV, § 197, I.

[141] Vgl. cc. 403-404 CIC/1917.

[142] BARION, Konkordat und Codex, 384-385.

Konkordatsbestimmung noch can. 1435 § 1 Platz greift, oder ob sie beide Normen ersetzt[143].

Diese unter den Kanonisten umstrittene Frage der Geltung der päpstlichen Reservation gem. can. 1435 CIC/1917 ist in dem am 17. Juli / 30. August 1933 zwischen dem Staatssekretariat des Heiligen Stuhles und dem preußischen Ministerpräsidenten getroffenen Zusatzabkommen[144] einvernehmlich dahingehend beantwortet worden, daß sich die Vertragsschließenden darauf verständigt haben, daß die Vorschriften des can. 1435 no. 1, Ziffer 1 und 2 CIC/1917[145] keine Anwendung finden auf die Besetzung der Kanonikate Preußens.

Für die Diözese Hildesheim erfolgte die Kenntnisgabe dieser Übereinkunft durch die Anwort des Kardinalstaatssekretärs auf eine diesbezügliche Anfrage des Bischofs von Hildesheim, der diesem zur „gepfl. Kenntnisnahme und praktischen Richtschnur die Abschrift eines zwischen dem Hl. Stuhl und der Preußischen Staatsregierung getroffenen Abkommens beizulegen" sich erlaubte[146]: „3. Die Vorschriften des can. 1435 § 1, Ziffer 1 und 2 finden auf die Besetzung der Kanonikate Preußens keine Anwendung. 4. Das vorliegende Abkommen tritt am 1.9.1933 in Kraft."[147] Aus einem abschriftlich erhaltenen Schreiben des Kardinalstaatsekretärs Pacelli an den Fürstbischof von Breslau, Adolf Kardinal Bertram, geht hervor, daß der Verzicht auf die päpstliche Reservation die „Gegengabe des Heiligen Stuhls" für den Verzicht der preußischen Staates auf seine Staatspatronate ist[148].

---

[143] Vgl.: JULIUS KRIEG, zit. bei: BARION, Konkordat und Codex, 384-385.

[144] Text u.a. abgedruckt bei: LISTL JOSEPH (Hrsg.): *Die Konkordate und Kirchenverträge in der Bundesrepublik Deutschland* / Textausgabe für Wissenschaft und Praxis / Zweiter Band. Berlin : Duncker & Humblot, 1987, 755-756.

[145] Can. 1435 § 1. Praeter omnia beneficia consistorialia et omnes dignitates ecclesiarum cathedralium et collegiatarum ad normam can. 396, § 1, sunt reservata Sedi Apostolicae, quanquam vacati, sola beneficia quae infra memoratur: 1° Omnia beneficia, etiam curata, quae vacaverint per obitum, promotionem, renunatiationem vel translationem S. R. E. Cardinalium, Legatorum Romani Pontificis, officialium maiorum Sacrarum Congregationum, Tribunalium et Officiorum Romanae Curiae et Familiarum, etiam honoris tantum, Summi Pontificis tempore vacationis beneficii; 2° Quae, fundata extra Romam Curiam, vacaverint per beneficiarii obitum in ipsa Urbe; 3°[...].

[146] Kardinalstaatssekretär an Bischof, 14. November 1933. D 31, Bl. 32

[147] Staatssekretariat an Preußischen Ministerpräsidenten Reichsminister Göring, 30. August 1933. D 31, Bl. 33 (Abschrift).

[148] „Euer Eminenz beehre ich mich ganz ergebenst mitzuteilen, daß mit dem heutigen Tage das hier in Abschrift beiliegende Abkommen in Kraft tritt, durch welches die Frage der restlichen Staatspatronate geregelt wird. Als Gegengabe des Heiligen Stuhles wird in Zu-

In bezug auf das Domkapitel in Hildesheim ergibt sich daher folgende Rechtslage: die Verleihung der Dignität ist gem. Art. 8 Abs. 1 PreußK dem Heiligen Stuhl reserviert, die Verleihung der Kanonikate erfolgt gem. Art. 8 Abs. 2 PreußK abwechselnd auf Ansuchen des Bischofs und des Kapitels, die päpstliche Reservation gem. can. 1435 § 1 nn. 1 und 2 CIC/1917 ist gem. Zusatzabkommen zum PreußK in dessen Geltungsbereich nicht anzuwenden; in Kraft bleiben die Bestimmungen der Nummern 3 (ungültige Übertragung aufgrund von Simonie) und 4 (bereits erfolgtes Befassen der römischen Kurie mit dem Benefizium). Für die Übertragung der Benefizien der Domvikare hingegen ist can. 1435 CIC/1917 anzuwenden: Sofern eine Domvikarie, die einem Kardinal, päpstlichen Legaten, höherem Beamten der römischen Kurie oder einem Familiaren des Papstes, sei es auch nur ehrenhalber, übertragen ist, frei wird durch Tod, Beförderung, Verzicht oder Versetzung oder der Inhaber einer Domvikarie in Rom verstirbt, ist die Besetzung dem Apostolischen Stuhle reserviert[149]. Der Begriff „Familiaren des Papstes" umfaßt den aus „geistlichen und weltlichen Würdenträgern bestehenden Hofstaat des Papstes, [...]. Zum päpstlichen Hofstaat gehören auch die Ehrenprälaten extra Urbem, die in vier Gruppen zu gliedern sind: 1. Protonotare, 2. Hausprälaten (Antistites urbani), 3. Ehrenkammerherrn und 4. Ehrenkapläne"[150].

---

kunft auf die Geltendmachung der Reservate bezüglich der Kanonikate Preußens verzichtet, soweit sie in den Nummern 1 und 2 des Can. 1435 § 1 vorgesehen sind (folglich unter Weiterbestehen der in den Nummern 3 und 4 bezeichneten). Mit diesem Abkommen wird eine sehr bedeutende Zahl von Seelsorgsstellen aus einem Besetzungssystem befreit, das für die Hochwürdigsten Herrn Bischöfe von vielen Unbequemlichkeiten begleitet und für die Charakterfestigkeit des Klerus nicht ohne erhebliche Gefahren war. Diese Gelegenheit hat gezeigt, wie sehr sich das bisherige Festhalten an der päpstlichen Reservation lohnte, denn ohne die Möglichkeit dieser Gegengabe würde es nicht gelungen sein, die preußische Regierung zur Annahme des jetzigen Vorschlags zu bringen. Indem ich der Freude Ausdruck gebe, den Wünschen des preußischen Episkopates in diesem Punkte habe entsprechen können, [Grußformel]. Kardinalstaatssekretär Pacelli an Fürstbischof Adolf Kardinal Bertram, Breslau, 1. September 1933. D 31, Bl. 33 (Abschrift). Das Original dieses Schreibens, dessen Abschrift in Hildesheim verbleiben sollte, ist vom Staatssekretariat durch den Hildesheimer Bischof Bares nach Breslau gesandt worden.

[149] *Hofmeister* irrt, wenn er behauptet, daß in „Preußen die Besetzung der Dompräbenden durch den Hl. Stuhl gemäß c. 1435 nicht in Betracht" komme. Vgl.: HOFMEISTER, Bischof und Domkapitel, 107.

[150] MÖRSDORF, Kirchenrecht, § 62, III.

2.3 Zusammensetzung und Dotation des Domkapitels

2.3.1 Anzahl der Dignitäten, Kanonikate und Vikarien[151]

Gem. Art. 2 Abs. 1 PreußK bleibt die gegenwärtige Diözesanorganisation und -zirkumskription der katholischen Kirche Preußens bestehen, soweit sich nicht Änderungen aus dem Vertrag selbst ergeben. Da im PreußK der Bestand der Dignität und der Vikarien des Hildesheimer Domkapitels keine Erwähnung finden, gelten für diese die betreffenden Bestimmungen der Bulle IMPENSA ROMANORUM PONTIFICUM fort. Art. 2 Abs. 7 PreußK reduziert die Stellen der residierenden Kapitulare des Hildesheimer Domkapitels, die in der Bulle auf sechs festgelegt waren, auf nunmehr fünf. Diese Stellenverminderung ist bedingt durch den Umstand, daß die preußische Regierung nicht zu staatlichen Mehraufwendungen im Rahmen der Änderungen der Diözesanorganisation bereit war. Die durch die Schaffung neuer Bistümer entstandenen Mehrkosten sollten zum Teil durch die in Art. 2 Abs. 7 PreußK vorgenommenen Verschiebungen des Personalbestandes der einzelnen Domkapitel kompensiert werden[152].

Das Hildesheimer Domkapitel ist durch die konkordatäre Festschreibung der Stellen im PreußK iVm. der Bulle IMPENSA ROMANORUM PONTIFICUM ein geschlossenes Kapitel bzw. ausgezähltes Kapitel (CAPITULA NUMERATA bzw. CAPITULA CLAUSA) gem. can. 394 § 1 CIC/1917 und umfaßt den Domdechanten als einzige Dignität und fünf residierende Domkapitulare; zugeordnet sind dem Kapitel vier Domvikare.

2.3.2 Dotation[153]

Eine Neuregelung der Dotation der Domkapitel und Vikarien erfolgt durch Art. 4 Abs. 2. PreußK, in dem die Dotation der Diözesen und Diözesananstalten auf 2,8 Millionen Reichsmark festgesetzt wird. Diese Summe ist entstanden aus der Anpassung der „Diözesandotation, die im wesentlichen auf den bei Durchführung der Zirkumskriptionsbullen aufgestellten Organisationsetats und den seit 1906 hinzugetretenen Bewilligungen beruht“[154]. Die Bemessung beruht gem.

[151] Vgl.: BECKER, Senatus Episcopi, 49-50; JÜSTEN, Domkapitel, 85-86; KOENIGER, Konkordate und Kirchenverträge, 162; LINK, Besetzung, 369-370; MÖRSDORF, Kirchenrecht, § 78, II+IV; SCHARF, Preußenkonkordat, 116-117.

[152] Vgl. Regierungsbegründung zu Art. 2 PreußK.

[153] Vgl.: GOLOMBEK, Vorgeschichte, 78-80; HUBER, Verfassungsgeschichte IV, 921-922; LINK, Besetzung, 123-124, 369; KOENIGER, Konkordate und Kirchenverträge, 164-165.

[154] Regierungsbegründung zu Art. 4 PreußK.

Schlußprotokoll PreußK zu Art. 4 Abs. 1 Satz 1 „auf dem derzeitigen Stande der Aufwendungen des Preußischen Staates für vergleichbare persönliche und sächliche Zwecke"; die Vertragsschließenden sind darin übereingekommen, „daß in Zukunft hierin etwa eintretende Änderungen bei der Dotation entsprechende Berücksichtigung finden sollen". Die Aufteilung der Gesamtdotation erfolgt gem. dem der Regierungsbegründung beigegebenen Plan; auf die Diözese Hildesheim entfallen insgesamt 194.000 Reichsmark (RM), davon 92.503 RM auf die Gehälter für Bischöfe, Weihbischöfe, Kapitelsmitglieder und Domvikare, 64.000 RM für Personalkosten und 37.497 RM für Sachkosten.

Durch die Neuregelung der Dotation im PreußK treten die bisherigen Dotationsbestimmungen der alten Zirkumskriptionsbullen außer Kraft; gem. Regierungsbegründung zu Art. 4 PreußK bleibt jedoch für eine Ablösung der Staatsleistungen gem. Art. 4 Abs. 3 PreußK „die bisherige Rechtslage der Dotation maßgebend", nach *Huber* schließt dieses die Pflicht zur Realdotation mit ein[155].

2.4 Die Besetzung der Dignität, der Kanonikate, Domvikarien, die Ernennung der Ehrenkanoniker und Domlektoren

2.4.1 Besetzung der Kanonikate[156]

Die Inhaber von Kanonikaten, die mit einer Pfründe verbunden sind, werden CANONICI TITULARES genannt und sind wirkliche Kanoniker:

> „Zu beachten ist, daß der canonicus titularis des CJC. -im umgekehrten Sinn des episcopus titularis- nicht ein bloßer Titulatur-(Ehren-) Kanoniker ist, sondern ein „betitelter" = bepfründeter, also wirklicher Kanoniker ist."[157]

Diese „betitelten" Kanoniker werden zur eindeutigen Unterscheidung von den „nichtbetitelten" Kanonikern und Ehrenkanonikern aufgrund der mit ihrem Benefizium verbundenen Residenzpflicht im deutschen Text des PreußK als

---

[155] Vgl.: HUBER, Verfassungsgeschichte IV, 921.

[156] Vgl.: HOFMEISTER, Bischof und Domkapitel, 103-104, 107; JONE, Gesetzbuch, cc. 130, 393, 398-401, 403, 404; JÜSTEN, Domkapitel, 57, 99; KOENIGER, Konkordate und Kirchenverträge, 170-173; LINK, Besetzung, 57-62, 75, 82-89, 122-123, 326-334, 369-370, 373-374; MÖRSDORF, Kirchenrecht, § 78, II+IV; WESEMANN, Domkapitel, 512-520.

[157] LINK, Besetzung, 330, Anm. 10.

„residierende“ Domkapitulare“, im italienischen Text als „canonici effetivi“ bezeichnet.

2.4.1.1 *Eignungsvoraussetzungen*

2.4.1.1.1 *Kanonische Anforderungen*

Kanonikate können gem. can. 404 § 1 CIC/1917[158] nur denjenigen übertragen werden, die die Priesterweihe empfangen haben und sich auszeichnen durch Gelehrsamkeit und untadeligen Lebenswandel.

Bei der Verleihung der Kanonikate sind gem. can. 404 § 2 CIC/1917[159] diejenigen Priester zu bevorzugen, die bei gleicher Qualifikation einen Doktorgrad in der Theologie oder im kanonischen Recht erworben oder in löblicher Weise ein Kirchenamt oder Lehrdienst ausgeübt haben; soweit aber gleiche Qualifikation der Bewerber vorliegt, ist gem. can. 404 § 2 CIC/1917 2. Halbsatz iVm. can. 130 § 2 CIC/1917[160] derjenige Bewerber vorzuziehen, der die gem. can. 130 § 1 CIC/1917 geforderte Prüfung in den theologischen Disziplinen besser bestanden hat[161]. Ebenfalls ist bei der Verleihung der Kanonikate darauf zu achten, daß genügend qualifizierte Kanoniker vorhanden sind, um die im Kapitel vorhanden Ämter und Aufgaben ihren Anforderungen entsprechend besetzen zu können[162].

---

[158] Can. 404 § 1 CIC/1917: Canonicatus Episcopus conferat sacerdotibus doctrina vitaeque integritate praestantibus.

[159] Can. 404 § 2 CIC/1917: In canonicatuum collatione, ceteris paribus, ratio habeatur illorum qui doctores in sacra theologia vel iure canonico renuntiati fuerint in aliquo athenaeo, vel laudabiliter ministerium ecclesiasticum aut magisterium exercerunt, firmo praescriptio can. 130 § 2.

[160] Can. 130 § 2 CIC/1917: In collatione officiorum et beneficiorum ecclesiasticorum ratio habeatur eorum, qui, ceteris paribus, in memoratis periculis magis praestiterunt.

[161] Can. 130 § 1 CIC/1917 sieht vor, daß alle Priester nach abgeschlossenen Studien, auch wenn sie ein BENEFICIUM PAROCHIALE AUT CANONICALE innehaben und nicht vom Bischof durch einen gerechten Grund davon befreit sind, innerhalb der ersten drei Jahre jährlich ein Examen IN DIVERSIS SACRARUM SCIENTIARUM DISCIPLINIS abzulegen haben nach Maßgabe des Bischofs.

[162] Vgl. can. 393 § 1 CIC/1917: In qualibet ecclesia capitulari sint dignitates et canonici inter quos varia officia distribuantur; [...]. Ämter innerhalb des Kapitels können etwa die des Vermögensverwalters, Kustos, Sekretärs oder Archivars sein. Gem. can. 391 § 1 CIC/1917 ist es Aufgabe eines Kathedralkapitels, den Gottesdienst feierlich zu gestalten, den Bischof bei der Leitung der Diözese zu unterstützen und im Falle der Sedisvakanz des bischöflichen Stuhles die Diözesanleitung zu übernehmen. Ebenfalls sollen gem. can. 398 § 1 CIC/1917 an der Kathedralkirche ein CANONICUS THEOLOGUS und ein CA-

Die Norm des can. 403 CIC/1917[163], gem. der dem Diözesanbischof das Recht zukommt, nach Anhörung des Kapitels alle Benefizien und Kanonikate, ausgenommen die Dignitäten[164], zu übertragen, findet gem. can. 3 CIC/1917 keine Anwendung, da die Verleihung der Kanonikate Gegenstand der Regelungen des PreußK[165] ist. Die päpstliche Reservation der Besetzung von Kanonikaten, deren Inhaber Familiaren des Papstes waren gem. can. 1435 § 1 nn. 1 und 2 CIC/1917, findet gem. Zusatzvertrag zum PreußK zwischen dem Heiligen Stuhl und dem Freistaate Preußen seit dem 1. September 1933 keine Anwendung mehr[166].

2.4.1.1.2 Konkordatsrechtliche Anforderungen

Über die durch das kanonische Recht geforderten Eignungsvoraussetzungen[167] hinaus stellt Art. 9 Abs. 1 PreußK weitere Anforderungen zur Besetzung der Kanonikate. Die seit der Bulle IMPENSA ROMANORUM PONTIFICUM geltenden Bestimmungen werden durch das PreußK, das diese Materie vollständig neu regelt, abgelöst.

Zum Kanoniker kann nur bestellt werden, wer die deutsche Reichsangehörigkeit besitzt, ein zum Studium an einer deutschen Universität berechtigendes Reifezeugnis erlangt hat und ein mindestens dreijähriges philosophisch-theologisches Studium an einer deutschen staatlichen Hochschule oder an einem der gemäß Art. 12 PreußK hierfür bestimmten bischöflichen Seminare oder

---

NONICUS POENITENTIARIUS vorhanden sein, für die gem. can. 399 CIC/1917 bestimmte Qualifikationen gefordert sind. Um diese Ämter den Forderungen des CIC entsprechend besetzen zu können, sind in das Kapitel zu berufende Kleriker unter der Hinsicht möglicher späterer Verwendung auszuwählen.

[163] Can. 403 CIC/1917: Exceptis dignitatibus, ad Episcopum pertinet, audito Capitulo, conferre omnia et singula beneficia ac canonicatus in ecclesiis tum cathedralibus tum collegialibus, reprobata quavis contraria consuetudine et revocato quodlibet contrario privilegio, sed firma contraria fundationis lege et praescriptio can. 1435.

[164] Vgl. can. 396 CIC/1917.

[165] Art. 8 Abs. 2 Satz 1 PreußK.

[166] Siehe Kapitel 2.2.

[167] Can. 404 § 1 CIC/1917: Canonicatus Episcopus conferat sacerdotibus doctrina vitaeque integritate praestantibus. Da der CIC/1917 für die Besetzung der Dignitäten (can. 396 § 3) und der Ämter des CANONICUS THEOLOGUS (cc. 398, 399, 400) sowie des CANONICUS POENITENTIARIUS (cc. 398, 399, 401) besondere Eigenschaften erfordert, sind diese bei der Besetzung der Kanonikate ebenfalls zu berücksichtigen.

an einer päpstlichen Hochschule in Rom absolviert hat[168]. Durch das Schlußprotokoll wird das an einer österreichischen staatlichen Universität absolvierte philosophisch-theologische Studium entsprechend den für andere geisteswissenschaftliche Fächern geltenden Grundsätzen gleichberechtigt. Von den geforderten Voraussetzungen kann gem. Art. 9 Abs. 2 Satz 1 PreußK im Falle kirchlichen und staatlichen Einverständnisses abgesehen werden; insbesondere kann gem. Satz 2 das an einer anderen deutschsprachigen Hochschule als den in Abs. 1 genannten absolvierte Studium anerkannt werden.

2.4.1.2 Ernennung der Kanoniker und Verleihung der Kanonikate

Gem. Art. 8 Abs. 2 Satz 1 PreußK werden die Kanonikate durch den Bischof abwechselnd nach Anhörung und mit Zustimmung des Kapitels verliehen. Die Bestimmung von Satz 2, daß diese Abwechslung bei residentialen und nichtresidentialen Kanonikaten gesondert stattzufinden hat, ist für das Hildesheimer Domkapitel aufgrund des Fehlens dieser Stellen nicht anwendbar[169].

2.4.1.3 Anzeigepflicht der Stellenbesetzung[170]

Gem. Art. 9 Abs. 3 PreußK ist der Diözesanbischof verpflichtet, mindestens zwei Wochen vor Ernennung eines Geistlichen zum Mitglied des Domkapitels die staatliche Behörde von diesem Vorhaben in Kenntnis zu setzen und mit besonderer Berücksichtigung der unter Art. 9 Abs. 1 gestellten Eignungsanforderungen die Personalien des in Frage kommenden Geistlichen dieser mitzuteilen. Das Schlußprotokoll des Vertrages stellt zu dieser Regelung fest, daß „ein staatliches Einspruchsrecht [...] hierdurch nicht begründet" wird. Die staatliche Seite hat somit nur ein Kontrollrecht über die konkordatär vereinbarten Bestimmungen, jedoch kein Einspruchsrecht. Sollte die kirchliche Seite auf der Ernennung eines Geistlichen beharren, der nicht die Erfordernisse des Art. 9 Abs. 3 PreußK erfüllt und der staatlicherseits nicht die Dispens von diesen Er-

---

[168] Die konkordatsrechtlich festgelegten Studienzeiten liegen deutlich unter den durch das kanonische Recht geforderten Studienzeiten für Seminaristen, die gem. can. 1365 §§ 1 und 2 CIC/1917 wenigstens zwei Jahre Philosophie und wenigstens vier Jahre Theologie zu studieren haben. „Dieser Ansatz konnte zu Mißverständnissen Anlaß geben. So ist denn in den Acta Ap. Sed. 21, 528 seitens des Hl. Stuhl zu diesem Punkt des Konk. die Bemerkung beigefügt worden, daß damit die Forderung eines 6jährigen Studiums gemäß c. 1365 nicht präjudiziert werden soll: Hoc Conventionis praescriptio obligationi non derogatur, qua clerici tenentur secundum c. 1365 Cod. i. c. per sexenium philosophicis ac theologicis studiis operam dare." KOENIGER, Konkordate und Kirchenverträge, 172.

[169] Nichtresidentiale Kanonikate werden erst durch das NdsK im Jahre 1964 geschaffen.

[170] Vgl.: LINK, Besetzung, 374-375.

fordernissen gem. Art. 9 Abs. 2 PreußK erhält, so verbleibt der staatlichen Seite nur der Hinweis auf die Konkordatsverletzung seitens der Kirche[171].

Bzgl. der Anwendung dieser Bestimmung hat die Apostolische Nuntiatur in Deutschland nach Rücksprache mit dem preußischen Staatsministerium Durchführungsbestimmungen zum PreußK erlassen. In den Fällen des Art. 9 Abs. 3 (Anzeigepflicht) ist der Minister für Wissenschaft, Kunst und Volksbildung zuständig, der seinerseits mit dem Oberpräsidenten in Verbindung treten wird[172].

2.4.2 Die Besetzung der Dignität[173]

Gem. can. 393 § 2 CIC/1917 gehören die Dignitäre zum Kapitel hinzu und stehen nur außerhalb, wenn die Statuten dieses besonders bestimmen. Da das 1824 neu errichtete Kapitel keine Statuten besitzt, gilt das kodikarische Recht und somit steht der Domdechant innerhalb des Kapitels und ist in diesem stimmberechtigt; er hat gem. can. 397 § 4 CIC/1917 den Vorsitz des Kapitels inne und beruft dieses ein.

2.4.2.1 Eignungsvoraussetzungen

2.4.2.1.1 Kanonische Anforderungen

Gem. can. 403 § 1 CIC/1917 kommt dem Bischof das Recht zu, ausgenommen die Dignitäten, CONFERRE OMNIA ET SINGULA BENEFICIA AC CANONICATUS. Daher gelten für den Inhaber der Dignität dieselben Anforderungen, die gem. can. 404 CIC/1917 für die Verleihung der übrigen Kanonikate gelten. Darüber hin-

[171] „Entdeckt die staatliche Behörde einen Mangel der verlangten Anstellungsbedingungen, kann sie dies der kirchlichen Behörde zur Kenntnis geben; diese kann dann einen anderen Kandidaten ernennen oder für den in Aussicht Genommenen, den der Staat beanstandet, um staatliche Dispens einkommen, die ja durch Art. 9 Abs. 2 [PreußK] als möglich bezeichnet wird. Gelänge auf diesem Wege eine Einigung nicht, hielte vielmehr die Kirche an ihrem Kandidaten fest und vollzöge dessen Ernennung, dann bliebe gemäß der rechtlichen Natur dieser Anfrageverpflichtung, die ein Vetorecht nicht begründet, dem Staate nur die Feststellung einer Verletzung der die vereinbarten Eignungsvoraussetzungen betreffenden Konkordatsbestimmung übrig." LINK, Besetzung, 375.

[172] Schreiben der Apostolischen Nuntiatur Deutschland an die Hochwürdigsten Ordinarien Preußens vom 3.2.1931. Abgedruckt bei: LISTL, Konkordate II, 753-754.

[173] Vgl.: HOFMEISTER, Bischof und Domkapitel, 101-103; JONE, Gesetzbuch, cc. 396, 397, 403, 404; JÜSTEN, Domkapitel, 49, 55-57, 98-99; KOENIGER, Konkordate und Kirchenverträge, 170, 172-173; MÖRSDORF, Kirchenrecht, § 78, II + IV; LINK, Besetzung, 326-334, 373.

aus ist bei der Ernennung zum Dignitär gem. can. 396 § 3 CIC/1917 derjenige vorzuziehen, der bei gleicher Qualifikation über einen Doktorgrad der Theologie oder des kanonischen Rechtes verfügt.

Da die Anzahl der Dignitäten im Hildesheimer Domkapitel durch das PreußK iVm. der Bulle IMPENSA PONTIFICUM ROMANORUM SOLLICITUDO festgelegt ist, finden die Bestimmungen über Errichtung, Veränderung und Aufhebung von Dignitäten der cc. 392 und 394 § 2 CIC/1917 gem. can. 3 CIC/1917 keine Anwendung. Die Verleihung der Dignität erfolgt gem. Art. 8 Abs. 1 PreußK durch den Apostolischen Stuhl, die Besetzung der Stelle geschieht abwechselnd auf Ansuchen des Bischofs und des Kapitels.

2.4.2.1.2 Konkordatsrechtliche Anforderungen

Der Domdechant des Hildesheimer Kapitels steht innerhalb des Kapitels und gehört diesem an. Daher gelten für seine Ernennung gem. Art. 9 Abs. 1 und 2 PreußK die selben Anforderungen, die für die Ernennung der Kanoniker gefordert sind[174].

2.4.2.2 Ernennung des Dignitärs und Verleihung der Dignität

Die Dignität des Hildesheimer Domkapitels wird gem. Art. 8 Abs. 1 PreußK durch den Heiligen Stuhl verliehen[175], abwechselnd auf Ansuchen des Kapitels und des Diözesanbischofs. Abgelöst wird dadurch die Regelung der Bulle IMPENSA ROMANORUM PONTIFICUM, die die Verleihung der Dignität durch den Bischof vorgesehen hatte[176].

> „Das `Ansuchen´ im Sinne des Art. 8 PreußK ist ein unverbindlicher Vorschlag einer oder mehrerer Kandidaten. Die vertragliche Bindung

[174] Siehe Kapitel 2.4.1.1.

[175] „Für die Verleihungsweise der ihrer Zuständigkeit unterstellten Benefizien [...] hat die Apostolische Datarie am 11.11.1930 folgende vom Papst gebilligte Normen vorgeschrieben (AAS 22, 1930, 525f.): 1) Vom Tage der Erledigung eines dem Hl. Stuhl zur Besetzung vorbehaltenen Benefiziums bzw. dem Tage der Devolution an bis zum Tage des Rekurses an den Apostolischen Stuhl soll ein gewisser Zeitraum vergehen, so daß die Geistlichen der Diözese rechtzeitig Kenntnis von der Verleihung der dem Papst reservierten Pfründe erlangen. 2) Die Ordinarien sollen in dem an den Kardinal-Datar gerichteten Gesuch um Verleihung der genannten Benefizien die Namen aller Stellenbewerber angeben und zugleich die Zeugnisse über deren Alter, Studiengang, Lebenswandel, löbliche Verwaltung von kirchlichen Ämtern und ihre Tauglichkeit zu dem betreffenden Benefizium angeben. Soweit möglich, sollen sie wenigstens drei dieser Bewerber als die „würdigeren" (digniores) kennzeichnen. [...]." LINK, Besetzung, 330-331, Anm. 13.

[176] Vgl.: Bulle IMPENSA ROMANORUM PONTIFICUM, Absatz IV: Die Domkapitel.

des Papstes besteht lediglich darin, daß der Heilige Stuhl sich seiner Informationen der genannten heimatlichen, kirchlichen Instanzen zu bedienen hat."[177]

2.4.2.3 *Anzeigepflicht der Stellenbesetzung*

Wird einem Priester, der nicht Mitglied des Domkapitels ist, das Domdekanat verliehen, so erfolgt durch die Ernennung zum Domdechanten die Aufnahme in das Domkapitel. Daher ist in diesem Falle der Diözesanbischof gem. Art. 9 Abs. 3 PreußK verpflichtet, die staatliche Behörde von diesem Vorhaben mindestens zwei Wochen vor Ernennung von seinem Vorhaben in Kenntnis zu setzen und dieser unter besonderer Berücksichtigung der in Art. 9 Abs. 1 PreußK gestellten Eignungsanforderungen die Personalien des in Frage kommenden Geistlichen mitzuteilen. Die konkordatäre Regelung begründet lediglich eine Anzeigepflicht der kirchlichen Stelle, nicht jedoch ein staatliches Einspruchsrecht[178]. Zuständige staatliche Stelle in den Fällen des Art. 9 Abs. 3 PreußK (Anzeigepflicht) ist der Minister für Wissenschaft, Kunst und Volksbildung, der seinerseits mit dem Oberpräsidenten in Verbindung treten wird[179].

Wird einem Mitglied des Domkapitels die Dignität übertragen, so kann keine erneute Anzeigepflicht gem. Art. 9 Abs. 3 PreußK bestehen, da diese Bestimmung die Pflicht zur Anzeige nur bei der „Bestellung eines Geistlichen zum Mitglied eines Domkapitels" erfordert, im Falle der Ernennung eines Kanonikers zum Dekan des Kapitels dieser lediglich seine Stellung innerhalb des Kapitels verändert, nicht aber neu zum Kapitel hinzutritt, sondern diesem weiterhin angehört.

---

[177] JÜSTEN, Domkapitel, 56.

[178] Vgl. Schlußprotokoll zum PreußK.

[179] Durchführungsbestimmung der Apostolischen Nuntiatur Deutschland nach Rücksprache mit dem preußischen Staatsministerium. Schreiben der Apostolischen Nuntiatur an die Hochwürdigsten Ordinariate Preußens vom 3. Februar 1931. Abgedruckt bei: LISTL, Konkordate II, 753-754.

2.4.3 Die Ernennung der Ehrenkanoniker[180]

Gem. can. 406 § 1 CIC/1917 steht dem Bischof, nicht aber dem Generalvikar und Kapitelsvikar, das Recht zu, CANONICOS AD HONOREM zu ernennen; die Zahl der für ein Kapitel zu ernennenden Ehrenkanoniker aus dem Klerus der eigenen Diözese ist durch den CIC/1917 nicht beschränkt, der Bischof soll jedoch von diesem Recht RARO ET CAUTE Gebrauch machen.

Die Anzahl der Ehrenkanoniker aus fremden Diözesen muß gem. can. 406 § 3 CIC/1917 ein Drittel weniger betragen als die Zahl der wirklichen Kanoniker. Da im Hildesheimer Domkapitel der Domdechant innerhalb des Kapitels steht[181], beträgt die Anzahl der Kanonikate sechs; somit können dem Hildesheimer Kapitel bis zu vier Ehrenkanoniker aus fremden Diözesen beigefügt werden.

Ehrenkanoniker sind gem. can. 411 § 3 CIC/1917 im Kapitel nicht stimmberechtigt. Sie erhalten gem. can. 407 § 2 CIC/1917 Abzeichen und Privilegien sowie ein STALLUM IN CHORO. CANONICI AD HONOREM oder CANONICI HONORARII gem. cc. 406 § 3 und 408 § 1 CIC/1917 sind „Ehrenkanoniker im eigentlichen Sinn des Wortes, denen nur die Insignien und Privilegien der Titulaturkanoniker und ein eigener Platz im Chore zukommt“[182]; sie sind zu unterscheiden von den CANONICI HONORARII der preußischen Zirkumskriptionbulle[183] von 1821, die unter diesen wirkliche Kanoniker mit einer kleinen Dotation verstand, die jedoch weder zu Residenz, noch zu Chorpflicht oder anderen Diensten verpflichtet waren[184].

---

[180] Vgl.: JONE, Gesetzbuch, cc. 406-408, 411; KOENIGER, Konkordate und Kirchenverträge, 161-162; MÖRSDORF, Kirchenrecht, § 78, II, 1, § 78, III, 2; HOFMEISTER, Bischof und Domkapitel, 49-50, 99-101; NOTTARP, Ehrenkanoniker, 268-306; SCHMITZ, HERIBERT: „Die Rechtsfigur des nichtresidierenden Domkapitulars“. In: ISENSEE, JOSEF, u. a. (Hrsg.): *Dem Staate, was des Staates ist, der Kirche, was der Kirche ist* / Festschrift für Joseph Listl zum 70. Geburtstag / Staatskirchenrechtliche Abhandlungen / Band 33. Berlin : Duncker & Humblot, 1999, 875-892.

[181] Siehe Kapitel 2.4.2.

[182] KOENIGER, Konkordate und Kirchenverträge, 161.

[183] Die in der preußischen Zirkumskriptionsbulle vorgesehenen Ehrenkanoniker sind im Sinne des CIC/1917 keine CANONICI HONORARII, da ihnen das Recht der Bischofswahl zukommt, sondern nicht residierende Kanoniker. Zur Entwickung ausführlich: LINK, Besetzung, 361-362.

[184] „Das [sc. Preußische] Konkordat hat im deutschen Text den Ausdruck \`residierende´Kanoniker für die wirklichen aus den Zirk.- Bullen von 1821/7 übernommen und den anderen deutschen Ausdruck \`nichtresidierende´ K. für die preußischen konkordatsmäßigen Ehrendomherren amtlich eingeführt. Diese \`sind rechtlich also Forensen,

2.4.3.1 Eignungsvoraussetzungen

2.4.3.1.1 Kanonische Anforderungen

Gem. can. 406 § 1 CIC/1917 kann ein DIÖCESANUS wie ein EXTRADIÖCESANUS zum Ehrenkanoniker ernannt werden. Vor der Ernennung ist das Kapitel, dem der zu Ernennende hinzugefügt werden soll, zu hören. Sofern der Bischof einen Priester einer fremden Diözese zum Ehrenkanoniker ernennen will, muß er zuvor gem. can. 406 § 2 CIC/1917 zusätzlich zum Rat des Kapitels, dem der Betreffende hinzugefügt werden soll, die Zustimmung des Ordinarius des zu Ernennenden einholen, sonst ist die Ernennung ungültig. Darüber hinaus ist der Ordinarius darüber zu informieren, welche INSIGNIA ET PRIVILEGIA dem zu Ernennenden zukommen werden.

2.4.3.1.2 Konkordatäre Anforderungen

Im PreußK ist die Materie der Ehrenkanoniker nicht berührt; daher können gem. Art. 3 PreußK „kirchliche Ämter frei errichtet und umgewandelt werden, falls Aufwendungen aus Staatsmitteln nicht beansprucht werden".

2.4.3.2 Ernennung der Kanoniker

Die Ernennung von Ehrenkanonikern erfolgt gem. can. 406 § 1 durch den Bischof CONSILIO CAPITULI.

2.4.3.3 Anzeigepflicht der Ernennung

Eine Anzeigepflicht der Ernennung eines Ehrendomherren gegenüber dem Staate besteht nicht.

---

nicht residierende Kanoniker, keine bloßen Honorarkanoniker im technischen Sinn. Der Name Ehrendomherr ist irreführend, namentlich jetzt, wo durch das neue Kirchenrecht der Begriff mit bestimmten Gehalt gemeinrechtlich festgelegt worden ist. Daher empfielt es sich, den preußischen Ehrendomherren nun den Namen zu geben, der ihnen zukommt, und sie als nichtresidierende Kanoniker zu bezeichnen' (So H. Nottarp, Ehrenkanoniker und Honorarkapitel in Zeitschr. der Savigny-Stifttung, kan. Abteilung 15, 1925, 298; vgl. auch 278)." KOENIGER, Konkordate und Kirchenverträge, 161-162.

2.4.4 Die Besetzung der Domvikarien[185]

An einer Kapitelskirche können gem. can. 393 § 1 CIC/1917[186] außer den Dignitären und Kanonikern niedere Benefizien gleicher oder unterschiedlicher Rangordnung vorhanden sein. Die Inhaber dieser Benefizien heißen idR. Benefiziaten oder Vikare. Sie gehören gem. can. 393 § 2 CIC/1917[187] nicht zum Kapitel und besitzen idR. kein Stimmrecht[188].

2.4.4.1 Eignungsvoraussetzungen

2.4.4.1.1 Kanonische Anforderungen

Der Kleriker ist gem. can. 118 CIC/1917 fähig, ein Benefizium innezuhaben[189]. Kleriker ist gem. can. 108 § 1 CIC/1917 derjenige, der wenigstens die erste Tonsur empfangen hat[190].

Sofern ein Benefizium nicht mit einem Amt verbunden ist, das die Sorge um das Seelenheil, sei es im Bereich des FORUM INTERNUM oder des FORUM EXTERNUM, mit sich bringt, kann es gem. can. 154 CIC/1917 auch einem Kleriker übertragen werden, der nicht die Priesterweihe empfangen hat[191]. Anders als bei Kanonikaten kommen daher auch Diakone als Amtsinhaber in Betracht.

---

[185] Vgl.: HOFMEISTER, Bischof und Domkapitel, 107; JONE, Gesetzbuch I, cc. 108, 118, 154, 393, 405; JÜSTEN, Domkapitel, 51, 57; KOENIGER, Konkordate und Kirchenverträge, 171-173; MÖRSDORF, Kirchenrecht, § 43, I,§ 45, I, § 48, IV, § 78, II+IV; LINK, Besetzung, 326-334, 374.

[186] Can. 393 § 1 CIC/1917: In qualibet ecclesia capitulari sint dignitates et canonici inter quos varia officia distribuantur; possunt esse etiam alia minora beneficia uno vel pluribus gradibus.

[187] Can. 393 § 2 CIC/1917: Capitulum constat dignitatibus et canonicis, [...]; non autem inferioribus beneficiariis seu mansionariis, qui canonicis auxilium praestant.

[188] Zu den Ausnahmen vgl.: JONE, Gesetzbuch I, c. 393 § 2.

[189] Vgl. can. 118 CIC/1917: Soli clericis possunt potestatem sive ordinis sive iurisdictionis ecclesiasticae et beneficia ac pensiones ecclesiasticas obtinere.

[190] Vgl. can. 108 § 1 CIC/1917: Qui divinis ministeriis per primam saltem tonsuram mancipati sunt, clerici dicuntur.

[191] Diese Aufgaben könnten die des Vermögensverwalters, Sekretärs oder Archivars sein. Gestützt wird diese These von *Mörsdorf*: „Das Kanonikat ist an sich kein Seelsorgeamt, daher liegt die lex inhabilitans des c. 154 im allgemeinen nicht vor, anders jedoch beim Amt des Domtheologen und Bußkanonikers." MÖRSDORF, Kirchenrecht, § 78, IV, Anm.

2.4.4.1.2 *Konkordatsrechtliche Anforderungen*

Waren durch die Bulle IMPENSA ROMANORUM PONTIFICUM für die Inhaber der Vikarien staatlicherseits keine über das kanonische Recht hinausgehende Eignungsvoraussetzungen gefordert, so stellt Art. 9 Abs. 1 PreußK weitere Anforderungen zur Besetzung einer Domvikarie.

Zum Domvikar kann nur bestellt werden, wer die deutsche Reichsangehörigkeit besitzt, ein zum Studium an einer deutschen Universität berechtigendes Reifezeugnis erlangt hat und ein mindestens dreijähriges philosophisch-theologisches Studium an einer deutschen staatlichen Hochschule oder an einem der gemäß Art. 12 PreußK hierfür bestimmten bischöflichen Seminar oder an einer päpstlichen Hochschule in Rom absolviert hat. Durch das Schlußprotokoll wird das an einer österreichischen staatlichen Universität absolvierte philosophisch-theologische Studium entsprechend den für andere geisteswissenschaftliche Fächern geltenden Grundsätzen gleichberechtigt.

Von den geforderten Voraussetzungen kann gem. Art. 9 Abs. 2 Satz 1 im Falle kirchlichen und staatlichen Einverständnisses abgesehen werden. Insbesondere kann gem. Satz 2 das an einer anderen deutschsprachigen Hochschule als den in Abs. 1 genannten anerkannt werden.

2.4.4.2 *Ernennung der Vikare und Verleihung der Vikarien*

Die für die Verleihung der Domvikarien geltenden Bestimmungen der Bulle IMPENSA ROMANORUM[192] erfahren durch Art. 8 Abs. 3 PreußK eine Neuregelung und sind somit außer Kraft. Gemäß der neuen Rechtslage werden die Domvikarien durch den Diözesanbischof nach Anhörung des Kapitels besetzt, ein staatliches Mitwirkungs- oder Einspruchsrecht bei der Ernennung besteht nicht mehr. Ebenfalls besteht gemäß PreußK keine Pflicht zur Anzeige der Ernennung eines Domvikars, da Domvikare keine Mitglieder des Domkapitels

[192] „So oft [...] [ein] Vikariat in dem Dom-Capiteln zur Erledigung kommt, sollen abwechselnd der Bischof und das Capitel binnen sechs Wochen, von der Zeit der Erledigung an gerechnet, eine Liste von vier Candidaten, welche mit den festgesetzten Eigenschaften begabt sind, dem Königlichen Ministerium übergeben. Sollte etwa irgend einer dieser Candidaten der Regierung weniger genehm oder verdächtig seyn, so kann dieses beziehungsweise dem Bischofe oder Capitel, sobald als möglich, in der Absicht angezeigt werden, damit derselbe auf der Liste gestrichen werde. Hierauf aber muß der Bischof zur Verleihung [...] [des] Vikariates, oder beziehungsweise das Capitel binnen vier Wochen zur Ernennung einer von der Regierung weder unangenehmen noch verdächtigen Person schreiten, welcher sodann der Bischof die canonische Einsetzung ertheilen wird." Bulle Impensa Romanorum Pontificum, Abschnitt IV. HannGS 1824, Abt. I, 89. Abgedruckt bei: HUBER, Staat und Kirche I, 299-308.

sind und deshalb nicht von der Anzeigepflicht des Art. 9 Abs. 3 betroffen sind. Eine diesbezügliche Klärung der Gesetzeslage ist am 30. März 1931 durch den Apostolischen Nuntius herbeigeführt worden[193].

Die kanonische Installation erfolgt im Bistum Hildesheim „dem Herkommen gemäß" durch das Domkapitel[194].

2.4.4.3 Anzeigepflicht der Stellenbesetzung

Eine Anzeigepflicht der Ernennung von Domvikaren besteht nicht. Gem. Art. 9 Abs. 3 PreußK. ist der Diözesanbischof nur verpflichtet, vor Ernennung eines Geistlichen zum Mitglied des Domkapitels die staatliche Behörde von diesem Vorhaben in Kenntnis zu setzen; da Domvikare nicht zum Domkapitel gehören, betrifft die Regelung von Art. 9 Abs. 3 PreußK ihre Ernennung nicht. Entsprechend dieser Interpretation ist die Nuntiatur in Übereinstimmung mit der Regierung der Auffassung, daß eine Pflicht zur Kenntnisgabe der Ernennung von Domvikaren nicht besteht[195].

2.4.5 Die Ernennung der Domlektoren

Die Einrichtung des Amtes der Domlektoren ist eine Hildesheimer Eigenentwicklung[196], sie sind die „Vikare der Vikare"; zeitweise waren sie im „Schematismus der Diözese" als eigene Gruppe unter der Rubrik „Domkapitel" aufgeführt[197]. Angestellt wurden Priester, die am Dom Seelsorgsdienste zu

---

[193] Schreiben des Apostolischen Nuntius Orsenigo an das Bischöfliche Ordinariat Osnabrück vom 30. März 1931. Abgedruckt bei: LISTL, Konkordate II, 754.

[194] Bischof an Domkapitel bzgl. der Ernennung von Augustinus Uhrig zum Domvikar vom 25. Juni 1929. D 35, Bl. 49.

[195] „Einige Hochwürdigste Ordinariate haben sich an die hiesige Apostolische Nuntiatur mit der Frage gewandt, ob auf Grund des Art. 9 Abs. 3 des Konkordates mit Preußen die Bischöfliche Behörde verpflichtet ist, der Regierung auch von der Ernennung der Domvikare Kenntnis zu geben. Um eine einheitliche Praxis in dieser Beziehung aufrecht zu erhalten, erkläre ich hiermit, daß auch nach der Fühlungnahme mit der Regierung, eine Pflicht der Kenntnisgabe der Ernennung von Domvikaren nicht besteht." Schreiben der Apostolischen Nuntiatur Deutschland an das Bischöfliche Generalvikariat Osnabrück vom 30. März 1931. Abgedruckt bei: LISTL, Konkordate II, 754.

[196] Frdl. Mitteilung S.E. Weihbischof Heinrich Pachowiak vom 8. Februar 1998; ebenso Direktor em. des Amtes für Geschichts- und Denkmalspflege der Diözese Hildesheim, Wilfried Meyer, vom 22. Mai 1998.

[197] Die Rubrik „Domkapitel" war eingeteilt in mit römischen Zahlzeichen bezeichnete Untergruppen: I. Domdechant, II. Domkapitulare, III. Ehrendomkapitulare, IV. Domvikare,

übernehmen hatten: Feier der Eucharistie und des Stundengebetes, Beichtehören, Levitendienst bei bestimmten Eucharistiefeiern, Gestalten von Anbetungsstunden. Die jeweiligen Dienstobliegenheiten der Domvikare wurden im Einzelfall geregelt[198]; bisweilen übten sie parallel zum Amt des Domlektors andere Dienste aus[199]. Die Bezahlung der Domlektoren erfolgte aus der Kasse des Domkapitels[200].

Bis zum 1. September 1938 wirkte das Domkapitel bei der Aufstellung der Domlektoren mit; am 1. September 1938 verzichtete das Kapitel gegenüber dem Bischof auf sein Anhörungsrecht und wandelte dieses in eine Mitteilungspflicht des Bischofs über die Ernennung um[201].

2.5 Domkapitel und Bischofswahl

Im Falle der Sedisvakanz des bischöflichen Stuhles geht die Leitung der Diözese auf das Domkapitel über, daß innerhalb festgesetzter Frist den Kapitularvikar zu wählen hat. An der Wiederbesetzung des vakant gewordenen Bischofsstuhles wirkt das Domkapitel dergestalt mit, daß es gem. PreußK eine Liste geeigneter Kandidaten an den Hl. Stuhl sendet und aus der römischen Vorschlagsliste den neuen Bischof wählt.

V. Domlektoren. So etwa in den in der Dombibliothek Hildesheim zugänglichen Jahrgängen 1955, 1957, 1961, 1963-1965.

198 Als Beispiel für den untersuchten Zeitraum kann die Mitteilung der Dienstobliegenheiten des Domlektors Engelhardt vom 24. September 1937 dienen: Lesen der Heiligen Messen am Sonntag um 7 Uhr, Dienstag um 10 Uhr, Mittwoch und Freitag um 8 Uhr; Vesper und Komplet von Dienstag, Mittwoch und Samstag um 14.30 Uhr, Levitieren am Sonntag um 10.30 Uhr und Donnerstag um 8 Uhr, sowie Beichtdienst Sonntag von 15 Uhr bis 17 Uhr. D 109, Bl. 66. Am 30. September 1938 erweiterte das Domkapitel die Dienstobliegenheiten und fügte die „Abhaltung der Heiligen Stunde“ am Donnerstag und am am Herz-Jesu-Freitag hinzu. D 109, Bl. 67.

199 Bischofssekretär.

200 Vgl.: Anweisung des Domkapitels vom 3. Mai 1940. D 109, Bl. 80.

201 Domkapitel an Bischof, 1. September 1938. D 109, Bl. 77. „Euer Exzellenz beehren wir ergebenst mitzuteilen, daß wir beschlossen haben, auf die bislang übliche Mitwirkung des Domkapitels bei der Aufstellung der Lektoren an der Hohen Domkirche zu verzichten. Ew. Exzellenz bitten wir, uns [...] über die Ernennung und Abberufung der Domlektoren zu benachrichtigen und sie anzuweisen, wegen der Regelung ihrer Dienstobliegenheiten an der Hohen Domkirche und ihrer Dienstbezüge aus dem Lektorenamte an uns sich zu wenden.“

2.5.1 Kapitularvikar[202]

Gem. can. 391 § 1 CIC/1917 und can. 431 CIC/1917 geht die Regierung der Diözese bei Erledigung des bischöflichen Stuhles idR. auf das Domkapitel über. Das Kapitel muß dann gem. can. 432 § 1 CIC/1917 innerhalb von acht Tagen, gerechnet vom Zeitpunkt der Kenntnisnahme von der Sedisvakanz des bischöflichen Stuhles, den Kapitelsvikar wählen; sofern das Kapitel auch Kirchengüter zu verwalten hat, muß es auch einen oder mehrere Ökonomen wählen. Gem. can. 432 § 4 CIC/1917 hat das Kapitel QUANTOCIUS den Apostolischen Stuhl vom Tode des Bischofs und der Wahl des Kapitelsvikars zu unterrichten.

2.5.1.1 Anforderungen des kanonischen Rechtes

Der Kapitelsvikar muß zur Gültigkeit der Wahl gem. can. 434 § 1 CIC/1917 die Priesterweihe empfangen und das dreißigste Lebensjahr vollendet haben sowie für das erledigte Bistum weder erwählt, noch nominiert oder präsentiert sein. Zur Erlaubtheit notwendig ist gem. can. 434 § 2 CIC/1917, daß der Kandidat den Doktor- oder Lizentiatsgrad in Theologie oder kanonischem Recht besitzt oder in diesen Bereichen wenigstens erfahren ist und sich auszeichnet durch INTEGRITAS MORUM, SANA DOCTRINA CUM PRUDENTIAE LAUDE. Die Wahl des Kapitelsvikars braucht gem. can. 438 CIC/1917 nicht bestätigt zu werden; nach Ablegung des Glaubensbekenntnisses geht die Jurisdiktion auf diesen über.

2.5.1.2 Anforderungen des Konkordatären Rechtes

Gem. Art. 9 Abs. 3 Satz 2 PreußK ist die Staatsbehörde „alsbald“ nach der Ernennung eines Bistums-Verwesers unter Angabe der Personalien des Geistlichen zu unterrichten. Aus der Formulierung „nach der Ernennung“ folgt, daß bei der Ernennung eines Bistums-Verwesers ein staatliches Einspruchsrecht nicht bestehen kann.

[202] Vgl.: HOFMEISTER, Bischof und Domkapitel, 105; JONE, Gesetzbuch, cc. 391; 431, 432, 434, 438; MÖRSDORF, Kirchenrecht, § 78, I, § 80.

2.5.2 Bischofswahl[203]

Art. 6 PreußK hebt durch die Neuregelung der Besetzung vakant gewordener Bischofsstühle die bisher für das Bistum Hildesheim aufgrund der Bulle IMPENSA ROMANORUM PONTIFICUM geltenden Bestimmungen bzgl. der Wahl des Diözesanbischofs auf. Vakant wird eine Diözese idR. durch Tod, Amtsverzicht, Amtsenthebung oder Versetzung des bisherigen Inhabers.

> „Eine Erledigung läge nicht vor im Falle einer von nichtkirchlichen Gewalten ausgesprochenen „Absetzung" des Bischofs, wie sie in den Zeiten des Kampfes zwischen Staat und Kirche vorgekommen ist."[204]

Gem. Art. 6 Abs. 1 PreußK haben nach Erledigung des Bischöflichen Stuhles von Hildesheim das Metropolitankapitel von Paderborn sowie das Kathedralkapitel von Hildesheim als auch alle Diözesanerzbischöfe und Diözesanbischöfe Preußens dem Heiligen Stuhle Listen von kanonisch geeigneten Kandidaten für den Bischöflichen Stuhl einzureichen. Unter Würdigung dieser Listen wird der Heilige Stuhl dem Hildesheimer Kapitel drei Personen benennen, von denen es in freier und geheimer Abstimmung eine zum Bischof wählt.

2.5.2.1 Erstellung der Kandidatenliste für die Wiederbesetzung des bischöflichen Stuhles durch das Domkapitel

2.5.2.1.1 Anforderungen des kanonischen Rechtes

Da es keine konkordatären Bestimmungenüber die Aufstellung der Vorschlagsliste des Kapitels gibt, sind die Normen des kanonischen Rechtes anzuwenden.

Die Vorschlagsliste ist durch das Kapitel als COLLEGIUM zu erstellen und bedarf daher eines in einer Kapitelssitzung gefaßten Mehrheitsbeschlusses gem. den Normen des kanonischen Rechtes und evtl. vorhandener Statuten. Die Zahl der auf die Liste zu setzenden Personen ist nicht festgelegt; diese müssen lediglich „kanonisch geeignet" sein gem. den Anforderungen von can. 331 CIC/1917. Nach *Link* wird man

---

[203] Vgl.: GOLOMBEK, Vorgeschichte, 58-60; HOFMEISTER, Bischof und Domkapitel, 69, 71-72; JÜSTEN, Domkapitel, 26-27, 34-36; KOENIGER, Konkordate und Kirchenverträge, 167-170; LINK, Besetzung, 245-255; MAY, GEORG: „Listen von Bischofskandidaten in den deutschen Konkordaten und Kirchenverträgen". In: ISENSEE, JOSEF, u. a. (Hrsg.): *Dem Staate, was des Staates ist, der Kirche, was der Kirche ist* / Festschrift für Joseph Listl zum 70. Geburtstag / Staatskirchenrechtliche Abhandlungen / Band 33. Berlin : Duncker & Humblot, 1999, 739-760; SCHARF, Preußenkonkordat, 116.

[204] LINK, Besetzung, 246.

„diese Forderung weit (late) interpretieren dürfen, sodaß das Kapitel auch Kandidaten auf die Liste setzten kann, die sonst nur postuliert werden können, weil ihnen der Mangel eines kanonischen Hindernisses anhaftet, von dem aber dispensiert werden kann und dispensiert zu werden pflegt.“[205].

2.5.2.1.2 *Anforderungen des konkordatären Rechtes*

Die für die Wahl zum Bischof in Frage kommende Personen haben, ebenso wie die Kandidaten für zur Besetzung der Kanonikate, die gem. Art. 9 PreußK geforderten Voraussetzungen der Vorbildung von Geistlichen zu erfüllen[206].

2.5.2.2 *„Würdigung“ der Wahllisten durch den Hl. Stuhl*

Der Hl. Stuhl hat gem. Art 6 Abs. 1 Satz 2 PreußK unter Würdigung der eingereichten Listen dem Domkapitel drei Personen zu benennen, aus denen dieses den Bischof wählt. Durch das Konkordat ist der Hl. Stuhl verpflichtet, die eingesandten Listen zur Kenntnis zu nehmen, nicht aber, für seinen Wahlvorschlag Kandidaten von diesen Listen auszuwählen. Diese Interpretation des Hl. Stuhles[207] ist gedeckt durch die Regierungsbegründung zu Art. 6 PreußK, die davon spricht, daß sich der Hl. Stuhl verpflichtet, diese Liste, „ohne im übrigen auf sie beschränkt zu sein, so zu würdigen, daß er die dem Kapitel zu benennenden Personen möglichst aus ihnen nehmen wird“.

2.5.2.3 *Die Wahl des Bischofs*

2.5.2.3.1 *Bestimmungen des kanonisches Rechtes*

Gem. can. 3 CIC/1917 ist die dem Papst reservierte freie Ernennung der Bischöfe gem. can. 329 § 2 CIC/1917 im Bereich des Staates Preußen außer Kraft. Es gilt das Wahlrecht des Domkapitels gem. Art. 6 PreußK. Sofern ein COLLEGIUM das Wahlrecht besitzt, gelten für die Wahl gem. can. 329 § 3 CIC/1917 die Bestimmungen des can. 321 CIC/1917, da daß Konkordatsrecht kein Wahlverfahren vorschreibt: demnach ist zur gültigen Wahl eines Kandi-

---

[205] LINK, Besetzung, 247.

[206] Siehe Kapitel 2.4.1.1.2.

[207] „Der Hl. Stuhl ist an diese Listen nicht so gebunden, daß er nicht, nachdem er sie reiflich erwogen hat, wenn er dies für notwendig und angezeigt hält, auch einen anderen, der außerhalb der Listen ist, auswählen könnte.“ AAS 21 (1929) 527. Zit. bei: LINK, Besetzung, 248-249.

daten die absolute Mehrheit der abgegebenen Stimmen nach Abzug der ungültigen Stimmen erforderlich[208].

2.5.2.3.2 Bestimmungen des konkordatären Rechtes

Das Kapitel hat sowohl das Wahlrecht wie auch die Wahlpflicht. Das Konkordat schreibt dem Kapitel vor, daß es „zu wählen hat", es sind nicht nur Wahlgänge durchzuführen, sondern diese müssen auch zum Erfolg führen, wie *Jüsten* nachgewiesen hat:

> „Besonders deutlich wird dies am italienischen Wortlaut des Preußischen Konkordats, der dem deutschen Konkordatstext gleichberechtigt ist. Dort heißt es: das Domkapitel „ha eleggere per votazione libera e segreta". Der italienische Text unterscheidet zwischen „eleggere", d.h. einen Kandidaten tatsächlich wählen und „votare", d.h. Wahlversuche oder Wahlgänge vorzunehmen. Einer Wahlpflicht im Sinne eines „eleggere" steht auch nicht entgegen, daß keine Vorkehrungen für den Fall vorgesehen sind, daß ein Wahlerfolg nicht zustande kommt."[209]

Die Wahl selbst ist gem. Art. 6 Abs 1 Satz 2 PreußK eine freie und geheime: der „Wortlaut des Konkordatstextes läßt keinen Zweifel darüber, daß es sich bei dieser Bischofswahl um eine kanonische Wahl im eigentlichen rechtlichen Sinne handelt"[210].

2.5.2.4 Durchführung der Bestimmung betr. die Politische Klausel

Das Kapitel ist gem. Art. 6 Abs. 1 Satz 3 PreußK verpflichtet, nach erfolgter Wahl vor der Ernennung des Gewählten zum Bischof durch den Hl. Stuhl, mittels Anfrage bei der Preußischen Staatsregierung festzustellen, ob gegen den Gewählten Bedenken politischer Art bestehen[211]. Nach *Link* liegt der Sinn der

---

[208] Can. 321 CIC/1917: Si cui collegio est ius eligendi Abbatem vel Praelatum nullius, ad validam electionem requiritur numerus suffragiorum absolute maior, demptis suffragiis nullis, firmo peculiari iure quod maiorem suffragiorum numerum exigat.

[209] JÜSTEN, Domkapitel, 26. In diesem Sinne auch *May*: „Das Unbehagen über die vom Heiligen Stuhl vorgeschlagenen Personen ist kein Grund, um die Wahl aus der vorhandenen Liste zu unterlassen und die Liste dem Absender zurückzustellen". MAY, Listen, 756.

[210] LINK, Besetzung, 250.

[211] „Die „politischen Bedenken" sind schon bei den Landtagsverhandlungen über das Konk. und dann im Schlußprotokoll zu Art. 7 des preuß. Kirchenvertrages als solche staatspolitischer, nicht kirchlicher oder parteipolitischer Art erklärt worden. Sie sind übrigens sehr genau erläutert in dem zwischen der römischen Kurie und der Tschechoslowakei geschlossenen Vertrag (modus vivendi) [...]: „Man versteht unter Bedenken politischer Art

Bestimmung, daß die Anfrage durch das Kapitel zu geschehen hat, darin, daß „das Kapitel bei der Feststellung von Bedenken an Ort und Stelle leichter in der Lage ist, die vorgebrachten Gründe zu prüfen, Gegenvorstellungen zu machen, Mißverständnisse zu beseitigen“[212].

Sofern es bei der Anfrage staatlicherseits zur Äußerung von politischen Bedenken kommt, ist zunächst das Domkapitel, danach der Hl. Stuhl zuständig, eine Lösung des Problemes zu erreichen. Im Konfliktfall ist die Schlichtungsbestimmung gem. Art 13 PreußK anzuwenden und die Meinungsverschiedenheit „auf freundschaftliche Weise“ zu beseitigen. Sollte dies aber nicht gelingen,

> „dann tritt die ganze Tragweite des Bedenkensäußerungsrechtes im Preußischen Konkordat in ihrer ganzen folgenschweren Auswirkung zu Tage. Denn der Hl. hat sich verpflichtet, einen Kandidaten nicht zu ernennen, wenn politische Bedenken festgestellt worden sind. Damit ist unzweideutig ein schwerwiegende rechtliche Bindung eingegangen [...]. Bei dieser Sachlage könnte der Fall eintreten, daß durch die Erhebung politischer Bedenken gegen mehrere nacheinander gewählte Kandidaten die Ernennung eines neuen Oberhirten auf längere Zeit unmöglich gemacht würde, da der Papst sich verpflichtet hat, diesen Einwendungen stets stattzugeben.“[213]

Dieser bei *Link* wiedergegebenen Auffassung sind die meisten Autoren[214]. Der gewählte Kandidat hat das Recht auf die päpstliche Ernennung zum Bischof; dieses Recht wird nicht durch die Anfrage bei der Regierung bzgl. der politischen Bedenken berührt, so daß nach der Wahl das Verfahren der Bestätigung der Wahl voranschreitet. „Die Bestätigung könnte allerdings dann verweigert werden, wenn der Papst auf Grund etwa geäußerter Bedenken sich das Urteil

---

alle jene Bedenken, die die Regierung durch Gründe zu motivieren im Stande wäre, die Bezug haben auf die Sicherheit des Staates, z. B. daß der gewählte Kandidat sich einer irredentistischen oder separatistischen oder gegen die Verfassung oder das öffentliche Wohl des Staates gerichteten politischen Tätigkeit schuldig gemacht hätte“ [...]. [...]. Das engt aber Umfang und Sinn dieser „politischen Klausel“ [...] ein. Allerdings wird sich nicht immer eine reinliche Scheidung zwischen „staatspolitischen“ und „parteipolitischen“ bedenken herbeiführen lassen.“ KOENIGER, Konkordate und Kirchenverträge, 168-169.

212 LINK, Besetzung, 254.

213 LINK, Besetzung, 255.

214 Anderer Meinung u.a. *Koeniger:* „Ein Zwang jedoch, einen Kandidaten beim Vorliegen politischer Bedenken nicht zu nehmen, kann abgesehen von den Forderungen des Art. 9 auf den Hl. Stuhl nicht ausgeübt werden.“ KOENIGER, Konkordate und Kirchenverträge, 169. Nachweis der Autoren und der von ihnen vertretenen Meinungen bei LINK, Besetzung, 255, Anm. 100.

gebildet hätte, der Gewählte sei nicht „idoneus".[215] Sofern dieses geschieht, muß durch den Hl. Stuhl eine neue Dreierliste erstellt werden, das Kapitel hat nicht unter den zwei verbleibenden Kandidaten zu wählen.

---

[215] LINK, Besetzung, 253-254.

3 Auswirkungen des Reichskonkordates von 1933 auf das Domkapitel zu Hildesheim

3.1 Gesetzeskraft und Geltung des Vertrages[216]

3.1.1 Gesetzeskraft

Der zwischen dem Heiligen Stuhl und dem Deutschen Reich abgeschlossene Vertrag ist ein völkerrechtlicher Vertrag und schafft für das Gebiet des Deutschen Reiches staatliches und partikuläres kirchliches Recht. Gem. can. 3 CIC/1917 gelten die Normen des Konkordats vorrangig zum CIC und unterliegt die durch das Konkordat geregelte Materie nicht dem kirchlichen Recht[217].

3.1.2 Geltung[218]

Die als Konkordat bezeichnete Übereinkunft[219] ist am 20. Juli 1933 zwischen dem Hl. Stuhl und dem Deutschen Reich abgeschlossen worden. Sie ist nicht befristet und gilt daher fort unter dem Anspruch der Dauer, sofern nicht besondere Umstände eintreten, die die Fortgeltung aufheben[220]. Das „Schlußprotokoll zum Reichskonkordat" ist gemäß übereinstimmender Erklärung der Vertragspartner integrierender Bestandteil des Konkordates und hat somit dieselbe Gesetzeskraft[221].

Durch das „Gesetz zur Durchführung des Reichkonkordates"[222] vom 12. September 1933 ist das Reichskonkordat als Gesetz staatlicherseits erlassen wor-

---

[216] Konkordatstext: *AAS* 25 (1933) 389-414; *RGBl.* II 1933, 679ff. Abgedruckt u.a. bei: LISTL, JOSPEPH: *Die Konkordate und Kirchenverträge in der Bundesrepublik Deutschland* / Textausgabe für Wissenschaft und Praxis / Erster Band. Berlin : Duncker & Humblot, 1987, 34-54.

[217] Vgl. dazu die Ausführungen in Kapitel 2.1.1.

[218] Vgl.: v. Campenhausen, Staatskirchenrecht, 43-47; mit Diskussion der Literatur und weiteren Nachweisen: LISTL, Konkordate I, 17-18, 27-32.

[219] Vgl. dazu die Ausführungen in Kapitel 2.1.2.

[220] Vgl. dazu die Ausführungen in Kapitel 2.1.2.

[221] Vgl. Präambel des Schlußprotokolles.

[222] *RGBl.* I 1933, 625.

den, gem. Art. 34 RK ist es am Tag des Austausches der Ratifikationsurkunden, dem 10. September 1933, in Kraft getreten[223].

Die Fortgeltung des Reichskonkordates nach Inkrafttreten des Grundgesetzes der Bundesrepublik Deutschland am 23. Mai 1949 war umstritten; anhand eines Verfassungsrechtsstreites über die Fortgeltung der Schulartikel des Reichskonkordates hat der Zweite Senat des BVerfG am 26. März 1957 die Fortgeltung des Konkordates festgestellt:

> „Mit anderen Worten und im Ergebnis besagt dieses in seiner rechtlichen Argumentation zwiespältige und unbefriedigende, unter politischer Rücksicht aber wohl zutreffende Urteil des Bundesverfassungsgerichtes, daß zwar *sowohl der Bund als auch die Länder* an das Reichskonkordat gebunden seien, *daß der Bund aber mangels verfassungsrechtlicher Kompetenz die Länder wegen der ausschließlichen Kulturhoheit* zur Beobachtung des Reichskonkordats *nicht zwingen könne*“.[224]

3.1.3 Inkorporation älteren Rechtes

Gem. Art. 2 RK bleibt das mit Preußen 1929 abgeschlossene Konkordat bestehen und die in diesem anerkannten Rechte und Pflichten der katholischen Kirche werden innerhalb des Geltungsbereiches des PreußK unverändert gewahrt; gem. Art. 11 RK bleibt die “gegenwärtige Diözesanorganisation und -zirkumskription der katholischen Kirche im Deutschen Reich [...] bestehen“. Diese Bestandsgarantie bezieht sich auch auf das Domkapitel zu Hildesheim und läßt es damit unverändert fortbestehen.

3.2 Das Domkapitel zu Hildesheim betreffende Bestimmungen des RK

3.2.1 Ämterbesetzungsrecht[225]

Gem. Art. 14 RK kommt der Kirche grundsätzlich das freie Besetzungsrecht für alle Kirchenämter und Benefizien ohne staatliche Mitwirkung zu, soweit nicht

---

[223] Bekanntgabe des Austausches der Ratifikationsurkunden: *AAS* 25 (1933) 414; *RGBl.* II 1933, 679.

[224] LISTL, Konkordate I, 29-30. Hervorhebung im Original.

[225] Vgl.: LINK, Besetzung, 385.

durch die in Art. 2 RK genannten Konkordate andere Vereinbarungen getroffen sind. Für das Hildesheimer Domkapitel bedeutet dies gem. Art. 2 RK die Fortgeltung der Bestimmungen über die Besetzung des Domkapitels gem. Art. 8 Abs. 2 PreußK.

Für nicht unter Geltung des PreußK fallende Besetzungen des Domkapitels gilt: gem. Art. 12 Satz 1 RK, der wörtlich die Bestimmung von Art. 2 Satz 1PreußK wiederholt, können kirchliche Ämter frei umgewandelt und errichtet werden können, sofern nicht Aufwendungen aus Staatsmitteln beansprucht werden, sofern nicht eine andere Regelung getroffen ist. Gem. Art. 33 Satz 1 RK sind die „auf kirchliche Personen oder kirchliche Dinge bezüglichen Materien, die in den vorstehenden Artikeln nicht behandelt werden, [...] für den kirchlichen Bereich dem geltenden kanonischen Recht gemäß“ zu regeln. In bezug auf das Domkapitel bedeutet dies, daß die Ernennung von Ehrendomherren im Sinne des CIC/1917[226] ungehindert durch staatliche Bestimmmungen möglich ist, da diese die Organisation des Kapitels nicht verändern, kein Mitwirkungsrecht innerhalb des Kapitels sowohl für den staatlichen wie für den kirchlichen Bereich haben und keine Aufwendungen aus Staatsmitteln beanspruchen.

3.2.2 Vorbildung der Geistlichen[227]

Gem. Art. 14 RK iVm. Art. 2 RK bleiben für die Besetzung des Domkapitels die Bestimmungen des PreußK in Kraft[228].

3.2.3 Staatsangehörigkeit[229]

Gem. Art. 14 RK iVm. Art. 2 RK bleiben für die Besetzung des Domkapitels die Bestimmungen des PreußK in Kraft[230].

---

[226] Zum Problem der Unterscheidung der Ehrenkanoniker gem. CIC/1917 und gem. preußischer Zirkumskriptionsbulle von 1821 siehe Kapitel 2.4.3.

[227] Vgl.: LINK, Besetzung, 156-159.

[228] Die gem. Art. 14 Abs. 1 b) und c) RK geforderte Vorbildung der Geistlichen für die Bekleidung kirchlicher Ämter wiederholt inhaltlich die Bestimmungen von Art. 9 PreußK.

[229] Vgl.: LINK, Besetzung, 77-78.

[230] Die Bestimmungen des Art. 14 Abs.1.a) RK über die Staatsangehörigkeit katholischer Geistlicher, die ein geistliches Amt bekleiden, wiederholen inhaltlich die Bestimmungen des PreußK.

3.2.4 Anfrage bzgl. der „Politischen Bedenken“ durch das Domkapitel

Gem. Art. 14 Abs. 2 RK wird die Ernennungsbulle dem gewählten Diözesanbischof erst dann ausgestellt, wenn der Name des Gewählten dem zuständigen Reichsstatthalter bekanntgegeben worden ist und dieser innerhalb der festgesetzen Frist keine Bedenken allgemein politischer Natur geäußert hat. Die Anfrage hat gem. Art. 6 Abs. 1 Satz 3 PreußK durch das Domkapitel zu erfolgen. Durch das Schlußprotokoll zu Art. 14 Abs. 2 Ziffer 2 RK ist bestimmt, daß die Bedenken seitens der staatlichen Stelle „innerhalb kürzester Frist“ vorzubringen sind; sofern nach 20 Tagen dem Hl. Stuhl keine Erklärung der staatlichen Stelle vorliegt, ist dieser berechtigt anzunehmen, daß keine Bedenken vorliegen. Ausdrücklich ist festgestellt, daß ein staatliches Vetorecht durch die Bedenkenäußerung nicht begründet wird. Somit ist die Aufgabe des Domkapitels, mit der staatlichen Stelle Verhandlungen zu führen, sofern gegen den gewählten Bischof bedenken bestehen, entfallen[231].

3.3 Ergebnis

Durch den Abschluß des RK ergibt sich für die Institution Domkapitel zu Hildesheim keine Änderung, die Bestimmungen des PreußK bleiben in Kraft und erfahren keine Änderung. Die Ernennung von Ehrendomherren iSd. CIC/1917, die durch das PreußK nicht berührt wird, ist durch Art. 33 Satz 1 RK iVm. Art. 12 Satz 1 RK ausschließlich dem kanonischen Recht unterworfen.

Die einzige sich durch das RK für das Domkapitel ergebende Änderung ist die Anfrage bzgl. der „politischen Bedenken“, die gem. Art 6 Abs. 1 Satz 3 PreußK durch das Domkapitel zu erfolgen hat: da das staatliche Vetorecht entfallen ist, entfällt die Aufgabe des Kapitels, mit der zuständigen staatlichen Stelle Verhandlungen zwecks Herstellung einer freundschaftlichen Übereinkunft herzustellen.

[231] Zur Begründung der Aufgabe siehe Kapitel 2.5.2.4.

4 Auswirkungen des Niedersachsenkonkordates (1965) auf das Domkapitel zu Hildesheim

Der im Jahre 1965 erreichte Abschluß des Vertrages zwischen dem Bundeslande Niedersachsen und dem Heiligen Stuhl ist der Abschluß einer längeren Entwicklung. Zum tatsächlichen Vertragsabschluß haben drei Motivationsgründe geführt[232].

Zunächst hatte des Land Niedersachsen im Jahre 1955 mit der evangelischen Landeskirche einen Kirchenvertrag, den sog. „Loccumer Vertrag", geschlossen und war bestrebt, auch im Hinblick auf die katholische Kirche des Verhältnis zwischen Staat und Kirche neu zu ordnen, insbesondere unter der Rücksicht,

> „daß in den zwanziger Jahren die Parität der großen Kirchen in parallelen Verträgen für beide Kirchen adäquat geordnet war [...] [und] das Land seit dem Abschluß des Loccumer Vertrages gewünscht [hat], auch mit der katholischen Kirche eine entsprechende Übereinkunft zu treffen"[233].

Hinzu kamen die seit der Neuordnung der Schulgesetzgebung im Jahre 1953/54 aufgetretenen Meinungsverschiedenheiten, die keine prozessuale Klärung erfahren konnten und in einem Vertrag einvernehmlich geregelt werden sollten. Darüber hinaus suchte die niedersächsiche Landesregierung durch den Abschluß

---

[232] Vgl.: Regierungsbegründung zum NdsK, abgedruckt in: *AkathKR* 134 (1965) 199-225; JANSSEN, HEINRICH MARIA [BISCHOF]: „Vortrag über das Niedersächsische Konkordat / gehalten bei der Zusammenkunft des Marienburg-Kreises am 27. August 1965". In: BISCHÖFLICHES GENERALVIKARIAT HILDESHEIM (Hrsg.): *Das Niedersächsische Konkordat II* / Sein Text und seine Bedeutung. Hildesheim, [1966], 46-56, hier: 46-49; NIEMEYER, JOHANNES: „Kirche und Staat nach dem Konkordat in Niedersachsen". *Ordo Socialis* 1965, 3-16; RUPPEL, ERICH: „Konkordat und Ergänzungsvertrag zum Evangelischen Kirchenvertrag in Niedersachsen". In: *DVBl* 81 (1966) 207-212, hier: 207-209; SCHEUNER, ULRICH: „Auseinandersetzungen und Tendenzen im deutschen Staatskirchenrecht". In: *DÖV* 1966, 145-153. Abgedruckt in: DERS.: *Schriften zum Staatskirchenrecht*. Staatskirchenrechtliche Abhandlungen, Band 3. Hrsg. von Joseph Listl. Berlin : Duncker & Humblot, 1973, 194-214, hier: 196-197; SCHEVEN, DIETER: „Das Niedersächsische Konkordat". In: *JZ* 20 (1965) 341-347, hier: 341-342; SEITERS, JULIUS: „Dreißig Jahre Niedersachsen-Konkordat". In: *DHVG* 63 (1995) 257-278. Der überwiegende Teil der Literatur setzt sich schwerpunktmäßig oder ausschließlich mit der Schulfrage auseinander. Vgl. dazu die Literaturauflistung bei: SCHÖPPE, LOTHAR: *Neue Konkordate und konkordatäre Vereinbarungen* / Abschlüsse aus den Jahren 1964-1969. Veröffentlichungen des Instituts für internationales Recht an der Universität Kiel / Bd. 65. Hamburg : Hansischer Gildenverlag, 1970, 103-107.

[233] Regierungsbegründung, I. Allgemeines.

eines Konkordates die innerhalb ihres Landes bestehenden unterschiedlichen staatskirchenrechtlichen Bestimmungen, die aus der Gründung des Bundeslandes Niedersachsen aus verschiedenen Ländern herrührten, einheitlich zu regeln.

Nachdem seit 1957 versucht worden war, eine Lösung der verschiedenen zwischen Staat und Kirche zu regelnden Fragen zu erreichen, erklärte sich die Landesregierung in ihrer Regierungserklärung vom 12.5.1959 bereit, mit der katholischen Kirche eine Übereinkunft zu schließen. Die Verhandlungen wurden im April 1961 aufgenommen und mit der Unterzeichnung der Verträge am 26.2.1965 abgeschlossen.

Das Vertragswerk besteht aus drei verschiedenen Teilen: dem Konkordat (20 Artikel) selbst und einer Anlage (15 Paragraphen), die gem. Art. 18 des Konkordates „integrierender Bestandteil" des Konkordates ist und dieselbe Rechtswirkung hat, sowie dem „Abschließenden Sitzungsprotokoll zum Niedersächsischen Konkordat", in dem „eine Reihe von Feststellungen getroffen [ist], die den Konkordatstext interpretieren oder die im Konkordat gegebenen Zusagen konkretisieren"[234].

Sinn und Zweck des Konkordatsabschlusses sind in der Regierungsbegründung wie folgt begründet[235]:

> „Durch parallele und sich entsprechende Verträge entsteht wieder eine paritätische Ordnung. Damit wird eine wichtige Linie der Staatskirchenverträge der zwanziger Jahre wieder aufgenommen. Das Konkordat baut die Kontrollrechte des Staates ab, entflicht die vermögensrechtlichen Verhältnisse und vereinfacht die finanziellen Beziehungen. [...]. Die vertraglichen Beziehungen zwischen Staat und katholischer Kirche sind für das gesamte Landesgebiet einheitlich geregelt. Die durch das ältere Recht der Teilgebiete gegebene Rechtsungleichheit ist weitgehend beseitigt."[236]

---

[234] Regierungsbegründung, I. Allgemeines.

[235] Eine nähere Erörterung des Vertragsstoffes unterbleibt an dieser Stelle, da sie nicht Gegenstand der Arbeit ist. Eine detaillierte Aufschlüsselung des Vertragsinhaltes findet sich u.a. in der Regierungserklärung unter I. Allgemeines , bei: RUPPEL, Konkordat und Ergänzungsvertrag, 209, und neuestens bei: SEITERS, Niedersachsen-Konkordat, 261-265.

[236] Regierungsbegründung, I. Allgemeines.

4.1 Gesetzeskraft und Geltung des Vertrages[237]

4.1.1 Gesetzeskraft

Der zwischen dem Heiligen Stuhl und dem Lande Niedersachsen abgeschlossene Vertrag ist ein völkerrechtlicher Vertrag und schafft für das Gebiet des Bundeslandes Niedersachsen staatliches und partikuläres kirchliches Recht. Gem. can. 3 CIC/1917 gelten die Normen des Konkordats vorrangig zum CIC und unterliegt die durch das Konkordat geregelte Materie nicht dem kirchlichen Recht[238]. Gem. Art. 18 NdsK ist die Anlage zum Konkordat integrierender Bestandteil des Konkordates: „Die „Anlage“ ist also behandelt wie die „Schlußprotokolle“ zu den bisherigen Konkordaten [...] und hat die gleiche verbindliche Kraft wie das Konkordat selbst.“[239]

„Nicht den Rang eines Schlußprotokolles im herkömmlichen Sinne hat das ebenfalls akkordierte, vom Nuntius und dem Kultusminister unterschriebene „Abschließende Sitzungsprotokoll“ vom 26. 2. 1965 mit einer Übereinkunft über 17 Feststellungen, die der Auslegung dienen, aber auch gewisse Bindungen enthalten (...). Das Protokoll ist nicht mit dem Zustimmungsgesetz erfaßt und auch nicht im GVBl. verkündet. Es hat deshalb die Bedeutung einer Regierung und Verwaltung verpflichtenden Vereinbarung [...].“[240]

4.1.2 Geltung

Die zwischen seiner Heiligkeit Papst Paul VI. und dem Niedersächsichen Ministerpräsidenten am 26. Februar 1965 getroffene Übereinkunft über die Rechts-

---

[237] Konkordatstext: *AAS* 57 (1965) 834-856; *Nds.GVBl.* 19 (1965) 192-204; abgedruckt u.a. bei: LISTL, Konkordate II, 5-26. Abschließendes Sitzungsprotokoll: *Nds.MBl.* (20) (1966) 1099ff.; abgedruckt u.a. bei: LISTL, Konkordate II, 28-31. Ratifikationsurkunde: *AAS* 57 (1965) 856; Bekanntmachung über den Zeitpunkt der Ratifkation: *Nds.GVBl.* 19 (1965) 224; abgedruckt u.a. bei: LISTL, Konkordate II, 4.

[238] Zum Verhältnis des gesamtkirchlichen Rechtes und des durch das Niedersachsenkonkordat geschaffenen partikularen kirchlichen und staatlichen Rechtes gilt das bereits in Kapitel 2.1.1 Ausgeführte.

[239] RUPPEL, Konkordat und Ergänzungsvertrag, 209.

[240] RUPPEL, Konkordat und Ergänzungsvertrag, 209. Ebenso *Scheven:* „Das Schlußprotokoll behält in diesem Fall seinen Sinn als authentische Erklärung der Partner beim Vertragsabschluß. Sollen diese Erklärungen selbständige Bedeutung und Gesetzeskraft haben, so erscheint die neuere Vertragspraxis der Aufnahme in eine Anlage oder eine Zusatzvereinbarung richtiger als in das Schlußprotokoll.“ SCHEVEN, Das Niedersächsiche Konkordat, 342, Anm. 10.

lage der katholischen Kirche in Niedersachsen bildet die bestehende Rechtslage fort unter dem Anspruch der Dauer; der als Konkordat bezeichnete Vertrag[241] ist nicht befristet und gilt, sofern nicht besondere Umstände eintreten, die seine Fortgeltung aufheben, fort[242].

Durch das „Gesetz zum Konkordat mit dem Heiligen Stuhle"[243] vom 1. Juli 1965 ist das Konkordat als staatliches Gesetz bestätigt worden und gem. Art. 2 dieses Vertrages am Tage nach dem Austausch der Ratifikationsurkunden, wie in Art. 20 Abs. 1 NdsK vorgehen, in Kraft getreten. Der Austausch der Urkunden erfolgte am 4. Oktober 1965, so daß das Konkordat mit diesem Tage Geltung erlangt hat[244].

4.1.3 Inkorporation älteren Rechtes

Gem. Art. 2 Abs. 1 NdsK bleibt die „gegenwärtige Diözesanorganisation und -zirkumskription der katholischen Kirche in Niedersachsen, die namentlich auf den nachstehenden, mit den Regierungen vereinbarten oder von ihnen anerkannten Urkunden beruht, und zwar im Gebiet des ehemaligen Landes Hannover auf der Bulle *Impensa Romanorum Pontificum* vom 26. März 1824, durch die das Gebiet des vormaligen Königreichs Hannover den Bistümern Hildesheim und Osnabrück zugewiesen wurde, und auf dem Vertrag zwischen dem Heiligen Stuhle und dem Freistaate Preußen vom 14. Juni 1929, [...] bestehen". Somit bleiben rechtliche Grundlage der Zusammensetzung des Domkapitels zu Hildesheim die Bestimmungen des PreußK und die nach Maßgabe des PreußK in dieses inkorporierten Bestimmungen der Bulle IMPENSA ROMANORUM PONTIFICUM[245].

Für die Besetzung der kirchlichen Ämter werden gem.Art. 3 Abs. 1 NdsK die Bestimmungen des PreußK auf das gesamte Land Niedersachsen ausgedehnt[246], so daß sich für die Besetzung der Stellen des Domkapitels und der Domvikari-

---

241 Zur Frage der Bezeichnung der zwischen Staat und Kirche abgeschlossenen Verträge siehe Kapitel 2.1.2

242 Diese Umstände sind in Anm. 126 bereits näher ausgeführt. Vgl. dazu auch Kapitel 2.1.1.

243 *Nds.GVBl.* 1965, 191. Abgedruckt bei: LISTL, Konkordate II, 3.

244 Bekanntmachung über den Zeitpunkt des Inkrafttretens des Konkordates mit dem Heiligen Stuhl. *Nds.GVBl.* 1965, 224. Abgedruckt bei: LISTL, Konkordate, 4.

245 Siehe dazu die Ausführungen in Kapitel 2.3.

246 Lediglich die Pflicht zur Mitteilung bei der Besetzung von Pfarrämtern entfällt gem. Art. 3, Abs. 1, Satz 2 NdsK.

en in Hildesheim keine Änderungen gegenüber der bisher bestehenden Regelung ergeben[247].

Durch die im „Abschließenden Sitzungsprotokoll“[248] getroffene Vereinbarung gilt für die Besetzung der niedersächsischen Kanonikate die am 17. Juli / 30. August 1933 unter Nummer 3 getroffene Vereinbarung zwischen dem Preußischen Ministerpräsidenten und dem Staatssekratariat fort, so daß can. 1435 §1, nn.1 und 2 CIC/1917 bei der Besetzung der Kanonikate des Hildesheimer Domkapitels weiterhin keine Anwendung finden; diese Bestimmung ist auch auf die Ernennung der nichtresidierenden Domkapitulare anzuwenden[249].

4.2 Zusammensetzung des Domkapitels und Besetzung der Kanonikate

4.2.1 Zusammensetzung des Domkapitels

Gem. den bisher geltenden Bestimmungen besteht das Hildesheimer Domkapitel aus dem Domdechanten und fünf residerenden Domkapitularen sowie vier Domvikaren[250].

Zu den bisherigen sechs residierenden Domherren treten gem. Art. 3 Abs. 4 Satz 1 NdsK zwei nichtresidierende Domherren neu hinzu, wie sie schon in den altpreußischen Gebieten durch die Bulle DE SALUTE ANIMARUM von 1821 eingeführt wurden[251], in Hildesheim aber aufgrund der Bestrebungen der damaligen Regierung nicht eingeführt wurden. Die Regierungsbegründung benennt die kirchliche Forderung, die das Fehlen der Stellen in Hildesheim und Osnabrück „aus internen Gründen als Nachteil empfindet“, als ausschlaggebend für die Schaffung[252].

Nach *Janssen* rührt die Schaffung der Stellen der nichtresidierenden Domkapitulare daher, daß das Bistum Hildesheim gegenüber dem Stand von 1929 „auf

---

247 Siehe dazu die Ausführungen in Kapitel 2.4.

248 *Nds.MBl.* 1965, 1099; abgedruckt bei: LISTL., Konkordate II, 28-31.

249 Abschließendes Sitzungsprotokoll zum NdsK, Nr. 2 b).

250 Siehe dazu die Ausführungen in Kapitel 2.3.1.

251 Zum Problem der Bezeichnung der nichtresidieren Domkapitulare in der Bulle DE SALUTE ANIMARUM und der Unterscheidung von den CANONICI HONORARII des CIC/1917 siehe Kapitel 2.4.3.

252 Regierungsbegründung zu Art. 3 NdsK.

das Dreifache der Seelenzahl" angewachsen sei[253]; der damalige Verhandlungsführer der kirchlichen Seite *Niemeyer*[254] begründete die Einrichtung der zusätzlichen Stellen mit dem Bemühen, das seit Regelung durch das PreußK bestehende Ungleichgewicht zwischen den Kapiteln von Münster, Osnabrück und Hildesheim auszugleichen, ebenso *Seiters*[255].

Gem. Art. 3 Abs. 4 Satz 2 NdsK tritt bei Errichtung der in Art. 4 NdsK in Aussicht gestellten Errichtung einer katholisch-theologischen Fakultät an der Universität Göttingen zu den beiden nichtresidierenden Domkapitularen ein weiterer nichtresidierender Domkapitular, der den ordentlichen Mitgliedern der Fakultät zu entnehmen ist; diese Vorschrift stellt eine Angleichung an die Praxis in den altpreußischen Diözesen, in deren Domkapiteln gem. Art. 2 Abs. 8 PreußK die Stelle eines nichtresidierenden Domkapitulars von einem Mitglied der theologischen Fakultät besetzt werden soll, dar[256].

Gem. Art. 3 Abs. 5 NdsK kommt den Inhabern der neu errichteten Stellen der nichtresidierenden Domkapitulare das durch Art. 6. Abs. 2 PreußK den nichtresidierenden Domkapitularen eingeräumte Recht, bei der Aufstellung der Kandidatenliste für die Bischofswahl und bei der Bischofswahl selbst mitzuwirken, ebenfalls zu.

Die nichtresidierenden Domkapitulare erhalten staatlicherseits keine Finanzleistungen, sondern aus der Kasse des Domkapitels eine Aufwandsentschädigung[257].

---

253 Vgl.: JANSSEN, Vortrag, 49.

254 Nach freundlicher Auskunft des damaligen Verhandlungsführers der kirchlichen Seite, Dr. Niemeyer, erfolgte die Schaffung der beiden Stellen der nichtresidierenden Domkapitulare für die Diözese Hildesheim, um ein Gleichgewichtung gegenüber dem Kathedralkapitel zu Münster zu erreichen, daß zwei derartige Stellen besitzt. [Fernmündliche Auskunft vom Februar 1998].

255 Vgl.: SEITERS, Niedersachsen-Konkordat, 262.

256 Die Regierungsbegründung beschränkt sich zur Begründung auf diesen Hinweis. Vgl. dazu auch: LINK, Besetzung, 360 und HINSCHIUS, Kirchenrecht 6/2, § 81, A.: „Namentlich in Folge der erneuerten Einschärfung der Verpflichtung zur Residenz sind in den neuen deutschen Kapiteln [sc. nach 1802] auch die früher vorgekommenen verschiedenartigen Präbenden (...) fortgefallen, ein Rest der alten Professorenpfründen hat sich indessen in Preussen insofern erhalten, als in Münster und Breslau je eine Präbende stets einem Professor der dortigen Akademie resp. Universität, welcher aber die allgemeine Qualifikation für die Erwerbung eines Kanonikates besitzen muss, verliehen werden soll."

257 Siehe dazu Kapitel 5.2.2.

4.2.2 Besetzung der Kanonikate

4.2.2.1 Besetzung der residentialen Kanonikate

Gegenüber der bisherigen Rechtslage zur Besetzung der Kanonikate des Hildesheimer Domkapitels erfolgt keine Änderung; es gelten die Bestimmungen des PreußK fort[258].

4.2.2.2 Besetzung der nichtresidentialen Kanonikate

4.2.2.2.1 Eignungsvoraussetzungen

4.2.2.2.1.1 Kanonische Anforderungen

Für die Besetzung der Kanonikate der nichtresidentialen Kanoniker gelten dieselben Anforderungen wie für die der residentialen Kanoniker[259]. Da ihre einzige Aufgabe innerhalb des Kapitels aber lediglich die Mitwirkung bei der Aufstellung der Wahlliste und die Teilnahme an der Wahl des Bischofs ist, kommen sie nicht für innerhalb des Kapitels vorhandene Ämter oder Aufgaben in Frage und sind deshalb, im Gegensatz zu den residierenden Kanonikern, nur unter den für sie einzig bestehenden Aufgaben bei der Bischofswahl auszuwählen[260].

4.2.2.2.1.2 Konkordatäre Anforderungen

Gem. Art. 3 Abs. 1 Satz 1 NdsK gelten für die neugeschaffenen Stellen der nichtresidierenden Domkapitulare die Bestimmungen des PreußK Art. 8 Abs. 2 PreußK unterscheidet nicht zwischen den Inhabern residentialer und nichtresidentialer Kanonikate und stellt an beide dieselben Anforderungen. Es sind da-

---

[258] Zur Besetzung der Kanonikate gem. PreußK siehe die Ausführungen in Kapitel 2.4.

[259] Siehe dazu die Ausführungen in Kapitel 2.4.1.1.1.

[260] In Ermangelung von Statuten erfolgte die Mitteilung über der für die nichtresidierenden Domkapitulare in einem Schreiben des Bischofs an den Ernannten: „So berufe ich mit dem heutigen Tage Sie, [...] zum ersten nichtresidierenden Domkapitular an der Hohen Domkirche zu Hildesheim. Sie gehören damit zum engsten Mitarbeiterkreis Ihres Bischofs und tragen in besonderer Weise mit an den Sorgen und Aufgaben Ihres Oberhirten. Ihnen steht das Recht zu: 1. an jenen Kapitelssitzungen teilzunehmen, zu denen Sie besonders eingeladen werden, 2. die Bischofswahl mitzutätigen, 3. die Kleidung der Domkapitulare unseres Kathedralkapitels zu tragen. 4. in der Kathedralkirche einen Sitz im Hohen Chore inne zu haben. Zur Chorpräsenz sind Sie nicht verpflichtet, aber jederzeit berechtigt." Bischof an Schreiber, 4. April 1966. D 39, Bl. 7-8.

her für die Besetzung der nichtresidentialen Kanonikate die für die Besetzung der residentialen Kanonikate geltenden Normen zu beachten[261].

4.2.2.2.2 Ernennung der Kanoniker

Gem. Art. 3 Abs. 1 NdsK iVm. Art. 8 Abs. 2 Satz PreußK erfolgt die Besetzung der nichtresidentialen Kanonikate gesondert von denen der residentialen abwechselnd nach Anhörung und mit Zustimmung des Kapitels durch den Bischof.

4.2.2.2.3 Anzeigepflicht der Ernennung

Gem. Art. 3 Abs. 1 NdsK iVm. Art. 9 Abs. 3 PreußK besteht für die Besetzung der nichtresidentialen Kanonikate eine Anzeigepflicht[262] gegenüber der zuständigen staatlichen Stelle.

4.3 Dotation des Kapitels

Gem. Art. 15 Abs. 1 NdsK verpflichtet sich das Land, als Dotation und als Zuschuß zur Pfarrbesoldung und -versorgung, beginnend am 1. Januar 1965, jährlich eine Dotation in Höhe von 3,25 Millionen DM zu zahlen. Gemäß Art. 9 der Anlage zum NdsK wird diese Summe durch Vereinbarung der Diözesen untereinander aufgeteilt; die Aufteilung ist der Landesregierung anzuzeigen, ein Verwendungsnachweis ist nicht erforderlich. Die Auszahlung der Staatsleistung erfolgt mit einem Zwölftel des Jahresbetrages im voraus; die in Art. 15 Abs. 1 Satz 2 zugesicherte Anpassung der Höhe der Staatsleistungen an die Veränderung der Besoldung der Landesbeamten wird dahingehend präzisiert, daß diese Anpassung an Änderungen der Besoldung der Landesbeamten wie bei den vergleichbaren Staatsleistungen vorgenommen wird.

Der damalige Verhandlungsführer der kirchlichen Seite *Niemeyer* faßt die Regelung der Dotation folgendermaßen zusammen:

> „Seitdem es die Säkularisation gegeben hat, ist das staatlich-kirchliche Verhältnis zu einem recht großen Teil mit finanziellen Fragen belastet. Die Rechtsgrundlagen waren uneinheitlich geworden [...]. In diesem Bereich hat das Konkordat ebenfalls klare Verhältnisse geschaffen [...]. [Es hat] die gesamten Staatsleistungen zu einer

[261] Siehe dazu die Ausführungen in Kapitel 2.4.1.1.2.

[262] Siehe dazu die Ausführungen in Kapitel 2.4.1.3.

> Summe zusammengefaßt und mit einer Gleitklausel versehen. Artikel 15 des Konkordats und § 9 seiner Anlage regeln die finanziellen Fragen nunmehr mit wenigen einheitlichen Bestimmungen."[263]

Die Dotation des Domkapitels besteht somit aus monatlichen staatlichen Geldzuweisungen.

4.4 Ergebnis

Das NdsK hat in bezug auf das Domkapitel in Hildesheim zwei Entwicklungslinien in unterschiedlicher Weise fortgeschrieben.

Zunächst ist festzuhalten, daß die seit Abschluß des PreußK geltende Rechtslage nicht geändert worden ist. Durch die Errichtung zweier nichtresidentialer Kanonikate für das Hildesheimer Domkapitel ist das Kapitel durch den Abschluß eines Vertrages zwischen Staat und Kirche erstmalig nicht verkleinert, sondern erweitert worden. Durch die Errichtung der nichtresidentialen Kanonikate erfolgt die Angleichung der Kapitelszusammensetzung des Hildesheimer Kapitels an die altpreussischen Domkapitel, die bereits seit Abschluß der preußischen Zirkumskriptionsbulle DE SALUTE ANIMARUM von 1821 nichtresidentiale Kanonikate, die in der preußischen Bulle mit dem Terminus „Honorarkanoniker" bezeichnet werden. Wenngleich auch die altpreußischen Kapitel zwischen vier und sechs nichtresidentialen Kanonikaten besaßen[264], so zeigt die Entwicklung in diese Richtung. Dazu zählt auch die Option auf eine weiteres nichtresidentiales Kanonikat für ein Mitglied der zu errichtenden katholisch-theologischen Fakultät an der Universität Göttingen, die ein Anknüpfen an die ehemaligen Professorenpräbenden darstellt und sein Vorbild in den Bestimmungen der preußischen Zirkumskriptionsbulle DE SALUTE ANIMARUM hat, die jeweils ein nichtresidentiales Kanonikat der Kapitel in Breslau und Münster einem Universitätsprofessor vorbehalten hat. Darüber hinaus ist festzustellen, daß die Vorgabe der hannoverschen Regierung bei den Verhandlungen über die Zirkumskriptonsbulle IMPENSA ROMANORUM PONTIFICUM von 1824, das Domkapitel und damit den Kreis der zur Bischofswahl berechtigten möglichst gering zu halten, überwunden und der Kreis der Bischofswahlberechtigen erweitert worden ist.

---

263 NIEMEYER, Kirche und Staat, 5.

264 Vgl.: LINK, Besetzung, 356.

Eine andere Entwicklung hat die Dotationsfrage genommen. Durch die Ablösung sämtlicher Staatsleistungen für das Bistum Hildesheim und den zu diesem gehörenden Institutionen hat die Dotation, die über einen Zeitraum von 141 Jahren nur vorläufig entschieden war, eine endgültige Klärung erhalten. Das Domkapitel ist nicht dotiert worden, sondern die Kapitulare erhalten monatlich staatliche Leistungen mit allen sich aus den Bemessungsgrundsätzen möglicherweise ergebenden Vor- und Nachteilen.

5 Ernennung des Domdechanten, der Domherren, Domvikare und Domlektoren des Hildesheimer Domkapitels zwischen 1929 und 1965

Im folgenden Kapitel wird die Ernennung des Dignitärs, der residierenden und nichtresidierenden Domherren, der Ehrendomherren, Domvikare und der Domlektoren nach Inkrafttreten des Vertrages zwischen dem Freistaate Preußen mit dem Heiligen Stuhl von 1929 und dem Inkrafttreten des Niedersachsenkonkordates im Jahre 1965 aufgrund der Aktenlage des Archivs des Domkapitels zu Hildesheim wiedergegeben. Der Informationsgehalt der Akten ist unterschiedlich: phasenweise sind Vorgänge sorgfältig dokumentiert, phasenweise lassen sich Vorgänge nur unter Auswertung von zufällig in anderen Faszikeln gefundenen Informationen nachvollziehen. Bisweilen ist die Reihenfolge der Dokumente durcheinandergeraten, sind Vorgänge falsch abgelegt, Aktendeckel falsch beschriftet, fehlen Dokumentationen völlig oder sind Dokumente gesammelt, die für den Vorgang, unter dem sie abgelegt sind, keine Relevanz haben.

In der folgenden Darstellung der Vorgänge sind alle für den Untersuchungszeitraum in Frage kommenden Kapitelsakten verwendet worden; da die Aktenlage sehr unterschiedlich ist, findet sich von Fall zu Fall eine unterschiedliche Anzahl an Informationen unterschiedlichen Gehaltes, die jeweils erkennen läßt, was sich aufgrund der vorhandenen Akten nachvollziehen läßt[265]. Sofern einzelne Vorgänge wie etwa Eidesleistung, Zustimmung des Kapitels u.a. nicht verzeichnet sind, sind diese in den untersuchten Akten nicht vorhanden.

5.1 Ernennung des Domdechanten

Der Vorgang der Ernennung der Domdechanten in der Zeit zwischen 1929 und 1965 läßt sich aus den Akten des Domkapitels nicht nachvollziehen. Im Bestand der Akten des Domkapitels gibt es keinen Faszikel, der den Vorgang der Ernennung des Dechanten des Domkapitels in Hildesheim dokumentiert. Aus den übrigen Aktenstücken sind nur spärlich Informationen bzgl. der Ernennung des Domdechanten zusammenzutragen.

---

[265] Die Verzeichnung der eingesehenen Akten findet sich in Kapitel 9.1.1.1.

Bzgl. des Domdechanten Hagemann ist aufgrund der Aktenlage zu entnehmen, daß dieser am 28. Juli 1929 als SENIOR CAPITULI Augustinus Uhrig als Domvikar in das Amt eingeführt hat[266].

Zur Ernennung von Domdechant Clemens Stolte ist lediglich aktenkundig, daß der Reichsminister für kirchliche Angelegenheiten die Kenntnisnahme der beabsichtigten Ernennung von Dechant Clemens Stolte zum Domdechanten mit Datum vom 17. November 1939 mitgeteilt[267] und der Domdechant in der Kapitelssitzung vom 25. Mai 1940 das IUSIURANDUM und die PROFESSIO FIDEI abgelegt hat[268]. Weitere Infomationen sind den Akten nicht zu entnehmen. Bzgl. der Ernennung von Domdechant Johannes Stuke finden sich keine Hinweise.

5.2 Ernennung der Domherren

5.2.1 Ernennung der residierenden Domherren[269]

Die erste Ernennung eines Domkapitulars nach Inkrafttreten des PreußK erfolgte im Jahre 1931. Unter Hinweis auf die geltende Rechtslage schrieb Bischof Joseph Ernst (1929-1934) an das Domkapitel:

> „Dem Hochwürdigsten Domkapitel teile ich unter Bezugnahme auf Artikel 8 Ziffer 2 des Vertrages des Freistaates Preußen mit dem Heiligen Stuhle vom 14. Juni 1929 ergebenst mit, daß ich beabsichtige, das durch das Ableben des Domkapitulars Professor Büsse erledigte Kanonikat an der Hohen Domkirche hierselbst zum 1. März 1932 dem Propst und Dechanten Hermann Seeland in Hannover zu

---

[266] D 35, Bl. 49.

[267] Die Akte D 32a [D 2a II] „Domdechant Clemens Stolte (1910-1948)" ist die Personalakte des betreffenden und fälschlicherweise im Bestand der Kapitelsakten. Sie enthält in bezug auf die Tätigkeit von Domdechant Stolte einzig die Mitteilung des Reichsministers für die kirchlichen Angelegenheiten vom 17. November 1939 an das Domkapitel, daß dieser „von der beabsichtigten Ernennung des Dechanten Clemens Stolte zum Domdechanten in Hildesheim [...] Kenntnis genommen" hat. D 32a, Bl. 83.

[268] Protokoll der Kapitelssitzung vom 25. Mai 1940. D 182, Bl. 99.

[269] Dem neuernannten Domkapitular wird jeweils das 5. Kanonikat verliehen, die übrigen Kapitulare rücken in die Stelle des verstorbenen Amtsinhabers auf. „[...] und erlauben gehorsamst mitzuteilen, daß es in der hiesigen Diözese bisher üblich gewesen ist, daß bei [...] Vakanz einer Domherrenstelle aber die Inhaber der nachfolgenden Stellen aufgerückt sind [...]." Domdechant Heise an Oberpräsident der Provinz Hannover, 15. Oktober 1911. D 60, Bl. 2.

verleihen. Nach der angezogenen Bestimmung des Konkordates hat die Besetzung in diesem ersten nach Inkrafttreten der Neuregelung auftretenden Besetzungsfalle „Audito Capituli", „nach Anhörung des Kapitels" zu erfolgen. Das Hochwürdigste Domkapitel ersuche ich daher ergebenst um gefällige Äußerung zu der beabsichtigten Besetzung."[270]

Nach Mitteilung der Zustimmung des Kapitels[271] ernannte der Bischof Seeland am 8. Januar 1932 mit Wirkung vom 1. März 1932 zum Domkapitular und übertrug diesem das 5. Kanonikat[272]. Am 23. November 1933 teilte der Bischof dem Kapitel mit, daß er für den verstorbenen Domkapitular Bank den Dechanten in Hildesheim Emil Buch zum Domherrn zu ernennen beabsichtige und suchte, da dieses Kanonikat „CON-SENSU CAPITULI" zu besetzen sei, um Zustimmung an.[273] Nach Mitteilung der Zustimmung des Kapitels[274] übertrug der Bischof am 15. Dezember 1933 Buch zum 1. Januar 1934 das 5. Kanonikat[275]. Die Einführung durch das Kapitel erfolgte am 1. Januar 1934[276].

Die erste Ernennung eines Domkapitulars durch den neuen Bischof Joseph Godehard Machens erfolgte 1940. Nach dem Tod des Domkapitulars Prälat Bluel beabsichtigte der Bischof, den Regens und Domvikar Dr. Johannes Bydolek zu ernennen und bat das Domkapitel um Stellungnahme, da die Ernennung AUDITO CAPITULI zu erfolgen hatte[277]. Das Kapitel äußerte „keine Bedenken"[278], so daß der Bischof am 24. Juni 1940 Bydolek zum 1. Juni 1940 das 5. Kanonikat übertrug[279]. Die Amtseinführung erfolgte durch den Domdechanten; in diesem Falle ist der Wortlaut der Eidesleistung und Besitzübergabe dokumentiert[280].

---

270 Bischof an Domkapitel, 11. Dezember 1931. D 31, Bl. 23.

271 Domkapitel an Bischof, 17. Dezember 1931. D 31, Bl. 24.

272 Bischof an Seeland, 8. Januar 1932. D 31, Bl. 25.

273 Bischof an Domkapitel, 23. November 1933. D 31, Bl. 35.

274 Domkapitel an Bischof, 7. Dezember 1933. D 31, Bl. 37.

275 Bischof an Buch, 15. Dezember 1933. D 31, Bl. 38.

276 Domdechant an Domkapitel, 23. Dezember 1933. D 31, Bl. 40.

277 Bischof an Domkapitel, 24, Mai 1940. D 31, 43.

278 Domkapitel an Bischof, 25. Mai 1940. D 31, Bl. 44. Auch: Protokoll Kapitelssitzung, D 182, Bl. 99.

279 Bischof an Bydolek, 24. Juni 1940. D 31, Bl. 45.

280 D 31, Bl. 48-49.

Die nächste Ernennung zum Domkapitular hatte „CONSENSU CAPITULI“ zu erfolgen. Der Bischof schlug dem Hildesheimer Domkapitel Dechant Hugo Feltmann aus Hildesheim vor[281]; das Domkapitel stimmte dem Vorschlag zu[282], so daß der Bischof Feltmann zum 16. September 1942 das 5. Kanonikat übertrug[283]. In diesem Falle ist das Einladungsschreiben des Domdechanten zur Amtseinführung[284] erhalten: außer den Domkapitularen waren der Domsyndikus und die Ehrendomherren geladen[285].

Am 17. August 1943 zeigte der Bischof dem Kapitel die beabsichtigte Ernennung von Pfarrer Alban Wüstefeld aus Hamburg-Harburg an und bat um Stellungnahme, da die Ernennung AUDITO CAPITULI zu erfolgen hatte[286]. Das Domkapitel teilte seine Kenntnisnahme mit[287], so daß der Bischof Wüstefeld zum 10. September 1943 das 5. Kanonikat übertrug[288], aber aufgrund der kriegsbedingten Verhältnisse Dispens von der Amtseinführung erteilte[289]. Durch den Domdechanten wurde aufgrund der Zeitverhältnisse die Ablegung der PROFESSIO FIDEI und des IUSIURANDUM an den für Wüstefeld zuständigen Dechanten deligiert[290].

---

[281] Bischof an Domkapitel, 22. August 1942. D 31, Bl. 56.

[282] Domkapitel an Bischof, 23. August 1942. D 31, Bl. 57. Auch: Protokoll Kapitelssitzung, D 182, Bl. 118.

[283] Bischof an Feltmann, 25. August 1942. D 31, Bl. 58.

[284] „Es wird beschlossen, die Einführung des neuernannten Domkapitulars Dechant Feldmann am 15. September vormittags 9 1/4 Uhr auf dem Hohen Chore vorzunehmen, da der Rittersaal wegen der Entfernung der Gobelins ein wenig würdigen Raum für diesen Akt darstellt. Es sollen zum Einführungsakt auch die Ehrendomherren geladen werden. Protokoll der Kapitelssitzung vom 3. September 1942. D 182, Bl. 119.

[285] Domdechant (Circular) vom 12. September 1942. D 31, Bl. 61.

[286] Bischof an Domkapitel, 17. August 1943. D 31, Bl. 66.

[287] Domkapitel an Bischof, 21. August 1943. D 31, Bl. 67. Auch: Protokoll Kapitelssitzung, D 182, Bl. 128.

[288] Bischof an Wüstefeld, 9. September 1943. D 31, Bl. 68.

[289] „Ich habe wegen der zeitigen Schwierigkeiten des Verkehres in der Kollationsurkunde die Dispens von der Einführung in den Besitz der Pfründe ausgesprochen“. Bischof an Wüstefeld, 9. Septmeber 1943. D 31, Bl. 68.

[290] Domdechant an Wüstefeld, 17. September 1943. D 31, Bl. 70. Ablegung von PROFESSIO FIDEI und SINCERITATE sollten gem. can. 405 § 2 vor Dechant Jung in Stade oder im Erschwernisfalle vor einem anderen Priester erfolgen. Über die Ablegung sollte „ein kleines Protokoll“ angefertigt und an den Domdechanten gesandt werden. Die Ablegung erfolgte vor Pfarrer Karl Krieter in Hamburg-Wilhelmsburg. Wüstefeld an Domdechant, Protokoll der Eidesablegung, 20. September 1943. D 31, Bl. 71.

Die Ernennung von Generalvikar Prälat Dr. Wilhelm Offenstein zum Domkapitular erfolgte zum 19. März 1949 CONSENSU CAPITULI; nachdem der Bischof dem Kapitel seine Absicht mitgeteilt [291] und dieses seine Zustimmung gegeben hatte[292], fand die Amtseinführung am 26. März 1949 durch den SENIOR CAPITULI Schneider statt[293].

Am 22. März 1954 teilte der Bischof dem Domkapitel mit, Domvikar Prof. Dr. Konrad Algermissen zum Domkapitular zu ernennen zu wollen[294]. Nach Mitteilung der Kenntnisnahme durch das Kapitel[295] wurde Algermissen zum 1. Mai 1954 das 5. Kanonikat verliehen[296], und es erfolgte am 3. Mai 1954 die Amtseinführung[297]. Zu dieser Amtseinführung waren neben dem Bischof, den Weihbischöfen, Domherren, Ehrendomherren und dem Domsyndikus erstmals aktenkundig auch die Domlektoren eingeladen[298].

Die Ernennung von Domvikar Augustinus Uhrig zum Domkapitular CONSENSU CAPITULI erfolgte am 15. April 1958[299], die Abgabe der Zustimmung durch das Kapitel ist nur dem Protokoll der Kapitelssitzung zu entnehmen[300]. Die Amtseinführung fand am 17. April 1958 statt[301], außer den Bischöfen, dem Domkapitel, den Ehrendomherren und dem Domsyndikus waren die Domlektoren eingeladen[302]. Im Falle der Ernennung von Domvikar Uhrig war sich das Kapitel über die geltende Rechtslage bzgl. der Besetzung der Kanonikate nicht im klaren, ob das Kanonikat aufgrund des päpstlichen Reservationsrechtes gem. can. 1435 CIC/1917 durch den Heiligen Stuhl zu besetzen sei, da der verstorbene Inhaber zu den Familiaren des Papstes gehört hatte, oder gem. Regelung des PreußK turnusgemäß durch den Bischof. Durch eine Anfrage an den Apo-

---

[291] Bischof an Domkapitel, 24. Januar 1949. D 31, Bl. 81.

[292] Domkapitel an Bischof, 27. Januar 1949.

[293] Protokoll der Amtseinführung vom 26. März 1949.D 31, Bl. 84.

[294] Bischof an Domkapitel, 22. März 1954. D 31, Bl. 96.

[295] Domkapitel an Bischof, 24. März 1954. D 31, Bl. 96 (Aktennotiz auf Bl. 96).

[296] Bischof an Algermissen, 16. April 1954. D 31, Bl. 86.

[297] Protokoll der Amtseinführung, 3. Mai 1954. D 31, Bl. 93. In diesem Falle sind die Eidesleistungen protokolliert und unterzeichnet dokumeniert. D 31, Bl. 91-92.

[298] Einladung Amtseinführung Algermissen durch Domdechant, 1. Mai 1954. D 31, Bl. 90.

[299] Bischof an Uhrig, 13. April 1958. D 31, Bl. 97.

[300] Protokoll der Kapitelssitzung vom 22. März 1958. D 182, Bl. 78.

[301] Protokoll der Amtseinführung vom 17. April 1958. D 31, Bl. 103.

[302] Einladung Amtseinführung Uhrig durch Domdechant. D 31, Bl. 100.

stolischen Nuntius wurde eine dahingehende Klärung herbeigeführt, daß das Kanonikat durch den Bischof zu besetzen sei[303].

Die weiteren Ernennungen bis zum Abschluß des NdsK im Jahre 1965 waren folgende[304]: Heinrich Pachowiak AUDITO CAPITULI zum 1. Juni 1961[305], Adalbert Sendker CONSENSU CAPITULI zum 1. Oktober 1961[306], Dr. Brüggeboes AUDITO

---

[303] „Betr. der Besetzung der 6. [!] Domkapitularstelle, die seit dem Tode des verstorbenen Weihbischofs Dr. Johannes Bydolek seit dem 18. Oktober frei ist, ist die Frage aufgetaucht, ob die Besetzung nicht durch Rom erfolgen muß, weil Domkapitular Bydolek durch seine Ernennung zum Weihbischof befördert worden war. Durch eine Anfrage unseres Bischofs bei der Apostolischen Nuntiatur wurde diese Frage geklärt. Die Besetzung erfolgt durch den Bischof gem. Artikel 8 des Preußenkonkordats." Protokoll der Kapitelssitzung vom 27. Februar 1958. D 183, 77. Da es im Hildesheimer Domkapitel neben der Dignität gem. PreußK nur 5 Kanonikate vorhanden sind, scheint hier die Stelle des Dignitärs als erstes Kanonikat gezählt worden zu sein.

[304] D 32 „Ernennung und Einführung der Domkapitulare": Die Akte unterliegt der Sperrfrist; die Daten wurden mir freundlicherweise von Herrn Archivar Ratzke mitgeteilt.

[305] Protokoll der Kapitelssitzung vom 20. April 1961. D 183, Bl. 126.

[306] Zustimmung des Kapitels; aus der Protokollnotiz geht hervor, daß der Bischof mehrere Kandidaten vorgeschlagen und das Kapitel dem an erster Stelle genannten Generalvikar Prälat Sendker zugestimmt hatte. Protokoll der Kapitelssitzung vom 10. Juli 1961. D 183, Bl. 128. Aus dem Schriftverkehr des Kapitels mit dem Bischof geht hervor, daß sich das Kapitel bzgl. der geltenden Rechtslage bei der Neubesetzung nicht sicher ist: „Betrifft: Besetzung der 5. Domkapitularsstelle. Hochwürdigste Exzellenz! Zu Ihrem Vorschlag in der o. a. Angelegenheit vom 9.VII.1961 hat das Domkapitel in seiner Sitzung vom 10.VII.1961 wie folgt, Stellung genommen: Das Zusatzabkommen vom 30. VIII.1933 zum Preußischen Konkordat vom 14. Juni 1929 sagt unter Ziffer 3: „Die Vorschriften des can. 1435 no.1, Ziffer 1 und 2 finden auf die Besetzung der Kanonikate Preußens keine Anwendung". Demnach tritt der Rechtsvorbehalt des Heiligen Stuhls betreffs der Verleihung von Benefizien, der sonst u.a. beim Tod eines Päpstlichen Hausprälaten ad honorem gem. can. 1435 no. 1, Ziffer 1 C. J.C. eintritt, auf die Wiederbesetzung des durch den Heimgang des Hochwürdigsten Herrrn Prälaten Feltmann frei gewordenen Kapitelssitzes nicht zu. (Vgl. Eichmann-Mörsdorf, Lehrbuch des Kirchenrechts, Band II (1950) Seite 426: § 197 I 2 c, 3. Abs. unter Ziffer (4):"... findet bei der Besetzung der Kanonikate c. 1435 § 1 n.1 und 2 keine Anwendung".) Dementsprechend ist auch bei der Wiederbesetzung der durch den Heimgang von Exzellenz Dr. Bydolek frei gewordenen Kapitelsstelle vor der Ernennung von H.H. Domkapitular Uhrig auf eine Anfrage Ew. Exzellenz vom 11.II.1958 an den Hochwürdigsten Herrn Apostolischen Nuntius Erzbischof Muench von Bad Godesberg am 17.II.1959 die telephonische Antwort gekommen: „Rom braucht nicht gefragt zu werden" (lt. Aktenvermerk von H.H. Geheimsekretär Bergsma). Bei dieser Rechtslage würde das Domkapitel nach einhelligem Beschluß vom 10.VII.1961 der Ernennung des ersten der genannten Kandidaten, H.H. Generalvikar Prälat Adalbert Sendker, gern zustimmen. Eine Inbesitznahme des domkapitularischen Benefiziums könnte aber wohl erst nach Ablauf der Vierteljahresfrist seit dem Ableben

CAPITULI zum 1. November 1964[307], Bernhard Treuge CONSENSU CAPITULI zum 1. März 1965; jeweils wurde das 5. Kanonikat übertragen.

5.2.2 Ernennung der nichtresierenden Domherren

Durch die Bestimmung von Art. 3 Abs. 4 NdsK ist das Kathedralkapitel in Hildesheim um die Stellen zweier nichtresidierender Domkapitulare erweitert worden. Gem. Art. 3 Abs. 5 NdsK iVm. Art. 8 Abs. 2 PreußK besetzt der Bischof die nichtresidentialen Kanonikate gesondert von den residentialen nach Anhörung und mit Zustimmung des Kapitels.

Die erste Besetzung dieser neugeschaffenen Stellen erfolgte im Jahre 1966. Der Bischof beabsichtigte, nach Anhörung des Kapitels das erste nichtresidentiale Kanonikat an Dechant Msgr. Josef Schreiber, Salzgitter-Lebenstedt, zu verleihen, das zweite mit Zustimmung des Kapitels an Dechant Herbert Höbbel in Celle[308]. Im Falle der Ernennung von Höbbel gab das Kapitel seine Zustimmung[309]. Die Ernennung von Dechant Schreiber nahm das Kapitel „gerne zur Kenntnis“, gab aber zu bedenken, daß dieser Priester der Erzdiözese Breslau sei und erlaubte sich,

> „im Hinblick auf etwaige Rechtsfolgen besonders auf can. 149 und can. 406 § 2 C.I.C. aufmerksam zu machen. Wenn letzterer Canon schon Bedingungen für die Ernennung von Ehrenkanonikern aufstellt, um wieviel mehr gelten dann diese für die Ernennung eines nichtresidierenden Domkapitulars“[310].

Unter Würdigung dieser Überlegung hat der Bischof beim zuständigen Ordinarius von Schreiber, dem Kapitelvikar und Bischof in Görlitz, Schaffran, Zustimmung zur Ernennung erbeten, die am 24. Januar 1966 erteilt wurde, so daß der Bischof dem Kapitel die Ernennung zum 1. März 1966 ankündigte[311]. Auf die Mitteilung des Bischofs an den niedersächsischen Kultusminister über die beabsichtigte Ernennung[312] gem. Art. 9 Abs. 3 PreußK teilte dieser die erfolgte

---

von H.H. Domkapitular Prälat Feltmann (+ 18.VI.1961) erfolgen.“ Domkapitel an Bischof, 12. Juli 1961. D 183, Bl. 131-132.

[307] Es ist lediglich der Termin der Amtseinführung aktenkundig. Protokoll der Kapitelssitzung vom 11. Dezember 1961. D 193, Bl. 180.

[308] Bischof an Domkapitel, 13. Januar 1966. D 39, Bl. 1.

[309] Domkapitel an Bischof, 18. Januar 1966. D 39, Bl. 2.

[310] Domkapitel an Bischof, 18. Januar 1966. D 39, Bl. 3.

[311] Bischof an Domkapitel, 7. Februar 1966. D 39, Bl. 4.

[312] Dieses Schreiben fehlt in der Akte.

Kenntnisnahme mit[313]. Mit Datum vom 4. April 1966 nahm der Bischof die Ernennung von Dechant Schreiber[314] und Dechant Höbbel[315] zu nichtresidierenden Domherren unter Mitteilung der damit verbundenen Aufgaben vor.

Der Bischof beauftrage den Domdechanten, von den neuen Kanonikern die PROFESSIO FIDEI und das IUSIURANDUM entgegenzunehmen und diese im Hohen Chor des Domes in ihr Amt einzuführen[316]. Die Einführung unter Entgegennahme des Kapitelseides[317] erfolgte am 14. Mai 1966[318] durch den Domdechanten.

---

[313] Nds. Kultusminister an Bischof, 3. März 1966: Von ihrer Mitteilung über die beabsichtigte Ernennung [...] „zu nichtresidierenden Domkapitularen gemäß Art. 3 Abs. 4 Satz 5 des Konkordates zwischen dem Heiligen Stuhle und dem Lande Niedersachsen habe ich nach Art. 3 Abs 1. a.a.O. in Verbindung mit Art. 6 Abs. 1 des Konkordats zwischen dem Heiligen Stuhle und dem Freistaate Preußen vom 14. Juni 1929 Kenntnis genommen". D 39, Bl. 5.

[314] Bischof an Schreiber, 4. April 1966: „So berufe ich mit dem heutigen Tage Sie, Hochwürdigster Herr Dechant, nach Zustimmung Ihres Heimatoberhirten, zum ersten nichtresidierenden Domkapitular an der Hohen Domkirche zu Hildesheim. Sie gehören damit zum engsten Mitarbeiterkreis Ihres Bischofs und tragen in besonderer Weise mit an den Sorgen und Aufgaben Ihres Oberhirten. Ihnen steht das Recht zu: 1. an jenen Kapitelssitzungen teilzunehmen, zu denen Sie besonders eingeladen werden, 2. die Bischofswahl mitzutätigen, 3. die Kleidung der Domkapitulare unseres Kathedralkapitels zu tragen. 4. in der Kathedralkirche einen Sitz im Hohen Chore inne zu haben. Zur Chorpräsenz sind Sie nicht verpflichtet, aber jederzeit berechtigt." D 39, Bl. 7-8.

[315] Bischof an Höbbel, 4. April 1966. D 39, Bl. 17-18. Der Inhalt gleicht dem des Ernennungschreibens von Dechant Schreiber.

[316] Bischof an Domdechant, 13. Mai 1966. D 39, Bl. 10.

[317] Der Kapitelseid hatte folgenden Wortlaut: „Ego Josephus Schreiber juro statuta Ecclesiae Cathedralis Hildesiensis consentiente Reverendissimus Domino Episcopo et ratihabente Summo Pontifice condita vel adhuc condenda inviolabiliter me observaturum. Sic me Deus adjuvet et haec sancta Dei Evangelia: In principio erat verbum et verbum erat apud Deum et Deus erat verbum. Decanus: Ego et admodum Reverendi Capituli nomine, do Tibi possesionem canonicatus non residentialis primae a Reverendissimo Domino Episcopo Henrico Mariae servatis servadis Tibi collatae in nomine Patris et Filli et Spiritus Sancti, ut illi digne et competenter deservas. Ego Johannes Stuke Decanus capituli Cathedralis Hildesiensis do Tibi, Josepho Schreiber canonico capitulari non residentiali, meo et capitulo nomine possesionem stalli in choro Ecclesiae Nostrae Cathedralis Hildesiensis cum voto integerrimo, ut hunc locum cum gaudio obtineas teneasque in honorem Dei et Capituli in nomine Patris et Filii et Spiritus Sancti: ad multos annos." D 39, Bl. 15.

[318] Protokoll der Amtseinführung vom 14. Mai 1966. D 39, Bl. 11-12. Die Amtseinführung hatte folgenden Ablauf: Verlesung des bischöflichen Auftrages zur Amtseinführung der neuernannten Kanoniker durch den Domdechanten, Hinweis auf die geltenden konkordatären Bestimmungen und die kirchengeschichtlich bemerkenswerte jüngste Erweiterung des Hildesheimer Domkapitels, Verlesen des Ernennungsschreibens, Abnahme von PROFESSIO FIDEI und IUSIURANDUM DE SINCERITATE FIDEI und Ablegen des Kapitelseides.

Den nichtresiderenden Domkapitularen wurde aus der Kasse des Domkapitels jährlich eine in zwei Raten zum 1. April und 1. Oktober zahlbare Aufwandsentschädigung in Höhe von 900 DM angewiesen[319].

5.2.3 Ernennung der Ehrendomherren

Die erste aktenkundige Ernennung eines Ehrendomherren des Hildesheimer Domkapitels erfolgte am 31. März 1936: Bischof Joseph Godehard Machens kündigte dem Domkapitel die beabsichtigte Ernennung von Pastor Dr. Wilhelm Maxen, Hannover, zum Ehrendomherren an unter Mitteilung der Rechtsstellung der Ehrendomherrn[320]. Das Domkapitel zeigte sich mit dem Ernennungsvorschlag einverstanden[321], so daß Wilhelm Maxen am 13. April 1936 vom Bischof zum Ehrendomherrn ernannt[322] und am 16. April durch Domdechant Hagemann in sein Amt eingeführt wurde[323].

Die nächste dem Domkapitel angezeigte beabsichtigte Ernennung zum Ehrendomherren betraf den Propst in Hannover Heinrich Leupke[324]. Durch Zirkular zeigte Domdechant Stolte dem Kapitel den Ernennungswunsch unter Hinweis auf die Mitwirkung an der Ernennung CUM CONSILIO CAPITULI mit und bat um schriftlichen Vermerk des jeweiligen Einverständnisses der einzelnen Domka-

---

Danach erfolgte die Überreichung von Kapitelskreuz, domkapitularischem Birett und die Einweisung in die entsprechende Chorstalle.

319 Domkapitel an Schreiber, 14. Mai 1966. D 39, Bl. 16. Domkapitel an Höbbel, 14. Mai 1966, D 39, Bl. 22.

320 Bischof an Domkapitel, 31. März 1936. D 38, Bl. 1. „Ich bemerke folgendes: Ehrendomherren sind nicht den im Preußenkonkordat Artikel 2 Absatz 7 f. und Artikel 6 Absatz 2 für eine Reihe von Diözesen Preußens vorgesehenen nichtresidierenden Domkapitularen gleichzusetzen, die auch das Recht der Mitwirkung bei Bischofswahlen haben. Ehrendomherren, wie can. 406 sg. C.J.C. sie vorsieht, haben nur Anspruch auf 1. die liturgische Gewandung und die Insignien der Domkapitulare, 2. die Ehrenrechte der Domherren, z.B. die Präzedenz vor Nichtdomherren, 3. stallum in choro. Im übrigen stehen ihnen keinerlei Rechte und keinerlei Einkünfte aus ihrer Ehrenstellung zu. Insbesondere nicht das Recht, an Sitzungen des Domkapitels teilzunehmen, mit dem Domkapitel eine Wahl zu tätigen, beratende oder beschließende Stimme abzugeben und um Rat oder Zustimmung angegangen zu werden."

321 Domkapitel an Bischof, 2. April 1936. D 38, Bl. 2. Auch: Protokoll der Kapitelssitzung, D 182, Bl. 46.

322 Ernennungsurkunde vom 13. April 1936. D 38, Bl. 2.

323 D 38, Bl. 4-5.

324 Bischof an Domkapitel, 7. März 1941. D 38, Bl. 6.

pitulare auf dem Zirkular[325] und teilte dem Bischof die Zustimmung des Kapitels mit[326]. Am 12. März 1941 erfolgte durch den Bischof die Ernennung von Heinrich Leupke zum Ehrendomherren[327], am 27. März die Amtseinführung[328]. Bei dieser Amtseinführung ist auch die Formel zur Übertragung der Chorstalle für Ehrendomherren erstmalig dokumentiert:

> „Ego, Clemens Stolte, Decanus Capituli Cathedralis Hildesiensis, do tibi, canonico capitulari honorario, meo et Capituli nomine possesionem stalli in choro ecclesiae nostrae cathedralis Hildesiensis cum voto integerrimo, ut hunc locum cum gaudio obtineas teneasque in honorem Dei et Capituli nostri in nomine Patri et Filii et Spiritus Sancti: ad multos annos.“[329]

Der nächste Ernennungswunsch des Bischofs betraf die Domvikare Generalvikar Dr. Offenstein und Professor am Priesterseminar Dr. Konrad Algermissen[330], dem das Domkapitel gerne zustimmte unter dem Hinweis, daß keine Kapitelskreuze[331] mehr vorhanden seien. Nach der Ernennung von Offenstein[332] und Algermissen[333] erfolgte die Amtseinführung am 22. Februar 1942 durch den Domdechanten Stolte[334].

Dem Wunsch des Bischofs zur Erhebung[335] von Domvikar Domlektor Uhrig zum Ehrendomherrn nahm das Domkapitel zur Kenntnis[336] und riet „zur Aus-

---

325 Domdechant an Domkapitulare, 8. März 1941. D 38, Bl. 7.

326 Domkapitel an Bischof, 8. März 1941. D 38, Bl. 8.

327 Ernennnungsurkunde vom 12. März 1941. D 38, Bl. 9.

328 Protokoll der Amtseinführung, 27. März 1941. D 38, Bl. 12.

329 D 38, Bl. 13.

330 „Ich bedarf dazu nicht des Einverständnisses, wohl aber der des Rates des Hochwürdigsten Domkapitels, um den ich ergebenst bitte.“ Bischof an Domkapitel, 2. Februar 1942. D 38, Bl. 14.

331 Die fehlenden Kapitelskreuze wurden bei Hof- und Domgoldschmied Witte in Aachen in Auftrag gegeben: „Die Verausgabung von 360 RM für die Anschaffung von 2 Domherrenkreuzen für die neuernannten Domherren wird genehmigt; die Kosten werden aus dem Domkapitularischen Interkalarfonds übernommen.“ Protokoll der Kapitelssitzung vom 3. September 1942. D 182, 119.

332 Ernennungsurkunde vom 15. Februar 1942. D 38, Bl. 16.

333 Ernennungsurkunde vom 16. Februar 1942. D 38, Bl. 17.

334 Protokoll der Amtseinführung vom 23. Februar 1942. D 38, Bl. 19.

335 Bischof an Domkapitel, 5. November 1943. D 38, Bl. 20.

führung des Entschlusses". Die Ernennung erfolgte am 6. November 1943[337], die Amtseinführung am 13. November 1943[338].

Problematischer verlief die Ernennung von Propst Ludewig, Hannover, zum Ehrendomherren. Der Bischof teilte seinen Entschluß dem Kapitel mit:

> „Um der Hochwürdigsten Geistlichkeit der Stadt Hannover angesichts ihres mutigen Durchhaltens trotz schwerer ständiger Luftangriffe meine Anerkennung auszusprechen, beabsichtige ich, zwei Pfarrer der Stadt auszuzeichnen."[339]

Vorgesehen war die Erhebung von Propst Ludewig zum Ehrendomherren und Pfarrer Dr. Kopp zum geistlichen Rat AD HONOREM. Das Domkapitel äußerte dem Bischof gegenüber seine Bedenken: zum einen werde die Zahl der Ehrendomherren zu groß, sie habe schon die Zahl der ordentlichen Domherren erreicht, zum anderen sei die beabsichtigte Ernennung inopportun, da sie nach Wissen des Kapitels vom Stadtklerus als persönliche Ehrung von Ludewig aufgefaßt würde und, da sich andere Geistliche weit wirksamer bei Vorsorge und Bekämpfung der Fliegerschäden hervorgetan hätten, kein Verständnis des Klerus für die Ernennung vorhanden sein dürfte[340]. Der Bischof ernannte Ludewig

---

336 Domkapitel an Bischof, 6. November 1943. D 38, Bl. 22. Auch: Protokoll der Kapitelssitzung, D 182, Bl. 130.

337 Ernennungsurkunde vom 6. November 1943. D 38, Bl. 21.

338 Protokoll der Amtseinführung, 13. November 1943. D 38, Bl. 24. Im Falle der Amtseinführung von Ehrendomherr Uhrig ist das Sprechen der Formel für die Übertragung der Chorstalle an Ehrendomkapitulare dokumentiert; D 38, Bl. 25.

339 Bischof an Domkapitel, 7. Januar 1945. D 38, Bl. 26.

340 „Euer Exzellenz beehren wir uns auf das Schreiben vom 7. Januar d. J. ehrerbietigst zu erwidern, daß dem Domkapitel gegen die Ernennung des hochwürdigsten Herrn Propst Ludewig in Hannover zum Ehrendomherren an der Kathedralkirche zu Hildesheim Bedenken bestehen, die wir in aller Offenheit und Ehrerbietung Euer Exzellenz zur Kenntnis zu bringen uns erlauben. Die bestehenden Bedenken beziehen sich zunächst darauf, daß nach can. 406 § 1 die Ernennung der Domherren „raro" erfolgen soll. Die Zahl der Ehrendomherren hat aber bereits die Zahl der ordentlichen Domkapitulare erreicht. Desweiteren gehen die Bedenken auch dahin, daß man in Hannover die Ernennung des Herrn Propstes zum Ehrendomherren besonders in den Kreisen der Geistlichen nicht als eine allgemeine Ehrung des Hannoverschen Stadtklerus auffassen wird, weil in der Vorsorge und Bekämpfung der Fliegerschäden sich andere Mitglieder des Hannoverschen Klerus weit wirksamer betätigt haben. Allgemein wird man darum in der Ernennung zum Ehrendomherren nur eine persönliche Ehrung des Herrn Propstes sehen, für die nach unserer Kenntnis von der Stimmung des Klerus ein Verständnis nicht vorhanden sein dürfte. Wir unterbreiten Euer Exzellenz die obigen Bedenken in aller Ehrerbietung." Domkapitel an Bischof, 25. Januar 1945. D 38, Bl. 27.

am 1. Februar 1945 zum Ehrendomherren[341], unter gleichem Datum erging eine kurze kanonistische Belehrung über die Anzahl von Ehrendomherren in Domkapiteln an das Hildesheimer Domkapitel[342]. Aufgrund der Kriegswirren konnte es nicht zu einer Amtseinführung des neuen Ehrendomherren kommen, so daß Domdechant Stolte diesem schriftlich mitteilte, daß „der 6te Platz auf der Evangelienseite zum Hochchore hin" ihm als Chorstalle zukäme[343]. Schon bei der Anfrage nach einem möglichen Termin der Amtseinführung mußte der Domdechant dem Neuernannten mitteilen, daß keine Domherrenkreuze mehr verfügbar seien und es auch keine Möglichkeit der Neuanfertigung gäbe: „Daher muß ich Sie schon bitten, bei feierlichen Anlässen Ihr Propstkreuz an die Stelle des Domherrenkreuzes treten zu lassen."[344]

Die nächsten Ernennungen von Ehrendomherren erfolgten im Jahre 1956. Der Bischof teilte dem Kapitel mit, daß er beabsichtige, Propst Ernst in Duderstadt[345], Propst Frese in Braunschweig[346] und Propst Unverhau in Hannover[347] zu Ehrendomherren zu ernennen. Die Ernennung aller Kandidaten erfolgte am 1. August 1956, eine Stellungnahme des Kapitels zu den Ernennungsvorschlägen ist nicht dokumentiert[348].

Die erste Ernennung von Ehrendomherren durch den neuen Diözesanbischof Heinrich Maria Janssen erfolgte im Jahre 1959. Nach Mitteilung an das Kapitel[349] über die beabsichtigte Ernennung von Dechant Marheineke in Göttingen

---

341 Ernennungsurkunde vom 1. Februar 1945. D 38, Bl. 29.

342 Das Schreiben des Bischofs bestand nur aus folgendem Satz sowie der Unterschrift: „Der § 1 des can. 406 enthält eine authentische Interpretation in § 3, wo bestimmt wird, daß die Zahl der aus fremden Diözesen stammenden Ehrenkanoniker höchstens zwei Drittel der wirklichen Kanoniker betragen darf." Bischof an Domkapitel, 1. Februar 1945. D 38, Bl. 32.

343 Domdechant an Ludewig, 26. Februar 1945. D 38, Bl. 33.

344 Domdechant an Ludewig, 2. Februar 1945. D 38, Bl. 30.

345 Bischof an Domkapitel, 30. Juli 1956. D 38, Bl. 35.

346 Bischof an Domkapitel, 30. Juli 1956. D 38, Bl. 36.

347 Bischof an Domkapitel, 30. Juli 1956. D 38, Bl. 37.

348 Ernennnungsurkunden vom 1. August 1956. D 38, Bl. 38-40.

349 Bischof an Domkapitel, 29. Dezember 1958. D 38, Bl. 41. Kenntnisnahme des Kapitels: Protokoll der Kapitelssitzung vom 22. Dezember 1958. D 183, Bl. 87.

erfolgte dessen Amtseinführung am 10. Februar 1959 durch Domdechant Stuke[350].

Die letzte Ernennung eines Ehrendomherren vor Abschluß des NdsK war die des Apostolischen Protonotars und Generalvorstand Leiters des Bonifatiuswerkes, Prälat Alexius Gabriel in Paderborn „in Würdigung seiner hohen Verdienste um die Diaspora der Diözese Hildesheim"[351] im Jahre 1962. Nach Anfrage an das Kapitel[352] und dessen zustimmender Kenntnisnahme[353] erfolgte die Amtseinführung am 7. Juli 1962[354]. In Falle Gabriel schenkte das Domkapitel dem Ernannten die violette Domherrenmozetta und das Domherrenbirett[355].

5.3 Die Ernennung der Domvikare

Die erste Verleihung einer Domvikarie unter Geltung des PreußK erfolgte am 25. Juni 1929 an Augustinus Uhrig, die „kanonische Installation [ist] dem Herkommen gemäß von dem Hochwürdigsten Domkapitel vorgenommen" worden[356]. Die Einführung nahm der SENIOR CAPITULI Hagemann am 28. Juni 1929 vor[357].

Eine ausführliche Dokumentation der Ernennung eines Domvikars ist im Falle der Ernennung von Dr. Konrad Algermissen in den Akten erhalten. Zunächst teilte der Bischof dem Domkapitel unter Hinweis auf die Bestimmungen des PreußK mit, daß er beabsichtige, Algermissen zum Domvikar zu ernennen und

---

[350] Protokoll der Amtseinführung vom 10. Februar 1959. D 38, Bl. 41. Eine Reaktion des Domkapitel auf das Ernennungsvorhaben und ein Hinweis auf die Ernennungsurkunde sind im Kapitelsarchiv nicht aktenkundig.

[351] KiAnzHi 1962, 158.

[352] Bischof an Domkapitel, 26. März 1962. D 38, Bl. 48.

[353] Domkapitel an Bischof, 29. März 1962. D 38, Bl. 47. Auch: Protokoll der Kapitelssitzung vom 26. März 1962. D 183, 149.

[354] Aus dem Protokoll geht ebenfalls hervor, daß vor der Ernennung die „Genehmigung des Ordinarius" des Kandidaten, des Bischofs von Paderborn, sowie die „Billigung des gegenwärtigen Ordinarius", des Erzbischofs von Paderborn, eingeholt wurden. Protokoll der Amtseinführung, 7. Juli 1962. D 38, Bl. 44.

[355] Protokoll der Kapitelssitzung vom 26. März 1962. D 183, 149. Domkapitel an Gabriel, 31. März 1962. D 38, Bl. 46.

[356] Bischof an Domkapitel, 25. Juni 1929. D 35, Bl. 49.

[357] D 35, Bl. 49. Weitere Unterlagen über die Ernennung Uhrig liegen nicht vor.

bat das Domkapitel um Stellungnahme[358]. Daraufhin lud der Domdechant das Kapitel zu Beratung[359], welches anschließend dem Bischof mitteilte, daß es von der „Übertragung einer Domvikarie an Diözesanpriester Dr. Konrad Algermissen gern Kenntnis genommen" habe[360]. Daraufhin übersandte der Bischof mit einem Anschreiben[361], in welchem dem Domkapitel die Ernennung von Algermissen zum Domvikar und die Übertragung der dritten Domvikarie an diesen mitgeteilt wurde, dem Kapitel eine Kopie der Ernennungsurkunde[362] und beauftragt es mit der kanonischen Installation, wie es dem Herkommen entsprach. Der Domdechant setzte die Installation auf den 2. Oktober 1933 fest und lud dazu ein[363].

Im Falle der Ernennung von Domvikar Algermissen ist das Protokoll der Installation vorhanden:

> „Geschehen im Rittersaale des Hohen Domes in Hildesheim am 2. Oktober 1933 vormittags 9 Uhr. - Zur Installation des neuernannten Domvikars Dr. Konrad Algermissen hatte der Herr Domdechant Apostolischer Protonotar Hagemann die Mitglieder des Domkapitels und die Domvikare durch Circular eingeladen; die nebenbezeichneten Herren [sc. Domdechant Hagemann, Domkapitulare Bluel, Schneider, Dr. Seelmeyer] waren erschienen und versammelten sich im Rittersaale des Hohen Domes: Zunächst begrüßte der Herr Domdechant Hagemann den einzuführenden Domvikar Dr. Algermissen und wies in seiner Ansprache auf die besonderen Obliegenheiten des Capitels hin (can 391 C.J.C.), ut sollemniorem cultum deo in ecclesia exhibeat. Diese Verpflichtung erstrecke sich auch auf die Domvikare und beziehe sich insbesondere auf die Pflicht, die kanonischen Horen im Chore zu persolvieren und dem Conventualamte beizuwohnen.

---

358 „Dem Hochwürdigsten Domkapitel teile ich unter Hinweis auf Artikel 8 Absatz 3 des Vertrages vom 14. Juni 1929 des Freistaates Preußen mit dem Heiligen Stuhl mit, daß ich beabsichtige, dem Diözesanpriester Dr. Konrad Algermissen, bislang an der Zentrale des Volksvereins für das katholische Deutschland in München-Gladbach, eine Domvikarie zum 1. Oktober 1933 zu übertragen. Ich stelle ergebenst anheim, zu diesem Vorhaben sich gefälligst äußern zu wollen." Bischof an Domkapitel, 19. September 1933. D 35, Bl. 52.

359 Domdechant an Kapitel, 21. September 1933. D 35, Bl. 53.

360 Domkapitel an Bischof, 21. September 1933. D 35, Bl. 54.

361 D 35, Bl. 55.

362 D 35, Bl. 56.

363 D 35, Bl. 57.

Alsdann legte Domvikar Dr. Algermissen die Professio fidei und das jusjurandum de sinceritate fidei ab und leistete nachfolgenden Eid: „Ego Conradus Algermissen juro de Sancta Dei evangelia atque pronullo bona fide Domino Decano et Capitulo Ecclesiae Cathedralis me obedientiam, reverentiam et fidelitatem debitam et consuetam praestiturum; in omnibus quoque rebus et causis beneficium aut officium meum necesse personam ...ibus [?] affirmo mediante hoc iuramento definitoribus Capituli me staturum: Sic me deus adjuvet et haec Sancta Dei evangelii." Darauf erfolgte die Besitzübergabe der 3. Domvikarie mit all ihren Rechten und Pflichten an den Installanten. Vom Rittersaale begaben sich die Versammelten zum Hohen Chore, wo die Übergabe des Stallum in Choro vollzogen wurde. Nach Beendigung der Einführung sprachen die Erschienenen dem neuen Domvikar ihre herzlichen Glückwünsche aus."[364]

Am 29. April 1936 wurden Generalvikar Dr. Wilhelm Offenstein[365] und Regens Dr. Johannes Bydolek[366] zu Domvikaren ernannt, nachdem der Bischof vorher das Kapitel über seine Vorhaben informiert[367] und dieses keinen Widerspruch[368] erhoben hatte. Mit der kanonischen Installation der neuen Domvikare und der Entgegennahme der PROFESSIO FIDEI und des IURAMENTUM DE SINCERITATE FIDEI wurde der Domdechant beauftragt[369].

Im Falle der Ernennung von Joseph Haller zum Domvikar ist eine Änderung der bisherigen Praxis festzustellen. Der Bischof teilte dem Domkapitel mit, daß er beabsichtige, dem Domlektor Joseph Haller „die Verwaltung der vierten Dom-

---

[364] Protokoll des Einführungsaktes vom 2. Oktober 1933. D 35, Bl. 58.

[365] Zweitschrift Ernennungsurkunde D 35, Bl. 68.

[366] Zweitschrift Ernennungsurkunde D 35, Bl. 67.

[367] Für Offenstein erfolgte die Anfrage durch den Bischof formlos an das Domkapitel am 21. April 1936, D 35, Bl. 61. Die Anfrage bzgl. Bydolek enthielt den Hinweis auf die Bestimmungen des PreußK: „Die vierte Vikarie am hiesigen Dome beabsichtige ich dem Regens Dr. Bydolek zu übertragen. Gemäss Preussenkonkordat vom 3. August 1929 [!], Artikel 8 Absatz 3 ist vor der Übertragung das Domkapitel zu hören. Ich bitte darum das Hochwürdigste Domkapitel ergebenst, dazu geneigtest Stellung zu nehmen." Bischof an Domkapitel vom 24. April 1936, D 35, Bl. 62.

[368] „ [...], daß wir von der beabsichtigten Übertragung der 3. Domvikarie an den Herrn Generalvikar Dr. Wilhelm Offenstein und der 4. Domvikarie an den Herrn Regens Dr. Johannes Bydolek Kenntnis genommen haben." Schreiben des Domkapitels an Bischof Joseph Godehard vom 27. April 1936. D 35, Bl. 63. Auch: Protokoll der Kapitelssitzung, D 182, Bl. 47.

[369] Bischof an Domdechant, 29. April 1936. D 35, Bl. 64.

vikarie am hiesigen Dome in der Weise zu übertragen, daß er alle Rechte und Pflichten eines Domvikars habe, ausgenommen die Inamovibilität, die mit der Übertragung des Beneficiums in titulum verbunden sei"[370]. Nach der Einverständniserklärung des Kapitels[371], die nur zur Person des zu Ernennenden Stellung nimmt, nicht aber zum Vorhaben, nur die Verwaltung des Benefiziums zu übertragen, wurde Haller die 4. Domvikarie zum 15. August 1940 übertragen[372]. Mit dem Tag der Ernennung endeten die Bezüge des Domlektors und begannen die des Domvikars[373].

Zum 12. November 1947 erfolgte die Übertragung der Verwaltung der 4. Domvikarie an den Domlektor und Bischöflichen Sekretär Heinrich Pachowiak[374], nachdem der Bischof vorher unter Hinweis auf die Bestimmungen des PreußK das Domkapitel um Stellungnahme gebeten[375] und dieses keine Einwendungen erhoben[376] hatte. Auf Grund der besonderen Situation nach Zerstörung des Domes erfolgte keine kanonische Installation. Bzgl. der Modalitäten der Amtsübernahme wandte sich Domdechant Stuke in einem Schreiben an den neuernannten Domvikar Pachowiak:

> „Mit Freude haben wir davon Kenntnis genommen, daß der Hochwürdigste Herr Bischof Ihnen durch Schreiben vom 10. November d. J. die Verwaltung der vierten Domvikarie am Dom in Hildesheim übertragen hat. Wir begrüßen Sie herzlich als vierten Domvikar an unserer Domkirche und hegen den Wunsch, daß für Sie die Verwaltung der Domvikarie bald eine wirkliche Inhaberschaft des benefiziums werden möge. Da der Dom und Das Hohe Chor des Domes zerstört ist, und weil sich in der Domgruft, die uns zur Zeit allein zur Verfügung steht, ein Chorgestühl und somit sich auch ein eigenes Stallum für jeden Benefiziaten nicht befindet, da außerdem keine Übertragung des Benefiziums sondern lediglich eine Verwaltung desselben, wenn auch mit allen Rechten und Pflichten, erfolgt ist, so glauben wir von einer kanonischen Installation absehen zu sollen. Wir begnügen uns damit, Ihnen hierneben den Domvikarskragen zu

[370] Bischof an Domkapitel, 31. Juli 1940. D 35, Bl. 69.

[371] Domkapitel an Bischof, 7. August 1940. D 35, Bl. 70.

[372] Bischof an Haller, 11. Agust 1940. D 35, Bl. 71.

[373] Domkapitel an Bistumskasse, 30. August 1940. D 35, Bl. 73.

[374] Bischof an Pachowiak, 10. November 1947. D 35, Bl. 75.

[375] Bischof an Domkapitel, 2. November 1947. D 35, Bl. 73.

[376] Domkapitel an Bischof, 6. November 1947. D 35, Bl. 74. Auch: Protokoll der Kapitelssitzung, D 182, Bl. 159.

überreichen, mit welchem Sie sich am Bernwardsfeste zum ersten Male in Ihrer neuen Würde zeigen werden. [...]".[377]

Die durch die Ernennung von Generalvikar Prälat Offenstein zum Domkapitular freigewordene Domvikarie sollte Caritasdirektor Sendker zur Verwaltung übertragen werden[378]. Unter Hinweis auf das PreußK erbat der Bischof das Urteil des Kapitels, das sich zustimmend äußerte[379]. Sendker wurde zum 19. März 1949 die Verwaltung der 4. Domvikarie übertragen[380].

Am 22. April 1954 teilte der Bischof dem Domkapitel unter Hinweis auf die Bestimmungen des PreußK mit, daß die durch die Ernennung des Domvikars päpstlichen Hausprälaten Algermissen zum Domkapitular freigewordene Domvikarie an den Konviktsrektor Treuge zur Verwaltung übertragen werden solle: „Die Ernennung erfolgt gemäß Preußenkonkordat Artikel 8 Nr. 3 nach Anhörung des Domkapitels. Ich bitte deshalb um ein Urteil"[381]. Das Kapitel erteilte seine Zustimmung[382], so daß der Bischof die Verwaltung der 4. Domvikarie zum 1. Mai 1954 an Konviktsrektor Treuge übertrug[383]. Wie im Falle der Ernennung von Domvikar Pachowiak teilte das Domkapitel Treuge mit, daß es von einer kanonischen Installation absehe, da es sich nur um die Übertragung der Verwaltung des Benefiziums, nicht aber um das Benefizium selber handele und der Hohe Chor des Domes noch nicht wiederaufgebaut sei[384].

Die Ernennung des Dözesanjugendseelsorgers Heinrich Machens zum Domvikar erfolgte unter dem neuen Diözesanbischof Heinrich Maria Janssen. Nach Anfrage an das Domkapitel unter Hinweis auf die konkordatäre Regelung[385] und dessen Zustimmung[386] erfolgte die Übertragung der 3. Domvikarie am 16. Juli 1958[387] zum 1. August 1958[388]; die kanonische Installation von Domvikar

[377] Domdechant an Pachowiak, 11. November 1947. D 35, Bl. 76.

[378] Bischof an Domkapitel, 24. November 1949. D 35, Bl. 78.

[379] Domkapitel an Bischof, 27. Januar 1949. D 35, Bl. 78.

[380] Bischof an Sendker, 19. März 1949. D 35, Bl. 79.

[381] Bischof an Domkapitel, 22. April 1954. D 35, Bl. 82.

[382] Aktennotiz von Domdechant Stuke, 27. April 1954,. D 35, Bl. 82.

[383] Bischof an Treuge, 28. April 1954. D 35, Bl. 83.

[384] Domkapitel an Treuge, 1. Mai 1954. D 35, Bl. 84.

[385] Bischof an Domkapitel, 12. Juli 1958. D 35, Bl. 87.

[386] Domkapitel an Bischof, Aktennotiz, 14. Juli 1958. D 35, Bl. 87.

[387] Bischof an Domkapitel, 16. Juli 1958. D 35, Bl. 88.

[388] Kopie der Ernennungsurkunde. D 35, Bl. 89.

Heinrich Machens erfolgte „dem Herkommen gemäß" durch das Domkapitel. Über diese Amtseinführung ist in den Akten ein Protokoll erhalten[389], erstmals sind alle gesprochenen Eidesformeln urkundlich festgehalten[390].

Aus dem Protokoll der Kapitelssitzung vom 12. Februar 1959 geht hervor, daß der Bischof das Domkapitel um Vorschläge zur Ernennung eines Domvikars gebeten hat, dieser Vorgang ist aufgrund der zur Verfügung stehenden Akten einmalig dokumentiert. Vom Kapitel sind daraufhin vorgeschlagen worden Geistlicher Rat Joseph Ludewig, Prof. Dr. Erich Riebartsch und Dr. Mansfeld; eine Ernennung der Vorgeschlagenen ist jedoch nicht erfolgt.[391].

Die beiden folgenden Ernennungen von Hildesheimer Domvikaren erfolgten aufgrund des päpstlichen Reservationsrechtes gem. can. 1435 CIC/1917 durch den Heiligen Stuhl. Zur Wiederbesetzung der durch die Ernennung von Weihbischof Pachowiak zum Domkapitular freigewordene Stelle schlug der Bischof dem Domkapitel drei Kandidaten vor, das sich, um mögliche Schwiergkeiten bei der Besetzung zu vermeiden, für Rektor Heinrich Schenk entschied[392].

---

[389] Das letzte auffindbare Protokoll der Amtseinführung eines Domvikars ist das der Einführung von Domvikar Algermissen aus dem Jahre 1933.

[390] Eid des Domvikars gegenüber Domkapitel und Domdechant: „Ego Henricus Machens juro ad Sancta Dei Evangelia atque promitto bona fide, Reverendissimo Domino Decano et Admodum Reverendo Capitulo Ecclesiae Cathedralis Hildesiensis me obedientiam, reverentiam et fidelitatem debitam et consuetam praestiturum, in omnibus quoque rebus et causis beneficium aut officium meum necnon personam concernentibus affirmo, mediante hoc juramento, definitionibus Capituli me staturum. Sic deus adjuvet et haec Sancta Dei Evangelia: In Principio erat Verbum et Verbum erat apud Deum et Deus erta Verbum." [Unterschriften, Kapitelssiegel].

Decanus: „Ego Johannes Stuke Decanus Capituli Ecclesiae Cathedralis Hildesiensis, meo et Admodum Reverendi Capituli nomine, do tibi, Henrico Machens, possesionem Vicariae hujus Ecclesiae ordinus tertiae, a Reverendissimo Episcopo Nostro Henrica Maria servatis servandis Tibi collatae, ita ut digne et valide illi deservias ejusque fructus percipere possis in nomine Patris et Filii et Spiritus sancti." [Unterschriften, Kapitelssiegel].

Decanus: „Ego Johannes Stuke, Decanus Capituli Ecclesiae Cathedralis Hildesiensis do Tibi Henrico Machens meo ed Admodum Reverendi Capituli nomine possesionem stalli in choro Ecclesiae nostrae Cathedralis Hildesiensis cum voto integerrimo, ut huic locum cum gaudio obtineas teneasque in honorem Dei et Capituli nostrie in nomine Patri et Filii et Spiritus Sancti: ad multos annos." [Unterschriften, Kapitelssiegel]. D 35, Bl. 94.

[391] Protokoll der Kapitelssitzung vom 12. Februar 1959. D 183, Bl. 101.

[392] „Zwei Schreiben des Hochwürdigsten Herrn Bischofs an das Domkapitel liegen vor. Das erste Schreiben befaßt sich mit der Neubesetzung des durch die Ernennung des Weihbischofs vakant gewordene Domkapitularsstelle, die lt. Ernennungsurkunde des Weihbischofs durch Rom erfolgen muß. Der H.H. Bischof legt demgemäß einen Dreiervorschlag vor: 1. Rektor Heinrich Schenk, 2. Domlektor Georg Mross, 3. Domlektor Johannes

Durch römisches Schreiben vom 31. Juli 1961 wurde Heinrich Schenk die durch die Ernennung des bisherigens Benefizieninhabers Heinrich Pachowiak zum Titularbischof von Phytea und Weihbischof des Bischofs von Hildesheim freiwerdende Domvikarie übertragen[393]. Die dafür zu entrichtende Taxe betrug

---

Bergsma. Betr. Rektor Schenk bestehen vom Domkapitel keine Bedenken. Bezüglich Domlektor Mross werden Bedenken erhoben wegen seiner Zugehörigkeit zur Erzdiözese Breslau. Diese Zugehörigkeit läßt sich nicht mit der Übertragung eines Benefiziums der Diözese Hildesheim vereinbaren. Bezüglich Domlektor Bergsma werden Bedenken angemeldet wegen der Konkordatsbestimmungen über deutsche Staatsangehörigkeit und Abitur an einer deutschen Schule." Protokoll der Kapitelssitzung vom 10. Juli 1961. D 183, 127. Das Domkapitel schrieb an den Bischof: „Betrifft: Besetzung der freien Domvikarsstelle. Hochwürdigste Exzellenz! Das Hildesheimer Domkapitel hat sich in seiner Sitzung vom 10. d. Mts. zu dem beabsichtigten Dreiervorschlag Ew. Exzellenz gegen die Persönlichkeiten der Hochwürdigen Herren 1.) Rektor Heinrich Schenk, 2.) Domlektor Georg Mross und 3.) Domlektor Johannes Bergsma und zu der aufgeführten Reihenfolge keine Einwendungen zu erheben. Zugleich möchte das Domkapitel aber betr. der Eingabe nach Rom auf folgendes ergebenst hinweisen: ad 2.) H.H. Rektor Georg Mross gehört noch zum Klerus der Erzdiözese Breslau. Darum würden durch die Verleihung des Benefiziums eines Domvikars am Dom zu Hildesheim die Fragen um die Exkardination und Inkardination berührt (C.J.C. can. 114). ad 3.) H.H. Domlektor Johannes Bergsma würde - außer vom Artikel 14, Ziffer 1a, b, des Reichskonkordates vom 20. Juli 1933 - für eine Ernennung zum „Domvikar" eigens vom Artikel 14, Abs. 1a, b und Abs. 2, des Preußenkonkordats vom 14. Juni 1929 betroffen. Vor seiner etwaigen Berufung müßte darum wohl das entsprechende „staatliche Einverständis" eingeholt werden." Domkapitel an Bischof, 12. Juli 1961. D 183, Bl. 130.

393 „Johannes Episcopus servus servorum dei, dilecto filio Henrico Schenk, Vicario curato perspecto Cathedralis Ecclesiae Hildesheiensis [sic!], salutem et Apostolicam benedictionem. Cum vicaria curata perpetua Cathedralis Ecclesiae Hildesheiensis Venerabilis Fratris Nostri Praesulis Henrici Pachowiak ad Sedem Episcopalem Titularem Phytheanam eiusque deputationis in Auxiliarem Venerabilis etiam Fratris Nostri Episcopi Hildesheiensis mense majo anni Domini millesimi nongentesimi quinquagesimi octavi a bo. me. Pio Papa XII. Praedecessore Nostro factae, vacet ad praesens. Nos ad eiusdem Viariae Curatae provisionem procedere cupientes, illiam una cum suis juribus et fructibus, tibi, presbytero diocesis Hildesheiensis bonis moribus praedito, trigesimum secundum aetatis annum agenti atque Venerabilis Fratre Nostro Episcopo Hildesheiensi ad tramitem juiris idoneo reperto et commendato, Apostolica auctoritate conferimus et assignamus. Dilecto autem Ordinario Hildesheiensi mandamus ut Ipse, per Se vel per Suum ad normam juris delegatum, recepto prius de observandis statuis et probatis consuetudinis praefatae Cathedralis Ecclesiae solito jurejurando, te vel procuratorem tuum in realem possesionem praedictae Vicariae Curatae atque adnexorum jurium et pertinentorium inducat auctoritate Nostra, contradictores quacumque appellatione postposita, compescendo. Descernentes irritum et inane quidquid in contrarium attentatum fuerit vel contigerit attentari. Contrariis quibuscumque minime ostantibus. Datum ex Arce gandulphi prope Romam. A. D. MCMLXI. Pridie Kalendas augustas - Pontificatus Nostri anno tertio. Paulus Card. Grobbe. S. R. E. Datarius. Sylvius Romani, Sub-Datarius. D 36, Bl. 2 (Abschrift).

25% des Jahresgehaltes des Benefiziaten und wurde durch das Domkapitel bzw. die Bischöfliche Behörde übernommen[394]. Die Amtseinführung erfolgte am 25. August durch den Domdechanten[395].

Durch die Ernennung des Domvikars päpstlichen Hausprälaten Adalbert Sendker zum Inhaber des fünften Kanonikates des Domkapitels zum 1. Oktober 1961 war die vierte Domvikarie vakant geworden. In der Kapitelssitzung vom 9. November 1961 wies der Domdechant auf die geltende Rechtslage hin und informierte den Bischof dahingehend[396]. Am 3. Mai 1962 teilte das Domkapitel bzgl. der Besetzung der Vikarie dem Bischof mit: „Betreffs der Besetzung der freien Domvikarsstelle hat das Hildesheimer Domkapitel in seiner Sitzung vom 2. Mai d. Js. gern den Dreiervorschlag an den Hl. Stuhl zur Kenntnis genommen, den Ew. Exzellenz in Ihrem Schreiben vom 26. April d. Js. dem Domkapitel als beabsichtigt mitteilten."[397] Über weitere Einzelheiten sind keine Unterlagen verfügbar; lediglich die Abschrift der römischen Ernennungsurkunde für Alois Spindeler zum Inhaber der vakanten Domvikarie ist auffindbar[398].

---

[394] Akten des Domkapitels, 9. September 1961. D 36, Bl. 2. Zunächst wurde die Taxe durch das Kapitel übernommen, das diese durch die Bischöfliche Behörde zurückerstattet bekommen wollte: „Es wird die Frage aufgeworfen, wer die an Rom abzuführende Taxe trägt, die ein Viertel des Jahresgehaltes beträgt. Das Domkapitel beschließt, von sich aus die Taxe nach Rom zu überweisen. Die Bischöfliche Behörde soll sodann gebeten werden, Domvikar Schenk die Taxe zu erstatten, zumal die Berufung des neuen Domvikars zurückzuführen sei auf die von Rom erfolgte Ernennung des Vorgängers zum Weihbischof des Bischofs von Hildesheim." Protokoll der Kapitelssitzung vom 5. September 1961. D 183, Bl. 134.

[395] Der Domdechant „sprach in der üblichen feierlichen Form die Einführungsworte und geleitete den neuen H. H. Domvikar amtlich in sein Stallum in choro", nachdem der Neuernannte die PROFESSIO FIDEI, das IURAMENTUM und den Kapitelseid abgelegt hatte. Protokoll der Amtseinführung, 8. September 1961. D 36, Bl. 5.

[396] „Durch die Ernennung des Prälaten Sendker zum Domkapitular ist eine Domvikarsstelle vakant geworden. Der Domdechant gibt zu bedenken, dass die Stelle bisher von einem Prälaten besetzt war und daher von Rom besetzt werden muß. Es soll eine entsprechende Nachricht an den H.H. Bischof gehen mit dem Bedenken, dass die Bedingungen des Konkordates für die Kandidaten zu beachten sind. Ferner soll die Bitte ausgesprochen werden, dass bei der Benennung der Kandidaten die Belange des Domdienstes berücksichtigt werden." Protokoll der Kapitelssitzung vom 9. November 1961. D 1983, Bl. 138.

[397] Domkapitel an Bischof, 3. Mai 1962. D 36, Bl. 9.

[398] Johannes Episcopus servus servorum dei, dilecto filio Aloisio Spindeler, Beneficario Cathedralis Ecclesiae Hildesheiensis, salutem et Apostolicam benedictionem. Cum Beneficium Ecclesiasticum, residentiale et chorale, vicaria nuncupatum, Cathedralis Ecclesiae Hildesheiensis, per provisionem Canonicatus quinti eiusdem Cathedralis Ecclesiae, favore Adalberti Sendker, Praelati Nostri Domestici, Ordinaria auctoritate factam, vacet ad prae-

Die letzte Ernennung eines Domvikars vor Abschluß des NdsK erfolgte mit der Ernennung vom Wolfgang Freter zum Inhaber der vierten Domvikarie am 16. Januar 1963[399]. Die kanonische Installation erfolgte durch das Domkapitel[400]; weitere Unterlagen sind nicht aufzufinden.

5.4 Die Ernennung der Domlektoren

Die erste Ernennung[401] eines Domlektors nach Inkrafttreten des PreußK erfolgte im Jahre 1932: Auf Vorschlag des Bischofs[402] wurde nach Zustimmung des Domkapitels[403] zum 1. Oktober 1932 Kaplan Wilhelm Holze zum Domlektor ernannt[404]. Die nächste Ernennung betraf Bruno Axmann, der auf Vorschlag des Bischofs[405] nach Zustimmung des Domkapitels[406] ernannt werden sollte; jedoch führte der Bischof das Ernennungsvorhaben nicht aus, sondern suchte beim

---

sens. Nos ad eiusdem Viariae provisionem procedere cupientes, illiam una cum suis juribus et fructibus, tibi, presbytero diocesis Hildesheiensis bonis moribus praedito, quinquagesimum quartum aetatis annum agenti, bonis moribus praedito, in sacra Theologia et Philosophia doctori, in Seminario diocesano magistro atque a Venerabili Fratre Nostro Episcopo Hildesheiensi commendato, Apostolica auctoritate conferimus et assignamus. Dilecto autem Ordinario Hildesheiensi mandamus ut Ipse, per Se vel per Suum ad normam juris delegatum, recepto prius de observandis statuis et probatis consuetudinis praefatae Cathedralis Ecclesiae solito iureiurando, te vel procuratorem tuum in realem possesionem praedictae Vicariae atque adnexorum iurium et pertinentarium inducat auctoritate Nostra, contradictores quacumque appellatione postposita, compescendo. Descernentes irritum et inane quidquid in contrarium attentatum fuerit vel contigerit attentari. Contrariis quibuscumque minime ostantibus. Datum Romae apud Sanctum Petrum. Anno Domini millesimo nongentesimo sexagesimo secundo. Pridie idus maias. - Pontificatus Nostri anno quarto. Paulus Card. Grobbe. S. R. E. Datarius. Sylvius Romani, Sub-Datarius. D 36, Bl. 10 (Abschrift).

399 Ernennungsurkunde (Kopie) vom 16. Januar 1963, D 36, Bl. 18.

400 Bischof an Freter, 16. Januar 1963. D 36, Bl. 17.

401 Die Akte enthält für den bearbeiteten Zeitraum mit Ausnahme der Ernennung Bersch keinen Hinweis auf das Ausscheiden aus der Amtsinhaber aus ihrem Amt als Domlektors.

402 Generalvikar Seelmeyer in Vertretung des Bischofs an Domkapitel, 22. August 1932. D 109, Bl. 55.

403 Domkapitel an Generalvikariat, 24. August 1932. D 109, Bl. 56.

404 Generalvikariat an Holze, 25. August 1932. D 109, Bl. 57.

405 Bischof an Domkapitel, 19. April 1935. D 109, Bl. 58.

406 Domkapitel an Bischof, 24. April 1935. D 109, Bl. 59.

Domkapitel um Zustimmung an, statt Axmann Kaplan Haller zu ernennen[407]. Dem Ansuchen wurde seitens des Domkapitels zugestimmt[408], so daß Haller ernannt wurde[409]. Am 17. September wurde Karl Engelhardt zum Domlektor ernannt[410], am 1. Februar 1938 Dr. Rohmann[411]. Am 12. April 1938 wurde der Seminarpriester Aloys Bersch durch den Bischof mit der Wahrnehmung der Dienstobliegenheiten eines Domlektors betraut[412], am 27. April 1938 nach Zustimmung des Kapitels zum Domlektor ernannt[413] an Stelle des versetzen Engelhardt. Am 3. August 1938 schlug der Bischof dem Domkapitel die Ernennung von Alfons Lüke zum Domlektor vor[414], das Einverständnis des Kapitels geht aus dem Protokoll der Kapitelssitzung hervor[415].

Am 1. September 1938 verzichtete das Domkapitel in einem Schreiben[416] an den Bischof „auf die bislang übliche Mitwirkung bei der Aufstellung der Lektoren an der Hohen Domkirche“ und ersuchte diesen, künftig die vorgenommenen Ernennungen dem Kapitel mitzuteilen sowie die Ernannten anzuweisen, sich wegen der Dienstbezüge und Dienstobliegenheiten als Domlektor an das Dom-

---

[407] Bischof an Domkapitel, 17. August 1935. D 109, Bl. 60. Eine Begründung für diesen Vorgang erfolgte nicht.

[408] Domkapitel an Bischof, 23. August 1935. D 109, Bl. 61.

[409] Bischof an Haller. 24. August 1935. D 109, Bl. 62.

[410] Bischof an Engelhardt, 17. September 1937. D 109, Bl. 65. Anfrage Bischof an Domkapitel, 1. April 1937. D 109, Bl. 63. Antwort Domkapitel nicht aktenkundig.

[411] Bischof an Rohmann, 1. Februar 1938. Anfrage Bischof an Domkapitel, 31. Dezember 1937. D 109, Bl. 68. Zustimmung des Domkapitels: Protokoll der Kapitelssitzung vom 13. Januar 1938. D 182, Bl. 70.

[412] Bischof an Bersch, 12. April 1938. D 109, Bl. 73.

[413] Bischof an Domkapitel, 27. April 1938. D 109, Bl. 74. Domkapitel an Bischof, 27. April 1938, ebd.

[414] Bischof an Domkapitel, 3. August 1938. D 109, Bl. 76.

[415] Protokoll der Kapitelssitzung vom 2. Juni 1938. D 182, Bl. 77.

[416] „Domkapitular Dr. Seelmeyer legt den Entwurf eines Schreibens an den Hochwürdigsten Bischof vor, in welchem der Verzicht des Domkapitels auf die Mitwirkung bei der Anstellung der Domlektoren ausgesprochen wird. Das Schreiben wird von sämtlichen Kapitularen unterschrieben [Domdechant Hagemann, Domkapitulare Dr. Seelmeyer, Bluel, Schneider, Seeland, Buch].“ Protokoll der Kapitelssitzung vom 1. September 1938. D 182, Bl. 78.

kapitel zu wenden[417], nachdem es diesen Beschluß schon in der Kapitelssitzung vom 2. Juni gefaßt hatte[418].

Die folgenden Ernennungen zu Domlektoren wurden dem Kapitel durch den Bischof mitgeteilt und sind jeweils in den Protokollen der Kapitelssitzungen dokumentiert.

5.5 Ergebnis

Aus den untersuchten Kapitelsakten ergibt sich, daß, ausgenommen die Ernennung des Dignitärs, über die es im Bestand der Kapitelsakten keine Hinweise gibt, die Kanonikate und Vikarien gemäß den Anforderungen des kanonischen und konkordatären Rechtes besetzt worden sind. In Fällen, in denen das Domkapitel bzgl. der beabsichtigten Ernennung zu hören war, hat dieses jeweils Zustimmung geäußert. Auffällig ist, daß sich das Domkapitel im Jahre 1961 der Rechtslage der päpstlichen Reservation bei der Besetzung der Kanonikate nicht bewußt war und erst eine Klärung herbeiführen mußte. Ebenso ist festzuhalten, daß der Bischof den ersten nichtresidierenden Domkapitularen im Jahre 1966 bei der Ernennung den Umfang ihrer Rechte und Pflichten mitteilen muß, da keine Kapitelsstatuten existieren; Anlaß zur Abfassung von Statuten ist dieser Vorgang nach Aktenlage jedoch nicht gewesen. Während der Kriegswirren und bis zur Wiederherstellung der Kathedralkirche im Jahre 1960 wurde den Domvikaren nur die Verwaltung des Benefiziums mit allen Rechten und Pflichten des Inhabers übertragen.

Die Ernennung der Ehrendomherren, die seit 1936 aktenkundig ist, ist für den untersuchten Zeitraum gemäß den Bestimmungen des kanonischen Rechtes vorgenommen worden. In diesem Zusammenhang ist im Jahre 1945 der einzige aktenkundige Fall aufgetreten, bei dem das Domkapitel, das vom Bischof vor der Ernennung zu hören war, sich nachdrücklich gegen einen Ernennungsvorschlag des Bischofs ausgesprochen hat, den Bischof aber dadurch nicht von seinem Vorhaben abbrachte.

Bzgl. der Domlektoren ist festzustellen, daß das Kapitel, das den Ernennungsvorschlägen des Bischofs während des Untersuchungszeitraumes nicht widersprochen hat, zum 1. September 1938 auf sein Zustimmungsrecht verzichtet

---

417 Domkapitel an Bischof, 1. September 1938. D 109, Bl. 77.

418 Protokoll der Kapitelssitzung vom 2. Juni 1938. D 182, Bl. 77.

und dieses in eine Mitteilungspflicht der Ernennung gegenüber dem Kapitel umgewandelt hat.

6 Kapitelsvikar- und Bischofswahlen im Bistum Hildesheim zwischen 1929 und 1965

6.1 Kapitelsvikar- und Bischofswahlen unter Geltung des Preußen- und Reichskonkordates

6.1.1 Wahl von Kapitelsvikar und Bischof im Jahre 1934

6.1.1.1 Wahl des Kapitelsvikars

Nachdem bekannt geworden war, daß Bischof Nicolaus Bares, der zum ersten Bischof des neuerrichteten Bistums Berlin gewählt worden war, von diesem am 30. Januar 1934 Besitz ergreifen sollte, lud Domdechant Hagemann die Kapitulare des Hildesheimer Kapitels per Circular vom 29. Januar 1934[419] für den 31. Januar zu einer Kapitelssitzung ein, deren Zweck die Wahl des Kapitelsvikars und der Ökonomen war. Obwohl das Circular von allen Kapitularen abgezeichnet wurde, scheint keine Sitzung stattgefunden zu haben, da der Domdechant am 3. Februar das Kapitel erneut zur Wahl des Kapitelsvikars eingeladen hat[420].

Die Wahl des Kapitelsvikars hat am 3. Februar 1934 stattgefunden[421]: nachdem der Domdechant auf die Bestimmungen des can. 434 CIC/1917 über die Eigenschaften des Kapitelsvikars hingewiesen hatte, entfielen in der anschließenden geheimen Wahl auf Domkapitular Dr. Seelmeyer 5 Stimmen, auf Domkapitular Schneider 1 Stimme; als CANONICI OECONOMI wurden die Kapitulare Seeland und Schneider berufen. Anschließend legte der gewählte Kapitelsvikar Seelmeyer die PROFESSIO FIDEI und das IUSIURANDUM ab und erlangte gem. can. 438 CIC/1917 die Jurisdiktionsgewalt. Die Wahl des Kapitelsvikars ist gem. Art. 9 Abs. 3 Satz 2 PreußK der zuständigen staatlichen Behörde am 5. Februar angezeigt worden[422], die Bestätigung der Kenntnisnahme des preußischen Mini-

---

[419] Domdechant (Circular),29. Januar 1934. D 43, Bl. 23.

[420] Domdechant an Kapitel, 3. Februar 1934. D 43, Bl. 25.

[421] Protokoll der Wahl des Kapitelsvikars, 3. Februar 1934. D 43, Bl. 29.

[422] „An den Herrn Preußischen Minister für Wissenschaft, Kunst und Volksbildung. Berlin W 8, Unter den Linden 4. Euer Hochwohlgeboren beehren wir uns ergebenst anzuzeigen, daß durch die Translation des Herrn Bischofs Dr. Nicolaus Bares auf den bischöflichen Stuhl der Diözese Berlin der bischöfliche Stuhl der Diözese Hildesheim seit dem 31. Januar 1934 erledigt ist. Gemäß Artikel 9 Absatz 3 des Vertrages des Freistaates Preußen mit dem Hl. Stuhl haben wir am 3. Februar 1934 den Herrn Domkapitular Dr. Otto Seelmeyer zum Kapitularvikar / Bistumsverweser der Diözese Hildesheim gewählt. Der Genannte besitzt die deutsche Reichsangehörigkeit; er ist am 3. Januar 1877 in Nordstem-

sters für Wissenschaft, Kunst und Volksbildung über die Bestellung erfolgte mit Datum vom 21. März 1934.

6.1.1.2 Wahl von Dr. Joseph Godehard Machens zum Bischof von Hildesheim[423]

Die erste Bischofswahl gem. den Bestimmungen von PreußK und RK fand im Jahre 1934 statt. Am 27. Oktober 1933 wurde der Hildesheimer Bischof Nicolaus Bares durch das Berliner Domkapitel aus den vom Heiligen Stuhl vorgeschlagenen Kandidaten zum Bischof gewählt und die Wahl am 21. Dezember 1933 vom Papst bestätigt. Bischof Bares legte sein Amt als Bischof von Hildesheim am 30. Januar 1934 nieder.

Wie *Aschoff* festgestellt hat[424], läßt sich in den zugänglichen Akten nichts über die von den preußischen Bischöfen und den Kapiteln eingereichten Dreierlisten finden, ebenso wie über die dem Domkapitel von der Kurie übersandte Wahlliste. Ebenso ist nicht feststellbar, ob die Kurie die Wahl eines bestimmten Kandidaten wünschte.

Anderes ergibt sich für die staatliche Seite. Wie *Aschoff* in seiner Untersuchung gezeigt hat, war „die Hildesheimer Bischofswahl für die nationalsozialistische Regierung Preußens eine Art 'Testfall', [...] ob die staatlichen Einflußmöglichkeiten über die im Preußenkonkordat festgelegte politische Klausel hinaus erweitert werden könnten“[425]. Kultusminister Rust versuchte, „auf die Auswahl geeigneter Persönlichkeiten zur Besetzung von katholischen Bischofsstühlen“ Einfluß zu nehmen und wollte, unter der Annahme, daß die römische Kurie die Entscheidung über die Besetzung der Bischofsstühle treffe und auf die einge-

---

men bei Hildesheim geboren und erhielt das Zeugnis der Reife am Gymnasium Josephinum in Hildesheim am 7. März 1895. Seine philosophisch-theologischen Studien machte er an der Königlichen Akademie zu Münster i. W. in den Jahren 1895-1898.“ Domkapitel an Preußischen Minister für Wissenschaft, Kunst und Volksbildung, 5. Februar 1934. D 43, Bl. 32.

[423] Vgl.: ASCHOFF, Hildesheimer Bischofswahlen, 76-79; ENGFER, HERMANN: *Joseph Godehard Machens* / 1886-1956. [Erstabdruck in: KALTHOFF, EDGAR (Hrsg.): *Niedersächsische Lebensbilder* / Neunter Band]. Hildesheim, Lax, 7; DERS.: „Die Leitung der Diözese“. In: ENGFER, HERMANN (Hrsg.): *Das Bistum Hildesheim* 1933-1945 / Eine Dokumentation. Unter Mitarbeit von Haller, Winfried, u.a. Hildesheim : Lax, 1971, 15-41; GERLACH, BERNHARD und SEELAND, HERMANN: *Geschichte des Bischöflichen Gymnasium Josephinum in Hildesheim* / von der Aufhebung der Gesellschaft Jesu im Jahre 1773 bis zur Zerstörung der Anstaltsgebäude des Josephinums 1945 / Zweiter Band. Hildesheim : Lax, 1952, 82-84; SEELAND, Kurzer Abriß, 98-103.

[424] Vgl. ASCHOFF, Hildesheimer Bischofswahlen, 76.

[425] ASCHOFF, Hildesheimer Bischofswahlen, 76.

reichten Vorschlagslisten wenig Rücksicht nehme, über die deutsche Botschaft am Heiligen Stuhl mit der Kurie direkte Verhandlungen über die Besetzung vakanter Bischofsstühle führen und Persönlichkeiten benennen, „die dem Land Preußen unter Berücksichtigung der Reichsinteressen als Bischof genehm" seien[426]. Neurath wies Rust darauf hin, daß eine derart „extensive Handhabung der politischen Klausel" in Rom nicht akzeptiert werde, da die Kurie jede weitere Einschränkung des ihr grundsätzlich zustehenden freien Ernennungsrechtes nicht zugestehen würde: „Jeder Schritt unsererseits, der den Argwohn unbefugter Ingerenz erwecken könnte, würde von vornherein zu einem Fehlschlag verurteilt sein und die Kurie in der üblichen Zurückhaltung bei der Erörterung derartiger Fragen für die Zukunft nur noch bestärken."[427]

Der deutsche Botschafter an der römischen Kurie, Diego von Bergen, der im Sinne Rusts unterrichtet worden war, hielt dessen Vorschläge nicht für durchführbar, „um so mehr als dieser Modus einer förmlichen Präsentation verzweifelt ähnlich ist" und auch von der Kurie aller Wahrscheinlichkeit nach abgelehnt werde[428].

> „[Bergen] hielt es nur für möglich, daß die Botschaft bei der Erledigung eines Bistums im Gespräch auf diesen oder jenen der Regierung willkommenen Kandidaten aufmerksam mache; dabei müsse aber jeder Anschein eines formellen Vorschlags oder gar einer Präsentation peinlich vermieden werden; dies dürfe auch nicht regelmäßig bei jeder Vakanz geschehen, um den Argwohn der Kurie nicht zu erregen [...]. [...]. Nach diesem Briefwechsel scheinen Versuche staatlicherseits, Einfluß auf die Hildesheimer Bischofswahl auszuüben, nicht mehr unternommen worden zu sein."[429]

Am 3. Mai 1934 wählte das Hildesheimer Domkapitel aus dem römischen Dreiervorschlag Dr. Joseph Godehard Machens, Professor am Hildesheimer Priesterseminar, zum neuen Bischof von Hildesheim. Nach der Wahl[430] von

---

[426] Kultusminister Rust an Außenminister von Neurath, 16. Februar 1934. Zit. bei: ASCHOFF, Hildesheimer Bischofswahlen, 76.

[427] Neurath an Rust, 23. Februar 1934. Zit. bei: ASCHOFF, Hildesheimer Bischofswahlen, 76-77.

[428] Bergen an Menshausen, 2. März 1934. Zit. bei: ASCHOFF, Hildesheimer Bischofswahlen, 77.

[429] ASCHOFF, Hildesheimer Bischofswahlen, 77.

[430] Es muß hier „gewählt" heißen, *Aschoff* spricht fälschlicherweise von „Ernennung"; gem. Art. 6 Abs. 1 Satz 3 PreußK kann die Ernennung erst nach der Anfrage an die preußische Staatsregierung erfolgen.

Machens zum Bischof beauftragte Kultusminister Rust die Gauleitung der NSDAP in Hannover sowie den Oberpräsidenten Spießbach, eine Beurteilung über dessen politische Einstellung abzugeben. Obwohl keine Bedenken gegen den gewählten Kandidaten Machens erhoben wurden, weitete die Regierung die Einspruchsfrist von 20 Tagen auf 40 Tage aus, was den Apostolischen Nuntius in Berlin zu einer Beschwerde veranlaßte; der Sinn der Fristerweiterung ist unklar[431].

Die Eidesleistung des gewählten Bischofs gem. Art. 16 RK erfolgte am 23. Juli 1934 um 12.30 Uhr im Kultusministerium in Berlin. Entgegengenommen wurde der Treueeid vom preußischen Staats- und Kultusminister Rust, der den preußischen Ministerpräsidenten Göring vertrat, in Gegenwart weiterer staatlicher Vertreter[432]. Die Eidesleistung erfolgte nach einer Ansprache des ernannten Bischofs und der Erwiderung durch Minister Rust[433]. Zuvor hatte Machens um 9.00 Uhr vor dem Nuntius Orsenigo in der Apostolischen Nuntiatur das Glaubensbekenntnis und den Eid geleistet sowie die päpstliche Ernennnungsbulle mit Datum vom 22. Juni 1934 erhalten. Die Konsekration zum Bischof erfolgte am 25. Juli 1934 durch Adolf Kardinal Bertram unter Assistenz der Bischöfe Berning (Osnabrück) und Graf von Galen (Münster) im Dom zu Hildesheim.

6.1.2 Wahl von Kapitelsvikar und Bischof im Jahre 1956

6.1.2.1 Wahl des Kapitelsvikars

Die über die Wahl des Kapitelsvikars nach der Erledigung des bischöflichen Stuhls durch den Tod des Bischofs Erzbischof Dr. Joseph Godehard Machens vorhandenen Unterlagen in der entsprechenden Akte[434] sind im Gegensatz zu den vorhandenen Unterlagen über die Wahl des Kapitelsvikars im Jahre 1934 ungleich geringer und umfassen lediglich drei Blatt.

Unter Hinweis auf die bereits fernmündlich erfolgte Unterrichtung vom Tode Bischof Joseph Godehard Machens teilte das Domkapitel dem Apostolischen Nuntius die erfolgte Wahl von Generalvikar Domkapitular Prälat Dr. Wilhelm Offenstein zum Kapitelsvikar unter Hinweis auf die entsprechenden Normen des kanonischen Rechts am 14. August 1956 mit; ebenfalls enthielt das Schreiben den Hinweis auf die erfolgte Anzeige gegenüber der Landesregierung gem.

---

[431] Nachweis bei ASCHOFF, Hildesheimer Bischofwahlen, 78.

[432] Staatssekretär Dr. Stuckard, Ministerialdirektor Schüler, Ministerialrat Theegart.

[433] Ansprache Machens und Auszüge Erwiderung Rust bei ENGFER, Die Leitung der Diözese, 19-21.

[434] D 43: Bestellung des Kapitularvikars (1934-1956).

Art. 9 Abs. 3 PreußK[435]. Ein gleichlautendes Schreiben erhielt der Erzbischof von Paderborn als zuständiger Metropolit[436]. Die Landesregierung wurde durch Schreiben des Kapitels vom gleichen Tage über die Vakanz der Diözese und die Wahl des „Kapitelsvikars/Bistumsverwesers" informiert[437]: „Daraufhin haben wir heute nach den einschlägigen Vorschriften des Kirchenrechtes und gemäß Artikel 9 Absatz 3 des Vertrages zwischen dem Hl. Stuhl und dem Freistaate Preußen vom 24. Juni 1929 den bisherigen Herrn Generalvikar, Domkapitular Prälat Dr. Wilhelm Offenstein zum Kapitelsvikar (Bistumsverweser) des Bistums Hildesheim gewählt."

6.1.2.2 Wahl von Heinrich Maria Janssen zum Bischof von Hildesheim

Die Akte D 64 [2b XXII] „Bischof Heinrich Maria Janssen - Ernennung - Eidesleistung - Konsekration - Inthronisation (1957) enthält keine Mitteilungen über die Tätigkeit des Domkapitels in bezug auf die Bischofswahl[438].

6.2 Bischofswahlen unter Geltung des Niedersachsenkonkordates

Die erste Bischofswahl im Bistum Hildesheim unter Geltung des Niedersachsenkonkordates war die Wahl von Prälat Dr. Josef Homeyer zum Bischof von Hildesheim im Jahre 1983. Sie bleibt für diese Untersuchung unberücksichtigt, da sie außerhalb des zu bearbeitenden Zeitraumes liegt.

---

[435] „[Erinnerung an die fernmündlich erfolgte Bekanntgabe des Todes des Bischofs]. Gemäß den Bestimmungen des Codex Iuris Canonici, Caput VIII, cc. 430ff., hat das Hildesheimer Domkapitel daruafhin heute den bisherigen Hochwürdigsten Herrn Generalvikar, Domkapitular Prälat Dr. Wilhelm Offenstein rchtmäßig zum Kapitularvikar der verwaisten Diözese Hildesheim gewählt. Die entsprechende Anzeige geht gemäß Artikel 9, Abs. 3 des Vertrages zwishen dem Hl. Stuhl und dem Freistaate Preußen vom 14. Juli 1929 zugleich der niedersächsichen Landesregierung zu." Domkapitel an Nuntius, 14. August 1956. D 43, Bl. 34.

[436] Domkapitel an Erzbischof von Paderborn, 14. August 1956. D 43, Bl. 35.

[437] Domkapitel an Niedersächsischen Ministerpräsidenten, 14. August 1956. D 43, BL. 36.

[438] Diese Akte enthält eine Vielzahl von „Material", neben dem Original der päpstlichen Ernennungsbulle u.a. eine Fülle von Zeitungsausschnitten, Programmen, Regieanweisungen, Einladungslisten und Platzkarten zur Weihelitugie. Der Inhalt ist weder geordnet noch paginiert.

6.3 Ergebnis

Aufgrund der Aktenlage lassen nur die Vorgänge um die Wahl von Joseph Godehard Machens zum Bischof von Hildesheim im Jahre 1934 eine Untersuchung zu.

Ergebnis ist, daß aufgrund der konkordatären Rechtslage ein staatlicher Einfluß auf die Bischofswahl, obwohl intendiert, nicht möglich war; die Wahl ist, soweit nachprüfbar, entsprechend den kanonischen und konkordatären Bestimmungen vollzogen worden. Anlaß und Sinn der Überschreitung der staatlichen Einspruchsfrist bleiben unklar.

7 Statuten des neuen Hildesheimer Domkapitels

Die Statuten des neuen Hildesheimer Domkapitels traten, nachdem sie am 28. April 1984 durch das Kapitel beschlossen und am 5. Mai 1984 durch den Diözesanbischof approbiert wurden, am 5. Mai 1984 in Kraft. In der Zeit von der Errichtung des Domkapitels durch die Exekution der Bulle IMPENSA ROMANORUM durch Bischof Ledebur von Paderborn am 1. Juli 1828 bis zum Inkrafttreten der Statuten sind mehrere Versuche der Abfassung unternommen worden, doch haben diese bis zum Jahre 1984 keinen Erfolg gezeigt.

7.1 Ordnung der Angelegenheiten des Domkapitels durch die Bulle Impensa Romanorum (1824) und die Exekutionsurkunde von 1828

Die Bulle IMPENSA ROMANORUM enthält detailierte Vorschriften bzgl. des Domkapitels und seiner Mitglieder[439]. Sie bestimmen die Anzahl der Dignitäre, Kapitulare und Vikare und deren Dotation und Unterkunft. Sie enthält Eignungsanforderungen bzgl. der Inhaber der Kanonikate und Vikarien und bestimmt den Zugang zu diesen Stellen. Darüber hinaus ist die wichtigste Aufgabe des Kapitels, die Wahl des Diözesanbischofs, umfassend geregelt. Nach dem Inkrafttreten der Bulle kam es jedoch aufgrund von gegensätzlichen Auffassungen zwischen Regierung und Exekutor über die Eignung der Kandidaten zu Verzögerungen bei der Errichung des Domkapitels, so daß zunächst nichts geschah[440]. Nachdem eine Einigung mit der hannoverschen Regierung über die zu Domkapitularen zu ernennenden Personen erzielt worden war, konnten die Kapitulare durch Ausführung der Exekutionsurkunde am 1. Juli 1828 berufen werden. Auch die Exekutionsurkunde enthält differenzierte Bestimmungen, die die Funktionen des Kapitels regeln[441]. Über die Besetzung der Kanonikate und Vikarien hinaus sind Rangordung und Aufgabenverteilung im Kapitel, Residenz und liturgische Dinge geregelt, so daß schon vor der Abfassung der Statuten das neue Kapitel eine vorläufige Ordnung erhalten hat. Die erste Aufforderung an das neu errichtete Kapitels, eigene Statuten zu erstellen und diese approbieren zu lassen, ist in der Errichtungsurkunde selbst enthalten: „STATUTA

---

439 Vgl. dazu Kapitel 1.3.

440 Vgl. ASCHOFF, Das Verhältnis, 121-129.

441 Vgl. dazu Kapitel 1.4.

CONDITA, VISA & ADPROBATA AB EPISCOPO FUTURO, DELEGATO APOSTOLICO EXHIBEANTUR PRO OBTINENDA SANCTAE SEDIS CONFIRMATIONE."[442]

Dafür, daß das neue Hildesheimer Domkapitel sich erst 156 Jahre nach seiner Gründung eigene Statuten gegeben hat, sind vornehmlich drei Gründe zu nennen. Zunächst waren durch die Bestimmungen der Bulle IMPENSA ROMANORUM und der Exekutionsurkunde die Hauptaufgaben des Kapitels, die Sorge für die Liturgie in der Kathedralkirche und die Wahl des Diözesanbischofs, festgeschrieben und deren Ausführung durch Erlaß entsprechender Bestimmungen gesichert. Darüber hinaus enthält die Exekutionsurkunde verschiedene weitere Bestimmungen zur Regelung der Aufgaben und deren Wahrnehmung durch die Mitglieder des Kapitels, so daß zunächst kein dringender Handlungsbedarf bestand, um ein Funktionieren des neuen Kapitels sicherzustellen.

Zum Zweiten war nach Errichtung des Kapitels und der Besetzung des Bischofsstuhles die dringendste Aufgabe, die Ausführung der in der Bulle zugesicherten Dotation des Bistums zu erreichen. Dieser Vorgang, der mit vielen Schwierigkeiten verbunden war, zog sich über 37 Jahre bis 1865 hin[443]; nach der Annexion des Königreichs Hannover durch Preußen im Jahre 1866 begann die Phase des Kulturkampfes. Im Juli 1876 wurde das Kapitel angewiesen, die durch den Tod von Domkapitular Even freigewordene Stelle „USQUE AD OPPORTUNIUS TEMPUS" nicht wieder zu besetzen[444]; durch Tod oder Versetzung der Kapitelsmitglieder bestand das Kapitel 1881 schließlich nur mehr aus zwei Kapitularen[445], eine Neubesetzung der vakanten Stellen erfolgte erst im Juli 1883[446]. Das Kapitel war in dieser Zeit entweder mit dringenden Aufgaben beschäftigt oder soweit durch Aussterben und Alter der Mitglieder in seiner Funktion beeinträchtigt, daß es nicht zur Abfassung von Statuten gekommen ist.

Zum Dritten spielt die Zusammensetzung des Kapitels eine entscheidende Rolle. *Aschoff* charakterisiert die Eigenschaften der Domherren des neuerrichteten Kapitels folgendermaßen:

> „Die Mehrzahl der Kapitulare kam aus der Seelsorge; es fehlten Theologieprofessoren und Kanonisten. Priester, die diesem Anspruch nahekamen, wie Lüsken, Bombicker und Wandt, wurden nicht in das

[442] Exekutionsbulle vom 1. Juli 1828, Abschnitt XII. D 164, Bl. 127.

[443] Vgl. dazu Kapitel 1.5.

[444] Anfrage Bischof Sommerwercks vom 25. Juli 1876. B VII 8.

[445] Vgl.: SCHARFF-WREDE, Das Bistum, 209.

[446] Vgl.: SCHARFF-WREDE, Das Bistum, 307.

Kapitel gelassen. Das Charakteristikum des Kapitels ist die Mittelmäßigkeit."[447]

Die Ausrichtung der Kapitulare war pastoral und blieb es auch weiterhin, eine besondere Profilierung der Kapitelsmitglieder in theologischen oder kanonistischen Disziplinen wie im Bereich Bistumsleitung läßt sich auch in der Folgezeit nicht feststellen. *Scharf-Wrede* kommt in seiner Untersuchung über das Bistum in der Zeit zwischen 1866 und 1914 zu dem Schluß:

> „Größeren Einfluß auf die Geschicke des Bistums im Kulturkampf hat das Kapitel nicht genommen und auch keine kirchenpolitischen oder verwaltungsmäßigen Maßnahmen getätigt. Dies gründet vor allem in der Struktur dieses Gremiums, wurde es doch gewissermaßen „nebenberuflich" geführt: die Domkapitulare waren zunächst Lehrer am Josephinum oder Priesterseminar bzw. in anderer Funktion ins Generalvikariat eingebunden. Auch das durchweg hohe Alter der Stelleninhaber muß berücksichtigt werden."[448]

Die Kapitulare waren mit ihren „eigentlichen" Aufgaben beschäftigt und versahen erst in zweiter Linie ihren Dienst als Domherren. Durch die bereits bestehenden Bestimmungen über den Vollzug ihres Dienstes war ein reibungsloser Ablauf bereits gewährleistet, so daß das Abfassen von Statuten nicht dringlich, wenn auch rechtlich gefordert, war. Die Domherren waren in der Regel nicht in einer Disziplin der Theologie oder des kanonischen Rechtes spezialisiert[449], sondern kamen aus der Seelsorge. Zudem stammten die Domherren hauptsächlich aus dem Stift Hildesheim oder dem Eichsfeld, so daß aufgrund der geringen Größe des Kapitels und der persönlichen Bekanntschaft der Kapitulare Angelegenheiten des Kapitels sicherlich durch mündliche Absprache geregelt wurden.

7.2 Statutenpflicht gem. can. 410 § 1 CIC/1917

Durch das Inkrafttreten des CIC/1917 ergab sich für das Kapitel eine neue Rechtslage: es mußte gem. can. 410 § 1 CIC/1917 im Besitz von Statuten sein, die den Anforderungen des neuen Rechtes zu entsprechen hatten[450]. Sofern die

---

[447] ASCHOFF, Das Verhältnis, 127.

[448] SCHARF-WREDE, Das Bistum, 210. Vgl. auch: ebd., 223, 309.

[449] Vgl. dazu die Aufstellung der Domherren und Domvikare im 19. Jahrhundert bei BERTRAM, Die Bischöfe, 337-340.

[450] Vgl.: JONE, Gesetzbuch, can. 410; MÖRSDORF, Kirchenrecht I, § 78, II, 2a.

vor Inkrafttreten des CIC/1917 erlassenen Statuten den Erfordernissen des neuen Rechtes nicht entsprachen, waren sie diesem anzupassen.

Das neue Recht verlangte in can. 410 § 1, daß jedes Kapitel im Besitz eigener Statuten sein müsse, die von allen Dignitären, Kapitularen und Benefiziaten gewissenhaft zu beachten seien[451]. Gem. § 2 werden die geforderten Kapitelsstatuten durch gültigen Kapitelsbeschluß und anschließende Approbation des Bischofs begründet; nach erfolgter Approbation können diese ohne dessen Genehmigung weder abgeschafft noch verändert werden[452]. Gem. § 3 hat der Bischof, nachdem er die Abfassung von Statuten verfügt hat und diese Verfügung vom Kapitel nicht beachtet worden ist, genau sechs Monate nach Aufforderung diese selbst auszufertigen und dem Kapitel aufzuerlegen[453]. Aus einer Anfrage des Domkapitels zu Limburg an das Hildesheimer Kapitel vom Januar 1919 mit der Bitte um Übersendung seiner Statuten zwecks Einsichtnahme[454] und der Antwort des Hildesheimer Domdechanten Steinmann, „daß wir Ihren Wünschen auf Überlassung der Statuten des hiesigen Domkapitels zu unserem Bedauern nicht entsprechen können, da Statuten bisher nicht errichtet wurden“ geht hervor, daß 1919 noch keine Statuten existierten[455]. Aus diesem Schreiben ist jedoch zu erfahren, daß es schon Vorarbeiten für Kapitelsstatuten durch Domdechant Heise gegeben habe, diese jedoch nicht zum Abschluß gekommen seien und „durch Erlaß der neuen Rechtsbestimmungen des C.J.C zum guten Teil überholt“ wären. Auf eine Beschäftigung mit der Erstellung von Statuten deuten auch die Akten des Domkapitels hin: dort befinden sich Statuten der Kathedralkapitel von Osnabrück, Münster und Trier, die gemäß Aktenplan vor 1900 archiviert worden sind[456]. Obwohl zumindest seit diesem Schriftverkehr dem Hildesheimer Domkapitel die Rechtslage bekannt gewesen sein muß, läßt sich aufgrund der zugänglichen Kapitelsakten keine Reaktion des Domkapitels belegen.

---

451 Can. 410 § 1 CIC/17: Sua cuique Capitulo statuta ne desint, ab omnibus dignitatibus, capitularis, beneficiariis religiose servanda.

452 Can. 410 § 2 CIC/17: Statuta capitularia, per legitimum actum condita, approbanda subiiciatur Episcopo, sine cuius auctoritate postea nec abrogari possunt nec mutari.

453 Can. 410 § 3 CIC/17: Si, Episcopo edicente ut statuta conficiantur, Capitulum id praestare neglexerit, exacto sexto ab intimatione mense, Episcopus eadem conficiat imponatque Capitulo.

454 Domkapitel Limburg an Domkapitel Hildesheim, 23. Januar 1919. D 164, Bl. 152.

455 Domdechant Steinmann an Domkapitel Limburg, 9. Februar 1919. D 164, Bl. 153.

456 D 166: Statuta perillustris Ecclesiae Cathedralis leodiensis (o.J.); D 167: Statutae capituli Ecclesiae Cathedrali Osnabrugensis... et Monesteriensis... et Trevirensis (1858 - 1900). [Verzeichnung Findbuch Domkapitel Hildesheim; Manuskript].

Ein neuerlicher Anstoß zur Abfassung von Statuten erfolgte im Jahre 1923. Am 25. Juli 1923 erließ die Sacra Congregatio Concilii ein Circularschreiben über die Pflicht zur Abfassung bzw. Anpassung der Kapitelsstatuten an den CIC/1917, daß sich an die Bischöfe richtete[457]. Das Schreiben wies auf die gem. can. 410 § 1 CIC/1917 bestehende Pflicht der Kapitel, Statuten zu besitzen, hin, und bemängelte die Mißachtung dieser Vorschrift: „CONSTAT TAMEN ALIA HAUD PAUCA ADESSE CAPITULA, QUAE VEL ANTIQUIS STATUTIS AUT SOLIS CONSUETUDINIBUS, QUAM DOQUE LEGE REPROBATIS, ADHUC REGUNTUR". Die Bischöfe wurden aufgefordert, für die Einhaltung der Vorschriften bzgl. der Kapitelsstatuten Sorge zu tragen[458] und „SACRAM CONGRAGATIONEM CERTIOREM REDDANT DE CONFECTIS AUT EMENDATIS STATUTIS CAPITULARIS DEQUE EORUM OBSERVANTIA". Gemäß dieser Anweisung wandte sich Bischof Ernst unter Datum vom 2. Oktober 1923 an das Domkapitel. Der Bischof wies auf das Circularschreiben hin und zitierte dieses unter Auslassung der Einleitungs- und Schlußformeln und setzte dem Kapitel gem. can. 410 § 3 CIC/17 eine Frist zur Abfassung von Statuten bis zum 1. April 1924[459]. Am 15. März, zwei Wochen vor Ablauf der Frist, reagierte das Domkapitel und bat den Bischof um Verlängerung der Frist „um einige Monate", da der Statutenentwurf des damaligen Domdechanten Heise noch nicht angepaßt sei[460]. Unter dem 18. Mai anwortete Bischof Ernst und verlängerte die Frist bis zum 1. November 1924[461]; die letzte Verzeichnung in der Akte bzgl. der Kapitelsstatuten ist ein Schreiben des Breslauer Domkapitels, welches dem Hildesheimer Kapitel ein Exemplar

---

[457] *AAS* XV (1923) 453.

[458] Das Circularschreiben paraphrasiert unter Einfügung von zwei kurzen Zitaten den Gesetzestext von can. 410 CIC/1917.

[459] Bischof von Hildesheim an Domkapitel Hildesheim: „[Hinweis auf das Circularschreiben der Sacra Congragatio vom 25. Juli 1923]. `Quum Codex iuris canonici canone 410, § 1, decarnat: „sua cuique Capitulo Statuta ne desint, ab omnibus dignitatibus, canonicis, beneficiariis religiose servanda', huic praescriptio plura quidem Capituli sive cathedralia sive collegialia laudabilis obtemperare sollicita fuerint, sua statuta concinnando vel corrigendo. Constat tamen alia haud pauca adesse Capitula, quae vel antiquis statutis aut solis consuetudinibus, quam doque lege reprobatis, adhuc reguntur. Quare haec Sacra Congregatio concillii, cuius est moderari quae canonicos spectant, Episcopis mandat ut quisque proprio terminum praestituat sex mensium ad sua Statuta conficienda vel ad iuris tramitem mendata; quo tempore frustra elapso, ipse Episcopus `eadem conficiat imponatque Capitulo'. Vix autem transactio ab his litteris anno, Episcopi eamdem Sacram Congregationem certiorem reddant de confectis aut emendatis statutis capitularibus deque eorum observantia. Das Hochwürdigste Domkapitel ersuche ich daher um Mitteilung seiner Statuten bis spätestens zum 1. April 1924." 2. Oktober 1923. D 164, Bl. 155.

[460] Domkapitel an Bischof, 15. März 1924. D 164, Bl. 156.

[461] Bischof an Domkapitel, 18. Mai 1924. D 164, Bl. 157.

seiner Statuten[462] übersendet. Bzgl. der durch das Circularschreiben geforderten Mitteilung an die Kongregation läßt sich aus den Kapitelsakten nichts entnehmen.

Eine weiterer Hinweis darauf, daß das Hildesheimer Kapitel auch weiterhin keine Abfassung seiner Statuten erreicht hat, geht aus den Protokollen der Kapitelssitzungen von 1936 hervor. Im Sitzungsprotokoll vom 5. November findet sich der Vermerk, daß das Domkapitel beschlossen habe, die Bearbeitung der Statuten in Angriff zu nehmen und dazu Domkapitular Buch mit der Durchsicht des ersten Entwurfes beauftragt habe[463]. Im Verlauf des nächsten Jahres ist dann aber in dieser Angelegenheit nichts geschehen, da daß Protokoll der Kapitelssitzung vom 13. Januar 1938 vermerkt, daß „der Hochwürdigste Herr Bischof [...] das Domkapitel ersucht [hat], seine Statuten bis zum 1. April 1938 fertigzustellen und an ihn einzuschicken“[464]. In der Folgezeit ist jedoch nichts geschehen, so daß sich Bischof Joseph Godehard Machens im Februar 1939 erneut an das Kapitel gewandt hat mit dem Ersuchen, den Statutenentwurf einzureichen[465]. Am 2. Januar 1941 sind die wiederholt angemahnten Statutenentwurfe durch Domdechant Stolte fertiggestellt und jedem Kapitelsmitglied „zur Kenntnisnahme und Prüfung zugestellt“ worden[466]. Am 3. März 1944 ist die Abfassung der Statuten im Zusammenhang mit der bischöflichen Visitation des Domkapitels behandelt worden; das Kapitelsprotokoll verzeichnet, daß „über die Aufstellung der Statuten und über die Verpflichtungen, die mit den einzelnen Ämtern verbunden sind“, gesprochen und die „Vorarbeiten hierüber unlängst abgeschlossen“ wurden[467]. Diese Vorarbeiten müssen einen Abschluß gefunden haben, da sich in der Akte D 168 „Statuten des Domkapitels“ der Hinweis findet, daß das Domkapitel dem Bischof auf dessen Visitationsbescheid vom 25. Januar 1944 in Anlage zu den Angaben auf die Fragen des Visitationsbescheides am 30. März 1944 die Vorarbeiten für die Kapitelsstatuten überreichen[468]. Aus den Antworten zu den Visitationsfragen läßt sich bzgl. des Domkapitels nur eine Angabe entnehmen: „30. Ehrendomherren haben Ehren-

---

[462] Domkapitel Breslau an Domkapitel Hildesheim, 30. März 1927. D 164, Bl. 158.

[463] Protokoll der Kapitelssitzung vom 5. November 1936. D 182, Bl. 55.

[464] Protokoll der Kapitelssitzung vom 13. Januar 1938. D 182, Bl. 70.

[465] „1. Der Hochwürdigste Herr Bischof hat ersucht, den Statutenentwurf des Domkapitels einzureichen.“ Protokoll der Kapitelssitzung vom 2. Februar 1939. D 182, Bl. 85.

[466] Protokoll der Kapitelssitzung vom 2. Januar 1941. D 182, Bl. 106.

[467] Protokoll der Kapitelssitzung vom 29. März 1944. D 182, Bl. 133.

[468] Domkapitel an Bischof, 30. März 1944. D 168, Bl. 11.

rechte bezüglich der Präzedenz im Chore und bei Prozessionen."[469]. In einem nicht bezeichneten, undatierten Blatt ist ferner der Hinweis enthalten, daß „jeder Benefiziat an der Domkirche [...] mir bis zum 1. April d. J. auf dem Wege über den Domdechanten schriftlich mitteilen [muß], daß er ein gültiges Testament gemacht und entweder einen Testamentsvollstrecker oder einen Universalerben eingesetzt hat."[470]

Unterlagen oder Hinweise über den Erstellungsprozeß der Kapitelsstatuten sowie die beratenen Statuten selbst waren nicht aufzufinden.

7.3 Gewohneitsrechtliche Regelung der Angelegenheiten des Domkapitels im Jahre 1947

Unterlagen über die gewohnheitsrechtliche Regelung der Angelegenheiten des Domkapitels gibt es für das Jahr 1947. In den den Akten des Domkapitels findet sich die Anfrage des Bibliotheksrates Dr. Robert Samulski aus Münster an das Domkapitel zu Hildesheim, der zwecks Anfertigung einer wissenschaftlichen Arbeit über den gegenwärtigen Stand der deutschen Domkapitel um Auskünfte über das Hildesheimer Domkapitel und Überlassung der Statuten bittet[471].

Die Antwort des Domdechanten Stuke vom 22. Juni 1947 ist abschriftlich erhalten[472]. Stuke teilt darin mit, daß das Domkapitel derzeit nicht in der Lage sei, Statuten zu übersenden. Das Domkapitel „war in den letzten Jahren mit der Ausarbeitung von Statuten beschäftigt. Sämtliche Vorarbeiten sind aber der Ausbombung zum Opfer gefallen" [473]. Nach einigen Angaben zu Fragen über die ältere Geschichte des Domkapitels gibt Domdechant Stuke Informationen über die Entwicklung nach Abschluß des Preußenkonkordates. Aufgrund der

[469] Antworten des Domkapitels auf die Visitationsfragen vom 8. Februar 1944. D 168, Bl. 11.

[470] D 168, Bl. 15.

[471] Schreiben vom 12. Juni 1947 an das Domkapitel zu Hildesheim, z. Hd. des Domdechanten. D 169, Bl. 1.

[472] Domdechant Stuke an Dr. Robert Samulski. D 169, Bl. 4.

[473] Im Protokoll der Kapitelssitzung vom 5. Juli 1945 findet sich dazu der Hinweis, daß Domkapitular Feltmann mitgeteilt habe, daß die Protokolle der Kapitelssitzungen vom 8. Dezember 1944 bis zum 22. März 1945 beim Fliegerangriff vom 22. März 1945 verlorengegegangen sind. D 182, Bl. 140. Die Abfassung der Kapitelsstatuten ist aber zuletzt bereits in der Kapitelssitzung vom 2. Januar 1941 behandelt worden.

bisherigen Aktenlage sind diese Informationen, abgesehen von vereinzelten Vorgängen, die sich aus den Kapitelsprotokollen entnehmen lassen, die ersten Mitteilungen über den Zustand des Hildesheimer Domkapitels seit einer Gründung im Jahre 1824. Stuke gibt die damalige Sachlage wie folgt wieder:

> „Änderung erfuhr das Kapitel durch das Preußische Konkordat von 1929. Nach `Impensa Romanorum´ bestand das Domkapitel aus: 1 Domdechanten, 6 Domkapitularen u. 4 Domvikaren. Seit 1929 besteht es aus 1 Domdechanten, 5 Domkapitularen u. 4 Domvikaren. Nichtresidierende Domherren und Ehrendomherren gibt es für das Hildesheimer Domkapitel offiziell nicht. Nach Can 406 kann der Bischof Ehrenkanoniker ernennen. Zur Zeit haben wir 5 vom Bischof auf Grund von Can 406 ernannte Ehrendomherren. Seit 1828 wurden die Domkapitulare und Domvikare abwechselnd vom Bischof und vom Kapitel gewählt. Seit 1929 ernennt der Bischof sämtliche Domkapitulare und Domvikare[474] und zwar abwechselnd völlig frei oder cum consensu capituli. Der Domdechant wird vom Papste ernannt. Bischof bzw. Domkapitel haben abwechselnd das Vorschlagsrecht. Die Domvikare sind nicht stimmberechtigt im Kapitel und nehmen an dessen Sitzungen nicht teil. Ihre Aufgabe besteht in der Wahrnehmung der Chordienste und der tägl. Conventualämter. Domprediger und Bischöflicher Sekretär müssen nicht Mitglieder der Domkapitels sein. Z. Zt. sind 2 Domvikare als Domprediger bestimmt, während der bischöfliche Sekretär ein Domlektor ist. Eigentlich sollten dem Domkapitel 4 Domlektoren angegliedert sein. Wegen Priestermangels und des durch die Zerstörung des Domes geringen Chordienstes ist z. Zt. nur ein Domlektor angestellt. Das Dompfarramt ist nicht dem K inkorporiert. Der Dompfarrer untersteht dem Stadtdechanten. Er ist nicht Domherr. Die Kleidung der Domkapitulare besteht aus violetter Soutane, ebensolchem Zingulum und großem violetten Kragen. In der Advents- und Fastenzeit wird darüber ein noch größerer violetter Kragen getragen, der bis zu den Knien reicht. Ring hat das Kapitel nicht. Bei feierlichen Anlässen wird das Domherrenkreuz an rotem weißgebordeten Band getragen. Titulaturen und Ehrenvorrechte gibt es außer den im CJC genannten nicht. Für Eintritt und Austritt gelten die Bestimmungendes CJC bzw. des Pr.Konkordates von 1929. Seminarregens, Generalvikar und Offizial müssen nicht

---

[474] Bzgl. der Ernennung der Domvikare gibt Stuke die Rechtslage nicht korrekt wieder. Gem. Art. 8 Abs. 3 PreußK werden die Domvikare nicht mehr alternierend von Bischof und Kapitel, wie es die Bulle IMPENSA ROMANORUM vorsah, ernannt, sondern nur mehr durch den Diözesanbischof nach Anhörung des Kapitels.

notwendig Mitglieder des Domkapitels sein. Zur Zeit ist der Regens zugleich Domkapitular, während der Generalvikar und Offizial Domvikar und Ehrendomherr ist."

In der Angelegenheit der Abfassung von eigenen Statuten ist jedoch weiterhin kein Ergebnis aktenkundig geworden. Es ist lediglich festgehalten, daß im November 1949 der Domdechant Stuke die neuen Satzungen des Paderborner Domkapitels zur Einsichtnahme hat zirkulieren lassen[475]. Im Oktober 1951 zirkulieren dann die Satzungen des Domkapitels von Limburg bei den Hildesheimer Kapitularen.

In den zugänglichen Protokollen des Domkapitels finden sich weiter keine Hinweise auf die Beschäftigung des Kapitels mit dem Abfassen eigener Statuten. Nach Auskunft von Weihbischof Pachowiak, der seit dem 20. April 1961 dem Domkapitel angehört, ist über diese Angelegenheit nicht weiter gesprochen worden, zumal Domdechant Stuke nicht auf die Statutenerstellung gedrängt, sondern eine gewohnheitsrechtliche Regelung der Angelegenheiten des Kapitels für ausreichend gehalten habe[476]. Eine Erstellung der Kapitelsstatuten wurde erst während der Amtszeit von Domdechant Machens in Angriff genommen; nach dessen Auskunft gibt es über den Prozeß der Erstellung der Statuten keine Unterlagen[477]. Obwohl aufgrund der zugänglichen Informationen keine Statutenentwürfe die Kriegseinwirkungen überdauert haben sollten, findet sich in der Akte D 169 ein mit „Statuten des Hildesheimer Domkapitels" betitelter Faszikel, der im folgenden Kapitel untersucht wird.

7.4 Statutenentwurf aus der Akte „Domkapitel D 169"

In der Akte D 169 findet sich ein mit „Statuten des Hildesheimer Domkapitels" betitelter maschinengeschriebener Faszikel, auf dem handschriftlich „Entwurf" vermerkt ist[478]:

---

475 Protokoll der Kapitelssitzung vom 3. November 1949. D 182, Bl. 178.

476 Freundliche Mitteilung S. E. Weihbischof Heinrich Pachowiak, Hildesheim, vom 8. Februar 1998.

477 Freundliche Mitteilung S. E. Weihbischof Heinrich Machens, Hildesheim, vom 7. Februar 1998.

478 D 169, Bl. 5-13. In D 169, Bl. 2-9 befindet sich ein weiteres Manuskript mit identischer Textfassung.

„Statuten des Hildesheimer Domkapitels (Entwurf)

I. De constitutione Capituli

§ 1 Das Hildesheimer Domkapitel ist vom apostolischen Stuhle im Jahre 1824 durch die Bulle 'Impensa Romanorum' wiederhergestellt und besteht aus dem Domdechanten und 5 Canonikern, sowie 4 Domvikaren und hat gemäß Errichtungsurkunde des Bischof Friedrich Clemens von Ledebur in Paderborn folgende Bestimmung: „Cathedralis ecclesiae Hildesiensis Decanus et capituli obligantur, singulis annis per menses saltem novem apud Ecclesiam Cathedralem residere et Episcopo suo mandati in rebus Ecclesiae gerendis opem fidelem praestare item officio divino sedulo ac devote intuesse".

§ 2 Die Rechte und Pflichten des Capitels und der einzelnen Capitulare sowie der Vikare regeln sich: 1.) nach dem kanonischen Rechte (can. 391-444), 2.) nach den Bestimmungen der Bulle 'Impensa Romanorum' und der Errichtungsurkunde, 3.) nach besonderen päpstlichen Privilegien und Indulten, nach dessen anerkannten Statuten und nach löblichen und langjährigen Gepflogenheiten.

§ 3 Die Ernennung des Domdechanten ist dem apostolischen Stuhle reserviert. Die Ernennung der Kapitulare steht abgesehen von den in c. 1435 aufgezählten Fällen[479] dem Diözesanbischof zu und zwar so, das abwechselnd das Kapitel zuvor gehört sein muß bzw. seine Zustimmung gegeben hat. Die Domvikare ernennt der Bischof ohne Befragen des Kapitels[480].

§ 4 Ehrendomherren können gemäß c. 406 vom Bischof ernannt werden, nachdem derselbe den Rat des Kapitels eingeholt hat.

---

[479] Gem. can. 3 CIC/1917 findet can. 1435 CIC/1917 keine Anwendung, da Art. 8 Abs. 2 PreußK die Besetzung durch den Diözesanbischof ohne Einschränkung vorsieht. In Verfolg dieser Interpretation haben der Heilige Stuhl und der Freistaat Preußen ein Zusatzabkommen geschlossen, daß ausdrücklich feststellt, daß can. 1435 no. 1 Ziffer 1 und 2 CIC/1917 bei der Besetzung der Kanonikate Preußens keine Anwendung findet. Vgl. Kapitel 2.1.2.

[480] Der Entwurf gibt die geltende Rechtslage nicht korrekt wieder. Gem. Art. 8 Abs. 3 PreußK werden die Domvikare durch den Diözesanbischof ernannt nach Anhörung des Kapitels.

§ 5 Die Einführung des Domdechanten geschieht durch den Bischof oder einem vom Bischof dazu beauftragten Kanonikus. Die Domkapitulare sowie Domvikare werden vom Domdechanten in ihr Amt eingeführt.

§ 6 Dignitaer, Kanoniker und Vikare erlangen sofort nach Besitzergreifung die ihnen zukommenden Abzeichen und Privilegien, eigenen Platz im Chore, das Recht auf die Einkünfte und [sowie für Kanoniker][481] Sitz und Stimme im Kapitel nach can. 405 § 1.

§ 7 Das Recht auf Einkünfte etc. erlischt mit dem letzten Tage des auf den Tod, die Resignation oder die Übernahme eines anderen Benefiziums folgenden Monats. Während der Vakanzzeit eines Kanonikates oder Benefiziums fließen die Einkünfte desselben in den Domkapitularischen Interkalarfonds.

§ 8 Die Ehrenreihenfolge der Kanoniker und Vikare richtet sich nach dem Tage der Einführung in ihr Amt.

§ 9 Bezüglich der Kurien gilt folgendes: 1. Der Domdechant hat Wohnung zu nehmen in der Domdechanei. 2. Jeder Kanoniker hat bei Freiwerden einer Kurie ein Optionsrecht. 3. Dem neu ernannten Kanoniker steht das Recht auf die zuletzt freie Kurie zu. Sollten einmal mehrere Kanonikate zu gleicher Zeit frei sein, so steht dem zuerst Neuernannten das Recht zu, unter den vakanten Kurien zu wählen. 4. Für die Domvikare gilt das unter 2. und 3. Aufgeführte. 5. Bezüglich der für die Benutzung der Kurien gültigen Verbindlichkeiten gilt das Regulativ vom 8. März 1831 und die Verfügung des Regierungspräsidenten vom 21. November 1925.

II. Der Chordienst

§ 10 Dignitaer, Kanoniker und Vikare sind zum Chordienst verpflichtet (c. 413), sofern sie nicht durch ihr Amt in der Diözesanverwaltung, durch Krankheit oder einen anderen rechtlich gültigen Grund befreit sind (c. 420 und 421), und soweit nicht durch besonderes päpstliches Indult eine Dispens erteilt ist.

---

[481] Handschriftliche Korrektur des Exemplars D 169, Bl. 2. Die Korrektur entspricht can. 411 § 2 CIC/17; ohne diese Änderung wäre der Passus ungültig gem. can. 22 CIC/17.

§ 11 Zum Chordienst gehört, soweit ein besonderes päpstliches Indult nichts anderes bestimmt, das gemeinsame Chorgebet sowie die Teilnahme an der Conventsmesse.

§ 12 Die Conventsmessen sind an den Wochentagen von den Domvikaren, an den Sonn- und Festtagen von den Kanonikern nach einem vom Domdechanten aufgestellten Plane zu celebrieren. Für die Conventsmessen gilt nur die Intention pro fundatoribus. Ein Stipendium darf dafür nicht angenommen werden. Die Conventsmesse muß in der Kathedrale gelesen werden.

§ 13 Ist der Dechant oder ein Kanoniker durch Krankheit verhindert, die Conventsmesse selber zu halten, so ist derselbe verpflichtet, demjenigen, welcher für ihn eintritt, ein angemessenes Stipendium zu geben.

§ 14 Domdechant und Kanoniker haben jährlich eine Bursariatsmesse pro fundatoribus zu celebrieren. Die Vikare [?]. Außerdem haben alle die Pflicht, nach einem aufgestellten Plane bestimmte Stifungsmessen zu persolvieren.

§ 15 Das Kapitel hat bei feierlichem Ein- und Auszug den Bischof zu empfangen und zu begleiten, sowie bei Pontifikalämtern und Pontifikalhandlungen zu assistieren, wobei der Domdechant als Presbyter assistens und 2 Domkapitulare als Ehrendiakone zu amtieren haben.

§ 16 Der Domdechant, die Domkapitulare und der Domvikar haben das Recht auf besondere Chorkleidung innerhalb der eigenen Diözese. Außerhalb der Diözese steht ihnen dieses Recht nur dann zu, wenn sie den Bischof begleiten oder bei feierlichen Anlässen das Kapitel zu vertreten haben.

§ 17 Als besonderes Abzeichen haben die Kapitulare das Recht zum Tragen des Domherrenkreuzes. Dieses wird an folgenden Tagen angelegt: Erster und zweiter Weihnachtstag, Fest der Beschneidung des Herrn, Mariä Lichtmeß bzw. Sonntag danach, Palmsonntag, erster und zweiter Ostertag, Godehardssonntag, Christi Himmelfahrt, erster und zweiter Pfingsttag, Dreifaltigkeitssonntag, Fronleichnam, Peter und Paul, Mariä Himmelfahrt, Mariä Geburt, Rosenkranzfest, Christus Königfest, Allerheiligen, Bernwardssonntag, Krönungsfest des Papstes, und sooft bei feierlichen Pontifikalhandlungen Anlaß dazu gegeben ist.

III. Angelegenheiten des Kapitels

§ 18 Die Angelegenheiten des Kapitels werden in den Kapitelssitzungen behandelt, welche regelmäßig am ersten Donnerstag jeden Monats abzuhalten sind. Außerdem hat der Domdechant aus sich das Recht oder auf Wunsch von wenigstens 2 Kanonikern die Pflicht, eine besondere Kapitelssitzung einzuberufen.

§ 19 Bei den Kapitelssitzungen haben nur der Domdechant und die Kapitulare Sitz und Stimme.

§ 20 Den Vorsitz in den Kapitelssitzunegn führt der Domdechant, bei dessen Verhinderung der dienstälteste Domkapitular.

§ 21 Wer an der Teilnahme der Kapitelssitzung verhindert ist, hat die Pflicht, dieses vorher anzuzeigen.

§ 22 In den Kapitelssitzungen entscheidet die einfache Stimmenmehrheit. Bei Stimmengleichheit ist zunächst eine zweite Abstimmung herbeizuführen. Tritt wieder Stimmengleichheit ein, so entscheidet bei weniger schwerwiegenden Entschlüssen die Stimme des Domdechanten. Handelt es sich jedoch um Entscheidungen oder Beschlüsse von weitreichender Bedeutung, so ist der Gegenstand in einer neuen Sitzung zu behandeln.

§ 23 Über die Kapitelssitzungen wird ein Protokoll geführt. Zum Protokollführer wird ein Domkapitular gewählt, welcher hierfür keine besondere Vergütung erhält.

§ 24 Über alles, was in den Kapitelssitzungen behandelt, besprochen oder beschlossen wird, ist eine absolute Schweigepflicht geboten, soweit nicht die Beschlüsse bekanntgegeben werden müssen.

§ 25 Bei Erledigung des Bischöflichen Stuhles hat das Kapitel innerhalb von acht Tagen einen Kapitularvikar zu wählen (c. 432). Für die Wahl des Kapitularvikars ist die absolute Stimmenmehrheit erforderlich (c. 432 § 2).

IV. Rechte und Pflichten der Kanoniker

§ 26 Der Domdechant, welcher zugleich Custos des Domes ist, hat die Präzedenz vor allen Kapitularen sowohl im Chore wie auch beim gemeinsamen Auftreten des Kapitels außerhalb des Chores. Er vertritt das Domkapitel nach außen und hat alle Schreiben des Domkapitels rechtsgültig zu unterzeichnen. Ihm stehen die in c. 397 aufgeführten Rechte und Pflichten zu. Er hat ferner darüber zu wachen, daß der Gottesdienst in der Kathedrale würdig gestaltet und würdig gehalten wird, und hat Versäumnisse zu rügen. Er hat im Einvernehmen mit dem Kapitel die Gottesdienst- und Beichtordnung für den Dom festzulegen und über deren Befolgung zu wachen.

§ 27 Der vom Bischof ernannte Canonikus Theologus hat die in c. 4009 [!] angegebenen Aufgaben gewissenhaft zu erfüllen.

§ 28 Der vom Bischof ernannte Canonicus Poenitentiaris hat die in c. 401 aufgeführten Pflichten gewissenhaft zu erfüllen.

§ 29 Kanonikern und Vikaren ist es nicht gestattet, ohne Wissen und Willen des Domdechanten dem Chordienst fernzubleiben.

V. Begräbnis

§ 30 Die Domkapitulare haben das Recht, auf dem Annenfriedhof bestattet zu werden. Dieses Recht steht den Ehrendomherren nicht zu. Die Leiche wird im Dom aufgebahrt. Es wird das Totenoffizium gebetet und vom Dekan oder einem Kapitular das Requiem gehalten. Die Benedictio ad tumbam nimmt, falls der Bischof es nicht selbst tun will, der Dekan vor, welchem auch das Recht der Beerdigung zusteht. Der Dekan selber wird vom Senior Capituli bestattet. Stirbt ein Domkapitular außerhalb der Bischofsstadt und kann die Leiche nicht zur Bestattung überführt werden, so soll das Kapitel wenigstens bei dem auswärtigen Begräbnis vertreten sein, die feierlichen Exequien aber werden im Dom gehalten. Eine Leichenrede wird nicht gehalten.

§ 32 Das Domherrenkreuz, welches Eigentum des Domkapitels ist, muß beim Ableben an das Kapitel zurückgegeben werden.

§ 32 Die Domvikare werden unter Teilnahme des Kapitels vom Dompastor auf dem Domfriedhof bestattet."

Der Statutenentwurf gibt die Verfassung des Hildesheimer Domkapitels unter Geltung des Vertrages zwischen dem Freistaate Preußen und dem Heiligen Stuhl von 1929 wieder, da er in § 1 von 5 Kanonikern spricht[482].

Das in § 9 beschriebene Optionsrecht ist in der beschriebenen Form nachweislich im Jahre 1961 bei der Vergabe der Kurie Domhof 29a beachtet worden[483]. Die Forderung zur Rückgabe des Domherrenkreuzes gem. § 32 ist 1954 beim Tod des Ehrendomherren Leupke gestellt worden[484].

Die in dem Statutenentwurf vorgesehenen Bestimmungen des § 3 widersprechen dem seit dem PreußK geltenden Recht und wären unwirksam, da das Statutenrecht des Domkapitels nicht konkordatäre Bestimmungen außer Kraft setzen kann[485]. Bzgl. der in § 3 vorgesehenen Reservation der Ernennung des Domdechanten durch den apostolischen Stuhl ist zu bemerken, daß die Dignität des Domdechanten des Hildesheimer Domkapitels gem. Art. 8 Abs 1 PreußK durch den Heiligen Stuhl verliehen wird, und zwar abwechselnd auf Ansuchen des Kapitels und des Diözesanbischofs. Die in § 3 Satz 2 enthaltene Ausnahmeregelung bei der Besetzung der Kanonikate gem. can. 1435 CIC/17 widerspricht dem PreußK: Art. 8 Abs. 2 Satz 1 sieht keine Ausnahmefälle der Besetzung vor. Das 1933 geschlossene Zusatzabkommen zwischen dem Staatsekretariat des Heiligen Stuhls und dem Preußischen Staatsministerium bestätigt diese Rechtsauffassung. Die in § 3 Satz 3 vorgesehene Ernennung der Domvikare durch den Bischof ohne Befragen des Kapitels widerspricht Art. 8 Abs. 3 PreußK, der festlegt, daß die Domvikarien durch den Bischof nach Anhörung des Kapitels verliehen werden, und wäre unwirksam.

---

482 PreußK Art. 2 Abs. 7 verringerte die Zahl der Kanonikerstellen gegenüber der Bulle IMPENSA ROMANORUM von 6 auf 5.

483 Freundliche Mitteilung S. E. Weihbischof Heinrich Pachowiak, Hildesheim, vom 8. Februar 1998.

484 „Der Testamentsvollstrecker des verstorbenen ehrendomherren Heinrich Leupke [...] soll angegegangen werden, Talar und Kreuz des Verstorbenen dem Kapitel auszuhändigen." Protokoll der Kapitelssitzung vom 20. März 1954. D 183, Bl. 42.

485 Vgl. Can. 22 CIC/1917.

7.5 Statuten des Domkapitels an der Kathedralkirche zu Hildesheim vom 5. Mai 1984[486]

Der Prozeß der Erstellung von Statuten des Domkapitels an der Kathedralkirche zu Hildesheim, dessen Beginn für den November 1936 nachweisbar ist[487], findet seinen Abschluß im Jahre 1984. Die am 28. April 1984 vom Domkapitel beschlossenen Statuten werden durch Diözesanbischof Dr. Josef Homeyer mit Wirkung vom 5. Mai 1984 approbiert[488].

Die Statuten gliedern sich in eine Präambel und 16 Artikel. Die Präambel nennt die außer den Statuten für das Kapitel geltenden rechtlichen Bestimmungen. Artikel 1 handelt von der Zusammensetzung des Kapitels, Artikel 2 von der Besetzung der Kapitelsstellen, Artikel 3 vom CANONICUS PAENITENTIARIUS, Artikel 4 von der Geschäftsführung und Vertretung des Kapitels nach außen. Artikel 5 handelt von den Kapitelssitzungen, Artikel 6 von der Übertragung der Aufgaben des COLLEGIUM CONSULTORUM an das Domkapitel, Artikel 7 von der Diözesanleitung durch das Kapitel im Falle der Sedisvakanz. Artikel 8 bis 11 regeln die liturgischen Dienste und die diesbezüglichen Pflichten. Artikel 12 regelt die Einkünfte der Kapitulare, Artikel 13 und 14 die Emeritierung. Artikel 15 handelt vom Begräbnisplatzanspruch, Artikel 16 hebt entgegenstehende Absprachen und Gewohnheitsrechte auf.

---

486 Alle im folgenden Abschnitt zitierten Kanones beziehen sich auf den CIC/1983.

487 „2. Es wird beschlossen, die Bearbeitung der Statuten des Domkapitels in Angriff zu nehmen. Herr Domkapitular Buch wird mit der Durchsicht des ersten Entwurfs betraut." Protokoll des Domkapitels vom 5. November 1936. D 182, Bl. 55.

488 „Ausdrücklich danke ich Ihnen [Domdechant Weihbischof Machens] und dem ganzen Kapitel dafür, daß das Domkapitel an der Kathedralkirche zu Hildesheim damit - wie ich höre - nach 300jähriger Unterbrechung wieder Statuten besitzt. Erstmals in der Geschichte des Hildesheimer Domkapitels enthalten diese Statuten eine Emeritierungsordnung. [...]. Gerne setzte ich hiermit die am 28. April 1984 vom Domkapitel beschlossenen 'Statuten des Domkapitels an der Kathedralkirche zu Hildesheim' in Kraft." Schreiben des Bischofs von Hildesheim an das Domkapitel an der Kathedralkirche zu Hildesheim vom 5. Mai 1984. Unverzeichneter Bestand. Freundliche Überlassung einer Kopie des Schreibens durch den Dechanten des Domkapitels, S.E. Weihbischof Hans-Georg Koitz.

7.5.1 Rechtsgrundlage der Statuten[489]

Rechtsgrundlage der Statuten des Kathedralkapitels zu Hildesheim ist c. 505, der vorschreibt, daß jedes Kathedralkapitel eigene Statuten haben muß.

7.5.2 Präambel: den Statuten vorausgehendes Recht[490]

Gem. Präambel gelten für das Kapitel die Bestimmungen des kanonischen Rechtes, die entsprechenden Bestimmungen von PreußK und NdsK sowie die Statuten selbst. Außer den in der Präambel genannten cc. 503-510 des CIC/1983 über das Kanonikerkapitel betreffen das Kapitel direkt die kodikarischen Normen der Kanones 443 § 5 (Entsendung zweier kollegial bestimmter Mitglieder des Domkapitels an der Provinzialsynode), 463 § 1 n. 3° (Verpflichtung der Kanoniker des Kathedralkapitels, an der Diözesansynode teilzunehmen) und 377 § 3 (Anhörung von Mitgliedern des Kapitels durch den päpstlichen Gesandten bzgl. der in der TERNA vorgesehenen Kandidaten für die Wahl zum neuen Diözesanbischof)[491].

Zu beachten ist, daß konkordatäre Bestimmungen gem. c. 3 kirchlichem Recht dem CIC vorgehen.[492].

7.5.3 Zusammensetzung des Kapitels

Art. 1 Abs. 1 und 2 bestimmt die Zusammensetzung des Domkapitels. Im Hildesheimer Domkapitel besteht seit der Bulle IMPENSA ROMANORUM nur noch eine Dignität mit dem Titel „Domdechant", die Anzahl der residierenden Dom-

---

[489] Vgl.: AYMANS, WINFRIED: *Kanonisches Recht* / Lehrbuch aufgrund des Codex Iuris Canonici / Begr. von Eduard Eichmann / Fortgeführt von Klaus Mörsdorf / Neu bearbeitet von Winfried Aymans / Band 2: Verfassungs- und Vereinigungsrecht. Paderborn : Schöningh, [13]1997, 406-407, JÜSTEN, Domkapitel, 47; PUZA, RICHARD: „Die Dom- und Stiftskapitel". In: *HdbKathKR²*, 475-479, hier: 478; STOFFEL, OSKAR: [Kommentar zu cc. 503-510]. In: LÜDICKE, KLAUS: MÜNSTERISCHER KOMMENTAR ZUM CODEX IURIS CANONICI / unter besonderer Berücksichtigung der Rechtslage in Deutschland, Österreich und der Schweiz. Essen : Hubert Wingen, Loseblattwerk seit 1983. Stand: 33. Erg.-Lfg. 2000, c. 505.

[490] Vgl.: Statuten des Domkapitels an der Kathedralkirche zu Hildesheim von 1984 [Zit.: Statuten], Präambel. Diese Bestimmungen sind Ausführungsbestimmung zu c. 503 § 1.

[491] Vgl.: Stoffel, MK, Einführung vor 503, 3-5. Zu beachten ist, daß c. 504 (Vorbehalt des Apostolischen Stuhles bzgl. Errichtung, Aufhebung und Veränderung des Kathedralkapitels) gem. c. 3 aufgrund bestehender konkordatärer Regelung nicht greift.

[492] Dieser Hinweis fehlt bei STOFFEL, MK, 509.

kapitulare ist im PreußK Art. 2 Abs. 7 Satz 3 auf fünf reduziert; die zwei Kapitelsstellen für nichtresiderende Domherren sind durch das NdsK Art. 3 Abs. 4 Satz 1 geschaffen worden. Für den Fall der Errichung der im NdsK Art. 4 vorgesehenen katholisch-theologischen Fakultät tritt gem. Art. 3 Abs. 4 Satz 2 zu dem Hildesheimer Kathedralkapitel ein weiterer nichtresidierender Domkapitular, der den ordentlichen Mitgliedern der Fakultät zu entnehmen ist.

Gem. Art. 1 Abs. 3 wird das Kapitel von bis zu vier Domvikaren unterstützt; die Zahl der Domvikarien war in der Bulle IMPENSA ROMANORUM auf vier Stellen festgelegt worden[493].

Ehrendomkapitulare können gem. Art. 1. Abs. 4 nach Anhörung des Kapitels durch den Bischof ernannt werden. Da der CIC/1983 die Institution des Ehrenkanonikers nicht mehr behandelt, hat dieses durch die Statuten zu geschehen[494]. Die Statuten des Hildesheimer Domkapitels enthalten keine Bestimmungen über die Institution des Ehrenkanonikers.

7.5.4 Verleihung der Dignität, Besetzung der Kanonikate und Vikarien[495]

Art. 2 Abs. 1 Satz 1 sieht vor, daß die Würde des Domdechanten durch den Bischof verliehen wird, abwechselnd nach Anhörung bzw. mit Zustimmung des Kapitels.

Diese Bestimmung widerspricht Art. 8 Abs. 1 Satz 2 PreußK: Die Würde des Domdechanten wird gem. Bestimmungen des PreußK durch den Heiligen Stuhl verliehen, und zwar abwechselnd auf Ansuchen des Kapitels und des Diözesanbischofs. Nach *Jüsten* besteht „die -innerkirchliche- Wirkung von Nr. 18 § 1 des Motu Proprio Ecclesiae Sanctae [...] darin, daß der Heilige Stuhl die Verleihung der Dignität für „immer an den Bischof deligiert“[496] und ist daher „bloß innerkirchlich von Belang und hat deshalb keine Auswirkungen auf die konkordatären Vereinbarungen“[497].

---

[493] Die Domlektoren als Vertreter der Domvikare, die weder in den Konkordaten noch in der Exekutionsbulle Erwähnung finden, sind in den Statuten ebenfalls nicht erwähnt; die letzte Erwähnung eines Domlektors (Willi Stoffers) in den Kapitelsakten erfolgte am 6. Mai 1954. D 183, Bl. 44.

[494] Vgl.: STOFFEL, MK, 507, 3

[495] Vgl.: Statuten, Art. 2. Gem. c. 3 gelten die konkordatären Bestimmungen, c. 509 § 1 greift nicht.

[496] JÜSTEN, Domkapitel, 55-56.

[497] JÜSTEN, Domkapitel, 55.

Die Besetzung der Stellen der residierenden und nichtresidierenden Kapitulare erfolgt gem. Art. 2 Abs. 1 Satz durch den Diözesanbischof nach Anhörung und mit Zustimmung des Kapitels, die Abwechselung findet bei residentialen und nichtresidentialen Kanonikaten gesondert statt. Diese Bestimmungen entsprechen Art. 8 Abs. 2 PreußK und gehen gem. c. 3 dem c. 509 § 1 vor.

Die Ernennung der Domvikare erfolgt gem. Art.1 Abs. 1 durch den Diözesanbischof nach Anhörung des Kapitels, wie es Art. 8 Abs. 3 PreußK vorsieht[498]. Gem. c. 507 § 2 können nicht zum Kapitel gehörenden Klerikern andere Ämter übertragen werden, aufgrund derer sie den Kanonikern Hilfe leisten gem. den Normen der Statuten. Eine Aufgabenumschreibung der Domvikare ist in den Statuten nicht enthalten.

7.5.5 Kapitelsämter und Aufgaben der Kapitelsmitglieder[499]

7.5.5.1 Vorsitz des Kapitels[500]

Gem. Art. 4 Abs. 1 ist der Domdechant der Vorsitzende des Kapitels und vertritt dieses in geistlichen und weltlichen Belangen gegenüber Dritten. Er leitet die Kapitelssitzungen und achtet auf die Einhaltung der Kapitelsstatuten und kirchlichen Gesetze. Der Domdechant führt das Kapitelssiegel.

7.5.5.2 Stellvertreter des Vorsitzenden

Vertreten wird der Domdechant durch den SENIOR CAPITULI, dem nach der Investitur dienstältesten residierenden Domkapitular; die weitere Stellvertretung erfolgt durch den der Investitur jeweils nachfolgenden residierenden Domkapitular.

7.5.5.3 Canonicus Paenitentiarius

Der CANONICUS PAENITENTIARIUS wird aus den Reihen der residierenden Domkapitulare AUDITO CAPITULI durch den Bischof ernannt[501]. „Der Bußkano-

[498] Der gem. c. 3 nicht greifende c. 157 sieht wie die konkordatäre Regelung die Übertragung der Domvikarien durch den Bischof vor.

[499] Vgl.: Statuten, Art. 3-4.

[500] Art. 4 Abs. 1 der Statuten ist Ausführungsbestimmung zu c. 507 § 1. Der CIC/1983 unterscheidet bei den Kathedralkapiteln nicht mehr zwischen Dignitären und einfachen Kanonikern, wünscht aber die Rücksichtnahme auf regionale Gewohnheiten. Vgl.: STOFFEL, MK, 507, 1. Der Vorsteher des Kapitels „leitet das Kapitel und koordiniert dessen Tätigkeit. Als *primus inter pares* kann er aber auch weiterhin den traditionellen Titel beibehalten, zumal 507 keine Amtsbezeichnung nennt". STOFFEL, Mk 507, 2. Vgl.: JÜSTEN, Domkapitel, 49-50, STOFFEL, MK, 507.

niker übt kein Amt in diesem Sinne [potestas ordinaria] aus. Seine Funktion fällt unter den Bereich der facultates habituales."[502]

7.5.6 Kapitelssitzungen[503]

7.5.6.1 Einberufung

Ordentliche Sitzungen des Domkapitels finden idR. einmal im Monat statt. Außerordentliche Sitzungen finden statt auf Verlangen des Vorsitzenden, des Bischofs oder Antrages dreier Kapitelsmitglieder. Teilnahmeberechtigt sind an ordentlichen wie außerordentlichen Sitzungen nur der Domdechant und die residerenden Domkapitulare.

7.5.6.2 Beschlußfähigkeit

Das Kapitel ist beschlußfähig, wenn alle Mitglieder eingeladen und wenigstens 3 Mitglieder anwesend sind.

7.5.7 Aufgaben des Kapitels[504]

7.5.7.1 Domkapitel als Collegium Consultorum

Gem. Beschluß der Vollversammlung der Deutschen Bischofskonferenz vom 19.- 23. September 1983 nimmt das Domkapitel die Aufgabe des COLLEGIUM CONSULTORUM wahr.

An den Sitzungen des Domkapitels in seiner Eigenschaft als COLLEGIUM CONSULTORUM nehmen auch die nichtresidierenden Domkapitulare teil.

7.5.7.2 Leitung der Diözese während der Sedisvakanz

Während der Sedisvakanz der Diözese geht die Leitung der Diözese gem. Regelungen des kanonischen und konkordatären Rechtes auf das Domkapitel über.

---

[501] Ausführungsbestimmung zu c. 508.

[502] STOFFEL, MK, 508, 1. Zu den Aufgaben des Bußkanonikers siehe: STOFFEL, MK, 508, 1. Vgl.: JÜSTEN, Domkapitel, 50.

[503] Vgl.: Statuten, Art. 5.

[504] Vgl.: Statuten, Art. 7-11. Diese Regelungen sind Ausführungsbestimmungen zu cc. 503 (Sorge für feierliche Gottesdienste und Übertragung anderer Aufgaben nach Maßgabe des Rechtes), 506 § 2 (Aufgaben des Kapitels und der Kanoniker bei Gottesdiensten und in Diensten) und c. 508 (canonicus paenitentiarius).

7.5.7.3 *Liturgie*

7.5.7.3.1 *Teilnahmeverpflichtung bei Gottesdiensten*[505]

Das Domkapitel nimmt an den Pontifikalgottesdiensten teil; es empfängt den Bischof bei feierlichen Gottesdiensten am Domportal, geleitet diesen in den Dom und nach dem Gottesdienst wieder hinaus.

Weiterhin sind die residierenden Domkapitulare und die Domvikare zu Teilnahme an bestimmten Gottesdiensten verpflichtet[506]. Erwünscht ist die Teilnahme bei der Feier des samstäglichen Konventamtes.

7.5.7.3.2 *Liturgische Kleidung*[507]

Die Domkapitulare tragen während der Liturgiefeier Talar und Mozetta in violetter Farbe sowie das Kapitelskreuz[508]; die Domvikare tragen Talar und Mozetta in schwarzer Farbe. Außerhalb des Bistums tragen die Kapitulare ihre domkapitularische Kleidung nur in Begleitung des Kapitels oder des Bischofs, für die Domvikare gilt entsprechendes.

Mitglieder des Kapitels, die Bischöfe sind, tragen bischöfliche Kleidung.

---

[505] Vgl.: Statuten, Art. 10.

[506] Lesehore und Laudes an Gründonnerstag, Karfreitag, und Karsamstag; Feier der hl. Osternacht, Meßfeier und Eucharistische Prozession am Fronleichnamsfest, Requiem für Bischöfe und Domherren am Tag Allerseelen, Feierliche Vesper an Weihnachten, Ostersonntag und an einem Sonntag im Monat. Statuten des Domkapitels an der Kathedralkirche zu Hildesheim, Art. 11.

[507] Vgl.: Statuten, Art. 8.

[508] Die Mitglieder des Hildesheimer Domkapitels tragen als Kapitelsabzeichen ein kleines Brustkreuz an rotem Seidenbande mit weißem Rand, das Fürstbischof Clemens August, Herzog von Bayern, im Jahre 1739 dem Kapitel gestiftet hat. Das Kreuz ist aus Silber gegossen, ziseliert, emailliert und vergoldet und 5,8 cm x 4 cm groß. „[Es] zeigt auf der Vorderseite im Zentrum die Gottesmutter als Patronin des Hildesheimer Domes (auf blauem Grund), auf der Rückseite (auf Rot) einen Kaiser, in dem Bertram Karl den Großen erkennen wollte. Gemeint ist aber wahrscheinlich Ludwig der Fromme, der das Bistum Hildesheim 815 gegründet hat". BRANDT, MICHAEL: „Brustkreuz für den Dekan des Domkapitels zu Hildesheim, 1739 von Clemens August gestiftet". In: LANDKREIS EMSLAND, MEPPEN/SÖGEL (Hrsg.): *Clemens August: Fürstbischof, Jagdherr, Mäzen* / Katalog zu e. Kulturhistor. Ausstellung aus Anlaß d. 250jährigen Jubiläums von Schloß Clemenswerth. Bramsche : Rasch, 1987, 361. Vgl.: BERTRAM, Bischöfe, 228; DERS., Geschichte III, 149, 236. Den Domherren des neuen Hildesheimer Domkapitels wurde nach Erlaß der Zirkumskriptionsbulle das Kapitelskreuz als Auszeichnung belassen, „doch mußte [durch Allerhöchste Entschließung] die Fürstenkrone über dem Kreuze beseitigt werden". BERTRAM, Geschichte III, 236, Anm. 7.

7.5.7.3.3 *Applikationspflicht*[509]

Für die lebenden und verstorbenen Wohltäter des Domkapitels ist das Konventualamt am Sonntag zu feiern, sofern kein Pontifikalamt stattfindet. Steht kein Mitglied des Kapitels dem Konventualamt vor, so ist der Domdechant für die Persolvierung der Applikationspflicht verantwortlich.

7.5.8 Einkünfte der Domherren und Domvikare[510]

Durch die Statuten werden die Einkünfte der Domherren und Domvikare geregelt. Die Domkapitulare erhalten das Gehalt der Endstufe der Besoldungsgruppe A 14 des Landes Niedersachsen, der Domdechant die Endstufe der Besoldungsgruppe A 16. Die Domvikare erhalten die den Pfarrern der Diözese Hildesheim zustehnde Besoldung.

Nach dem Tode des Domdechanten, eines residierenden Domkapitulars oder Domvikars stehen die Bezüge noch drei Monate weiter zur Verfügung, um die Bezüge der Haushälterin sowie durch den Tod des Stelleninhabers entstandene Kosten zu begleichen.

7.5.9 Emeritierung[511]

Die Mitglieder des Domkapitels sollen spätestens mit Vollendung des 75. Lebensjahres den Verzicht auf ihr Amt anbieten; bei Annahme des Amtsverzichts wird das Kapitelsmitglied emeritiert und erhält durch den Bischof eine entsprechende Urkunde[512]. Emeritierte Mitglieder sind in der Regel zu Ehrendomherren zu ernennen; sie haben Anspruch auf ein Ruhegehalt von 75% ihres zuletzt bezogenen Gehaltes, können die bisher bewohnte Kurie weiterhin bewohnen oder bekommen eine bistumseigene Wohnung zugewiesen bzw. ein Wohngeld gezahlt, sofern eine andere Wohnung bezogen wird. Die emeritierten Domherren behalten das Recht zum Tragen der domkapitularischen Kleidung und einen Platz im Chor nach den aktiven Mitgliedern des Kapitels.

---

509 Vgl.: Statuten, Art. 9.

510 Vgl.: Statuten, Art. 12. Die Regelung ist Ausführungsbestimmung zu c. 506 § 2.

511 Vgl.: Statuten, Art. 14. „Nirgends gibt es eine Vorschrift, daß Kanoniker auf Lebenszeit ernannt werden müssen oder sollen. Sie können also auch auf bestimmte Zeit ernannt werden oder solange sie eine bestimmte Aufgabe zu erfüllen haben. Diesbezüglich sind die Stiftungsbestimmungen zu beachten.“ STOFFEL, MK, 509, 2.

512 Vgl.: Statuten, Art. 13.

7.5.10 Begräbnisplatzanspruch[513]

Mitglieder des Domkapitels haben, auch nach ihrer Emeritierung, Anrecht auf einen Begräbnisplatz auf dem Annenfriedhof, der innerhalb des Kreuzganges der Kathedralkirche liegt und seit alters her grundsätzlich nur als Kapitelsfriedhof genutzt wird[514].

7.5.11 Inkraftsetzung der Statuten, Außerkraftsetzung anderer Gewohnheiten und Absprachen[515]

Alle den Kapitelsstatuten entgegenstehenden Gewohnheiten und Absprachen sind durch Erlaß der Statuten von 1984 außer Kraft gesetzt.

Zur Gültigkeit von Statuten ist gem. c. 505 erforderlich, daß diese durch einen gesetzmäßigen Akt des Kapitels beschlossen, durch den Diözesanbischof genehmigt und durch diesen und gem. c. 474 den Kanzler der Kurie oder einen Notar unterzeichnet worden sind.

Das Kapitel hat die Statuten am 28. April 1984 beschlossen, der Bischof diese am 5. Mai 1985 approbiert. Da auf der Approbation keine Notarisierung angebracht ist, haben die Statuten keine Rechtskraft erlangt[516].

Änderungen von Kapitelsstatuten haben nach Maßgabe von c. 503 zu erfolgen.

7.6 Ergebnis

Die Abfassung von Kapitelsstatuten, erstmalig dem Domkapitel 1828 zugewiesen, ist erst 1984 erfolgt. Ist die Entwicklung bis zum Erlaß des CIC/1917 unklar, so finden sich seit der kodikarisch normierten Pflicht zur Abfassung von Statuten Hinweise darauf, daß sich das Kapitel dieser Pflicht bewußt war und sich auch um die Erstellung von Statuten bemüht hat. Unklar ist jedoch, warum trotz verschiedener Anläufe keine Inkraftsetzung von Kapitelsstatuten erfolgt ist: Domkapitel und Diözesanbischof waren sich nachweislich der geltenden

[513] Vgl.: Statuten, Art. 15.

[514] Vgl.: BERTRAM, Bischöfe, 267-269, 339-340.

[515] Vgl.:Statuten, Art. 16; STOFFEL, MK, 503.

[516] Schreiben des Bischofs von Hildesheim an das Domkapitel vom 5. Mai 1984. Inhalt und Quellennachweis siehe Anm. 488. Nach frdl. Auskunft von Domdechant S.E. Weihbischof Koitz ist keine Notarisierung erfolgt.

Rechtslage bewußt, sind ihrer Rechtsverpflichtung jedoch nicht nachgekommen.

Durch die Statuten von 1984 ist das Kapitel seiner Verpflichtung zum Erlaß von Statuten, nun durch den CIC/1983 gefordert, nachgekommen.

Diese Statuten, die das Hildesheimer Domkapitel am 28. April 1984 beschlossen hat, entsprechen, sofern die Ernennung des Domdechanten durch den Diözesanbischof in der in den Statuten wiedergegebenen Form nicht dem konkordatären Recht widerspricht, der geltenden Rechtslage, da sie alle Bestimmungen erfüllen, die gem. den Bestimmungen des CIC/1983 über das Kathedralkapitel durch die Abfassung von Statuten zu regeln sind. Über diese Anforderungen hinaus werden durch die Statuten nur die Emeritierung und das Begräbnisrecht der Kapitulare geregelt.

Nicht bestimmt sind in den Statuten die Aufgabenumschreibung der Domvikare sowie die gesamte Institution der Ehrenkanoniker. Da die bisherige Rechtsgrundlage für die Ehrenkanoniker, die Bestimmungen des CIC/1917, erloschen ist, harrt diese Institution einer Regelung, gleiches gilt für die Domvikare.

Keine Erwähnung findet die Art der Aufnahme in das Kapitel (Art der Feier, Eidesleistung u.ä.), festgelegt ist nur, daß die Kapitulare und Vikare durch den Domdechanten in ihr Amt eingeführt werden. Nicht bestimmt ist, wer die Einführung des Domdechanten vornimmt.

Ebenfalls durch die Statuten nicht bestimmt sind die Folgen des Verstoßes gegen diese durch die Mitglieder des Kapitels und die Domvikare, für die die Statuten in bezug auf die liturgische Präsens ebenfalls gelten, sowie die Fristen für die Ladung zu den Kapitelssitzungen und die Art der Ladung.

Aufgrund der zugänglichen Unterlagen ist davon auszugehen, daß die Statuten des Domkapitels wegen der fehlenden Notarisierung keine Rechtskraft erlangt haben.

8 Zusammenfassung

Ausgehend von den Entwicklungen seit der Säkularisation und dem Untergang des Fürstbistums Hildesheim 1802 hat das Domkapitel zu Hildesheim durch den Abschluß des PreußK im Jahre 1929 in bezug auf Größe, Ausstattung, Mitwirkungsrecht bei der Kapitelsbesetzung und das Bischofswahlrecht den Tiefpunkt seiner Geschichte erreicht.

Das Kapitel ist gegenüber den konkordatären Regelungen mit der hannoverschen Landesregierung durch die Bestimmungen des PreußK weiter verkleinert worden auf nur mehr 5 Kanonikate unter Beibehaltung der Dignität des Domdechanten, auch ist das Besetzungsrecht für jedes zweite freiwerdende Kanonikat verloren gegangen und durch ein Widerspruchsrecht gegen jede zweite bischöfliche Besetzung ersetzt worden. Die Ausstattung des Kapitels in liegenden Gütern ist nicht erfolgt, es ist von periodisch erfolgenden staatlichen Geldzuweisungen abhängig. Der größte Einschnitt ist beim vornehmsten Recht des Kapitels, dem Bischofswahlrecht vorgenommen. Aufgrund der konkordatären Neuregelung kann das Kapitel nicht mehr selbst die Liste zur Wahl des Diözesanbischofs erstellen, sondern es hat aus der durch den Apostolischen Stuhl unter Würdigung der eingereichten Vorschläge erstellten Dreierliste einen der vorgeschlagenen Kandidaten zum Bischof zu wählen. Die Abstreifung des ehemals hannoverschen landesherrlichen Einspruchsrechtes gegen auf der Wahlliste befindliche Kandidaten hat zu einem stärkeren römischen Einfluß bei fast völliger Ausschaltung des Kapitelseinflusses auf die Auswahl der Kandidaten für die Bischofswahl geführt.

Gegenüber dem PreußK hat das RK keine erwähnenswerten Änderungen für das Hildesheimer Domkapitel bewirkt.

Erst durch den Abschluß des NdsK haben sich Änderungen ergeben. Zum ersten Mal seit dem Niedergang des alten Domkapitels wird das neue Domkapitel wieder erweitert: es treten zwei nichtresidierende Domkapitulare hinzu, die von ihrer Stellung her reine Ehrenkanoniker iSd. CIC/1917 sind, jedoch über das Recht der Teilnahme an der Bischofswahl verfügen. Optional tritt, sofern an der Universität Göttingen eine katholisch-theologische Fakultät errichtet wird, ein dritter nichtresidierender Domkapitular zum Kapitel hinzu, der aus den ordentlichen Mitgliedern der Fakultät ernannt wird. Diese Regelung stellt rechtsgeschichtlich betrachtet einen Rückgriff auf die „Professorenpfründen" der preußischen Zirkumskriptionsbulle DE SALUTE ANIMARUM von 1821 dar. Ebenfalls eine endgültige Klärung erfährt die Dotationsfrage: die Staatleistungen des Landes Niedersachsen sind gegenüber dem Bistums abgelöst und das Domkapitel erhält eine monatliche Besoldung aus staatlichen Mitteln.

Aufgrund der Bestimmungen des PreußK, daß kirchliche Ämter frei errichtet werden können, sofern dafür keine staatlichen Aufwendungen beansprucht werden, treten zum Hildesheimer Domkapitel Ehrendomherren hinzu. Nach längeren Anlaufschwierigkeiten gibt sich das Domkapitel 1984 eigene Statuten, die, obwohl sie nicht wahrscheinlich nicht Rechtskraft iSd. CIC erlangt haben, gewohnheitsrechtlich beachtet werden.

Somit besteht seit 1984 ein Domkapitel, dessen Verfassung und Bestand konkordatär und nach kanonischem Recht abgesichert ist und das seit dem 17. Jahrhundert wieder eigene, seit seiner Neuerrichtung im Jahre 1824 erstmalig Statuten besitzt.

9 Literaturverzeichnis

9.1 Quellen

9.1.1 Ungedruckte Quellen

9.1.1.1 Akten des Domkapitels zu Hildesheim[517]

D 32 [-]	Ernennung und Einführung der Domkapitulare [Pachowiak, Sendker, Dr. Brüggeboes, Tenge, Dr. Rohmann, Schenk, Franz]. [Nicht datiert].
D 32a [D 2a II]	Domdechant Clemens Stolte (1910-1948)
D 35 [D 2a III]	Band III. Die Ernennung der Domvikare (1917-1958)
D 36 [-]	Die Ernennung der Domvikare (1961-1979)
D 38 [D 2a V; I]	Die Ernennung der Ehren-Domkapitulare (1936-1962)
D 39 [D 2a V; II]	Nichtresidierende Domkapitulare (1966-1972)[518]
D 41 [D 2]	Das Domherrenkreuz (1927-1942)
D 43 [D 2]	Bestellung des Kapitularvikars
D 53 [D 2b X]	Allgemeine Bestimmungen über die Bischofswahl (1900-1921)
D 60 [D 2b XV]	Rangordnung im Kapitel. Gehaltserhöhung der Domkapitulare (1911-1913)
D 64 [D 2b XXII]	Bischof Heinrich Maria Janssen. Ernennung, Eidesleistung, Konsekration, Inthronisation (1957)

[517] Die in [] angegebene Signatur ist die Altsignatur vor Neuordnung der Akten des Domkapitels im Zuge der Reorganisation des Bistumsarchivs Hildesheim. Nach freundlicher Auskunft von Herrn Karl-Heinz Bajorath sind im Zuge dieser Maßnahme Aktenfaszikel entdeckt worden, die bislang als vermißt galten. Insbesondere ist dies bei Akten zu vermuten, die keine Altsignatur tragen. Die Kennzeichnung der Akten folgt der Einheitlichkeit wegen dem „Findbuch Domkapitel", das Herr Archivdirektor Dr. Scharf-Wrede mir freundlicherweise zur Verfügung gestellt hat. Sofern gegenüber der Verzeichnung des Findbuches Ungenauigkeiten oder Fehler festzustellen waren, sind den betreffenden Angaben Korrekturen beigefügt.

[518] Die Akte enthält nur Unterlagen über die Ernennung der ersten beiden nichtresidierenden Domkapitulare im Jahre 1966; fälschlicherweise sind Vorgänge bzgl. der Ernennung des Ehrendomherren Bank im Jahre 1972 beigefügt.

D 109 [D 4 XXVIII] Akten des Collegiums der Lektoren an der Hohen Domkirche zu Hildesheim. Vol. III in specie betr. Anstellung der Lektoren (1910-1957)

D 164 [D 8 III] Statuta capituli novi (1831-1927)

D 166 [D III b] Statuta perillustris Ecclesiae Cathedralis leodiensis (ohne Datum)

D 167 [D 8 III c] Statuta Capituli Ecclesiae Cathedralis Osnabrugensis et Monasteriensis et Trevirensis (1858-1900)

D 168 [D 8 III d] Statuten des Domkapitels (1944-1951)

D 169 [D 8 III e] Statuten (1947)

D 182 [-] Protokolle der Domkapitularischen Sitzungen vom 1. Oktober 1951 bis[519]

D 183 [-] Protokolle der Domkapitularischen Sitzungen vom 12. Januar 1951 bis [1964]

D 185 [D 8 VI] Produkten-Buch des Domkapitels zu Hildesheim 1916-1936 / Band 2

D 186 [D 8 VI] Tagebuch des Domkapitels zu Hildesheim vom 1. Januar 1937 bis [1969]

D 290 [-] in specie: der Fiskus: Cultusministerium (1875-1879) (1824-1865)

D 434 [D 28 XIV] Consens des Domkapitels zu bischöflichen Akten (1908-1957)

9.1.1.2 Andere Quellen

Schreiben des Bischofs von Hildesheim an das Domkapitel zu Hildesheim vom 5. Mai 1984

Statuten des Domkapitels an der Kathedralkirche zu Hildesheim. [vom 5. Mai 1984]

Findbuch [zum Archiv des Domkapitels zu Hildesheim]. Manuskript

[519] Enthält den Berichtszeitraum 1931-1951.

9.1.2 Gedruckte Primärliteratur

BERTRAM, ADOLF: *Hildesheims Domgruft und die Fundatio Ecclesie Hildensemensis* / Nebst Beschreibung der neuentdeckten Confessio des Kreuzaltares, der Gräberfunde der Domgruft und des nielloartigen Chorfußbodens. Hildesheim : Lax, 1897, 1-17.

DOEBNER, RICHARD: „Denkschrift Dohm's über den Zustand des Hochstifts Hildesheim vom März 1802". In: DERS.: *Studien zur Hildesheimischen Geschichte*. Hildesheim : Gerstenberg, 1902, 154-169, hier: 161-163;

GRANIER, HERMAN: *Preussen und die katholische Kirche seit 1640*. Nach den Acten des geheimen Staatsarchivs. Achter Theil. Von 1797 bis 1803. Berlin, 1902. Neudruck, Osnabrück : Zeller, 1965.

HAMANN, MANFRED: „Bericht des Landsyndikus Crome über die landschaftliche Verfassung des Fürstentums Hildesheim vom August 1802": In: *Alt-Hildesheim* 33 (1962) 33-38, hier: 34-35.

HENKEL, KARL: *Handbuch der Diözese Hildesheim*. Hildesheim : Lax, 1917.

HUBER, ERNST RUDOLF und HUBER, WOLFGANG: *Staat und Kirche im 19. und 20. Jahrhundert* / Dokumente zur Geschichte des deutschen Staatskirchenrechts / Band I / Staat und Kirche vom Ausgang des alten Reiches bis zum Vorabend der bürgerlichen Revolution. Berlin : Duncker & Humblot, 1973.

HUBER, ERNST RUDOLF, und HUBER, WOLFGANG: *Staat und Kirche im 19. und 20. Jahrhundert* / Dokumente zur Geschichte des deutschen Staatskirchenrechts. Band IV / Staat und Kirche in der Zeit der Weimarer Republik. Berlin : Duncker & Humblot, 1988.

Immediat-Bericht des Staatsministers von Angern [Verfassung und Vermögensbestand des Domkapitels zu Hildesheim. Antrag auf seine Beibehaltung in Höhe von 12 Mitgliedern] vom 2. März 1805. Abgedruckt bei: GRANIER, HERMAN: *Preussen und die katholische Kirche seit 1640*. Nach den Acten des geheimen Staatsarchivs. Neunter Theil. Von 1803 bis 1807. Berlin, 1902. Neudruck, Osnabrück : Zeller, 1965, 307-334.

LISTL, JOSPEPH: *Die Konkordate und Kirchenverträge in der Bundesrepublik Deutschland* / Textausgabe für Wissenschaft und Praxis / Erster Band. Berlin : Duncker & Humblot, 1987.

LISTL JOSEPH (Hrsg.): Die Konkordate und Kirchenverträge in der Bundesrepublik Deutschland / Textausgabe für Wissenschaft und Praxis / Zweiter Band. Berlin : Duncker & Humblot, 1987.

Regierungsbegründung zum NdsK, abgedruckt in: *AkathKR* 134 (1965) 199-225.

SCHÖPPE, LOTHAR: *Neue Konkordate und konkordatäre Vereinbarungen* / Abschlüsse aus den Jahren 1964-1969. Veröffentlichungen des Instituts für internationales Recht an der Universität Kiel / Bd. 65. Hamburg : Hansischer Gildenverlag, 1970.

9.2 Sekundärliteratur

ASCHOFF, HANS-GEORG: *Das Verhältnis von Staat und katholischer Kirche im Königreich Hannover (1813-1866).* In: HISTORISCHER VEREIN FÜR NIEDERSACHSEN (Hrsg.): Quellen und Darstellungen zu Geschichte Niedersachsens / Band 86. Hildesheim : Lax, 1976.

ASCHOFF, HANS-GEORG: „Das Bistum Hildesheim von seiner Gründung bis zur Säkularistation / Ein Überblick". In: KNAPP, ULRICH (Hrsg.): *Ego sum Hildesemenis* / Bischof, Domkapitel und Dom in Hildesheim / 815 bis 1810. Katalage des Dommuseums Hildesheim / Band 3. Hildesheim und Petersberg : Imhof, 2000, 11-24.

AYMANS, WINFRIED: *Kanonisches Recht* / Lehrbuch aufgrund des Codex Iuris Canonici / Begr. Von Eduard Eichmann / Fortgeführt von Klaus Mörsdorf / Neu bearbeitet von Winfried Aymans / Band 2: Verfassungs- und Vereinigungsrecht. Paderborn : Schöningh, [13]1997.

BARION, HANS: „Konkordat und Codex". In: *Kirchenrechtliche Abhandlungen* / 117. und 118. Heft: Festschrift Ulrich Stutz zum siebzigsten Geburtstag dargebracht von Schülern, Freunden und Verehrern. [JOHANNES HECKEL (Hrsg.)]. Stuttgart : Ferdinand Enke, 1938, 371-388.

BECKER, HANS-JÜRGEN: „Reichsdeputationshauptschluß". In: *HRDG* IV, 554-557.

BECKER, HANS-JÜRGEN: „senatus episcopi - Die rechtliche Stellung der Domkapitel in Geschichte und Gegenwart". In: GÖRRES-GESELLSCHAFT ZUR PFLEGE DER WISSENSCHAFT (Hrsg.): *Jahres- und Tagungsbericht der Görres-Gesellschaft 1989*. O. O., o. J., 1990, 33-54.

BERTRAM, ADOLF: *Die Bischöfe von Hildesheim* / Ein Beitrag zur Kenntniss der Denkmäler und Geschichte des Bisthums Hildesheim. Hildesheim : Lax, 1896.

BERTRAM, ADOLF: Geschichte des Bisthums Hildesheim / Erster Band. Hildesheim : Lax, 1899.

BERTRAM, ADOLF: *Geschichte des Bistums Hildesheim* / Dritter Band. Hildesheim und Leipzig : Lax, 1925.

BRANDT, MICHAEL: „Brustkreuz für den Dekan des Domkapitels zu Hildesheim, 1739 von Clemens August gestiftet". In: LANDKREIS EMSLAND, MEPPEN/SÖGEL (Hrsg.): *Clemens August: Fürstbischof, Jagdherr, Mäzen* / Katalog zu e. Kulturhistor. Ausstellung aus Anlaß d. 250jährigen Jubiläums von Schloß Clemenswerth. Bramsche : Rasch, 1987, 361.

Calender des hochwürdigsten Domcapitels zu Hildesheim für das Jahr 1802. Hildesheim : Christian Walther Schlegel, 1802.

CAMPENHAUSEN, AXEL FRHR. von: *Staatskirchenrecht*. München : C. H. Beck, ^{3}1996.

DAHL-KELLER, ULRIKE MARGA: *Der Treueeid der Bischöfe gegenüber dem Staat* / Geschichtliche Entwicklung und gegenwärtige staatskirchenrechtliche Bedeutung. Staatskirchenrechtliche Abhandlungen / Band 23. Berlin : Duncker & Humblot, 1992.

DYLONG, ALEXANDER: „Die geistliche Verwaltung des Fürstbistums Hildesheim in preußischer und westphälischer Zeit". In: *DHVG* 59 (1991) 39-52.

DYLONG, ALEXANDER: *Das Hildesheimer Domkapitel im 18. Jahrhundert*. In: FAUST, ULRICH und ASCHOFF, HANS-GEORG (Hrsg.): *Quellen und Studien zur Geschichte des Bistums Hildesheim* / Band 4. Hannover : Hahn, 1998.

ENGFER, HERMANN: „Die Leitung der Diözese“. In: ENGFER, HERMANN (Hrsg.): *Das Bistum Hildesheim* 1933-1945 / Eine Dokumentation. Unter Mitarbeit von Haller, Winfried, u. a. Hildesheim : Lax, 1971.

ENGFER, HERMANN: *Joseph Godehard Machens* / 1886-1956. Hildesheim, Lax 1976. [Erstabdruck in: KALTHOFF, EDGAR (Hrsg.): Niedersächsiche Lebensbilder / Neunter Band. Im Auftrag der Historischen Kom mission für Niedersachsen und Bremen herausgegeben von Edgar Kalthoff].

FAUST, ULRICH: „Hildesheim als Residenz der letzten beiden Fürstbischöfe 1763-1825“. In: BOETZKES, MANFRED und SEELIG, LORENZ (Hrsg.): *Die fürstliche Tafel*. Hildesheim : 1995, 10-29.

FAUST, ULRICH: „Hildesheims Talleyrand“. In: *DHVG* 57 (1989) 67-75.

GATZ, ERWIN: „Domkapitel und Bischofswahlen in den deutschsprachigen Ländern seit dem 19. Jahrhundert“. In: PORTMANN-TINGUELY, ALBERT (Hrsg.): *Kirche, Staat und katholische Wissenschaft in der Neuzeit* / Festschrift für Heribert Raab zum 65. Geburtstag am 16. März 1988. Paderborn u.a.: Schöningh, 1988, 397-410.

GATZ, ERWIN: „Domkapitel und Bischofswahlen in Preußen 1821-1945“. In: *Römische Quartalsschrift* 78 (1983) 101- 126.

GEBAUER, JOHANNES HEINRICH: *Geschichte der Stadt Hildesheim* / verfaßt im Auftrage des Magistrats / Band II. Hildesheim und Leipzig : Lax, 1924.

GERLACH, BERNHARD und SEELAND, HERMANN: *Geschichte des Bischöflichen Gymnasium Josephinum in Hildesheim* / von der Aufhebung der Gesellschaft Jesu im Jahre 1773 bis zur Zerstörung der Anstaltsgebäude des Josephinums 1945 / Zweiter Band. Hildesheim : Lax, 1952.

GOLOMBEK, DIETER: *Die politische Vorgeschichte des Preussenkonkordates (1929)*. Veröffentlichungen der Kommission für Zeitgeschichte bei der katholischen Akademie in Bayern / hrsg. von Konrad Repgen / Reihe B: Forschungen / Band 4. Mainz : Grünewald, 1970.

HAMANN, MANFRED: „Das Staatswesen der Fürstbischöfe von Hildesheim im 18. Jahrhundert“. In: *Niedersächsisches Jahrbuch für Landesgeschichte* 34 (1962) 157-193.

HEGEL, EDUARD: *Die kirchenpolitischen Beziehungen Hannovers, Sachsens und der Norddeutschen Kleinstaaten zur römischen Kurie 1800-1846 /* Ein Beitrag zur Geschichte der Restauration. Paderborn : Bonifacius, 1934.

HENKEL, KARL: *Handbuch der Diözese Hildesheim.* Hildesheim : Lax, 1917.

HILLING, NIKOLAUS: „Die Konkordatsfrage". In: *AkathKR* 110 (1930) 121-135.

HILLING, NIKOLAUS: „Ergänzungsbestimmungen zum Preußischen Konkordat vom 14. Juni 1929, betr. die staatlichen Patronate und die Besetzung der Domherrenstellen." *AkathKR* 115 (1935) 464-465.

HINSCHIUS, PAUL: *Das Kirchenrecht der Katholiken und Protestanten in Deutschland* / System des katholischen Kirchenrechts mit besonderer Rücksicht auf Deutschland / [Band 6/2]. Berlin : Guttentag, 1878. Photomechanischer Nachdruck der Akademischen Druck- und Verlagsanstalt Graz, 1959.

HOFMEISTER, PHILIPP: *Bischof und Domkapitel nach altem und neuem Recht.* Neresheim, 1931.

HOLLERBACH, ALEXANDER: „Konkordat (seit 1801)". In: *HDRG* II, 1070-1074.

HOLLERBACH, ALEXANDER: „Die vertragsstaalichen Grundlagen des Staatskirchenrechts". In: *HdbStKirR*², 253-287.

HOPFAUF, AXEL: „Die Ernennung von Bischöfen nach dem Preußenkonkordat - Anmerkungen zur Kölner Bischofswahl". In: *NJW* 42 (1989) 1263-1266.

HUBER, ERNST RUDOLF: *Deutsche Verfassungsgeschichte seit 1789.* Band I: Reform und Restauration: 1789-1830. Stuttgart : Kohlhammer, ²1966.

JANSSEN, HEINRICH MARIA: „Vortrag über das Niedersächsische Konkordat / gehalten bei der Zusammenkunft des Marienburg-Kreises am 27. August 1965". In: BISCHÖFLICHES GENERALVIKARIAT HILDESHEIM (Hrsg.): *Das Niedersächsische Konkordat II* / Sein Text und seine Bedeutung. Hildesheim, [1966], 46-56.

JONE, HERIBERT: *Gesetzbuch des kanonischen Rechtes* / Erklärung der Kanones. I. Band / Normenrecht und Personenrecht (Kan. 1 - Kan. 725). Paderborn : Schöningh, 1939.

JONE, HERIBERT: *Gesetzbuch des kanonischen Rechtes* / Erklärung der Kanones. III. Band / Sachenrecht (Kan. 726 - Kan. 1551). Paderborn : Schöningh, 1940.

JÜSTEN, EVA: *Das Domkapitel nach dem Codex Iuris Canonici von 1983 unter besonderer Berücksichtigung der Rechtslage in Deutschland und Österreich*. Europäische Hochschulschriften / Reihe II / Rechtswissenschaft / Bd. 1386. Frankfurt am Main u.a. : Lang, 1993.

KOENIGER, ALBERT: *Die neuen deutschen Konkordate und Kirchenverträge mit der preußischen Zirkumskriptionsbulle* / Kanonistische Studien und Texte / Band 7. Bonn und Köln : Ludwig Röhrscheid, 1932.

KONSCHAK, ERNST: *Die Klöster und Stifter des Bistums Hildesheim unter preußischer Herrschaft (1802-1806)*. Hildesheim : Lax, 1919.

LINK, LUDWIG: *Die Besetzung der kirchlichen Ämter in den Konkordaten Papst Pius' XI*. Kanonistische Studien und Texte / hrsg. von Albert M. Koeniger / Band 18 u. 19. Bonn, 1942.

LISTL, JOSEPH: „Die Lehre der Kirche über das Verhältnis von Kirche und Staat". In: *HdbKathKR*² 1239-1255.

MAY, GEORG: „Listen von Bischofskandidaten in den deutschen Konkordaten und Kirchenverträgen". In: ISENSEE, JOSEF, u. a. (Hrsg.): *Dem Staate, was des Staates ist, der Kirche, was der Kirche ist* / Festschrift für Joseph Listl zum 70. Geburtstag / Staatskirchenrechtliche Abhandlungen / Band 33. Berlin : Duncker & Humblot, 1999, 739-760.

MIKAT, PAUL: „Kirche und Staat nach der Lehre der katholischen Kirche". In: *HdbStKirchR*², 111-155.

MÖRSDORF, KLAUS: *Lehrbuch des Kirchenrechtes auf Grund des Codex Iuris Canonici* / Begründet von Eduard Eichmann, fortgeführt von Klaus Mörsdorf. I. Band / Einleitung, Allgemeiner Teil und Personenrecht. München u. a. : Schöningh, ¹¹1964.

MÖRSDORF, KLAUS: *Lehrbuch des Kirchenrechtes auf Grund des Codex Iuris Canonici* / Begründet von Eduard Eichmann, fortgeführt von Klaus Mörsdorf. II. Band / Sachenrecht. München u. a.: Schöningh, ¹¹1967.

NIEMEYER, JOHANNES: „Kirche und Staat nach dem Konkordat in Niedersachsen". *Ordo Socialis* 1965, 3-16.

NOTTARP, HERMANN: „Ehrenkanoniker und Honorarkapitel“. In: *ZRGkan* 14 (1925) 174-335.

PUZA, RICHARD: „Die Dom- und Stiftskapitel“. In: *HdbKathKR²*, 475-479.

RIEBARTSCH, ERICH: *Geschichte des Bistums Hildesheim von 815 bis 1024 auf dem Hintergrund der Reichsgeschichte*. Hildesheim : Bernward, 1985.

RUPPEL, ERICH: „Konkordat und Ergänzungsvertrag zum Evangelischen Kirchenvertrag in Niedersachsen“. In: *DVBl* 81 (1966) 207-212.

SCHARF, THOMAS: „Das Preußenkonkordat von 1929 in seiner Bedeutung für das Bistum Hildesheim“. In: *DHVG* 56 (1988) 109-120.

SCHARF-WREDE, THOMAS: *Das Bistum Hildesheim 1866-1914* / Kirchenführung, Organisation, Gemeindeleben. In: FAUST, ULRICH und ASCHOFF, HANS-GEORG (Hrsg.): *Quellen und Studien zur Geschichte des Bistums Hildesheim* / Band 3. Hannover : Hahn, 1995.

SCHEUNER, ULRICH: „Auseinandersetzungen und Tendenzen im deutschen Staatskirchenrecht“. In: *DÖV* 1966, 145-153. Abgedruckt in: DERS.: *Schriften zum Staatskirchenrecht*. Staatskirchenrechtliche Abhandlungen, Band 3. Hrsg. von Joseph Listl. Berlin : Duncker & Humblot, 1973, 194-214.

SCHEVEN, DIETER: „Das Niedersächsische Konkordat“. In: *JZ* 20 (1965) 341-347.

SCHMITZ, HERIBERT: „Die Rechtsfigur des nichtresidierenden Domkapitulars“. In: ISENSEE, JOSEF, u. a. (Hrsg.): *Dem Staate, was des Staates ist, der Kirche, was der Kirche ist* / Festschrift für Joseph Listl zum 70. Geburtstag / Staatskirchenrechtliche Abhandlungen / Band 33. Berlin : Duncker & Humblot, 1999, 875-892.

SEELAND, HERMANN: *Kurzer Abriß der Geschichte des Bistums Hildesheim*. Hildesheim : Lax, 1948.

SEITERS, JULIUS: „Das Gymnasium Josephinum und seine Domkapitulare“. In: DHVG 61 (1993) 83-102.

SEITERS, JULIUS: „Dreißig Jahre Niedersachsen-Konkordat“. In: *DHVG* 63 (1995) 257-278.

SOLTE, ERNST-LÜDER: „Die Ämterhoheit der Kirchen“. In: *HdbStKirR²*, 561-572.

STOFFEL, OSKAR: [Kommentar zu den cc. 503-510]. In: LÜDICKE, KLAUS (Hrsg.), *Münsterischer Kommentar zum Codex Iuris Canonici* / unter besonderer Berücksichtigung der Rechtslage in Deutschland, Österreich und der Schweiz. Loseblattwerk : Essen seit 1983, Stand: 33. Erg.- Lfg. 2000.

STUKE, KARL: *Geschichte der Verfassung der Stadt Hildesheim von den letzen Zeiten der fürstbischöflichen bis zum Ende der Preußischen Herrschaft 1802-1806*. (Beiträge zur Geschichte Niedersachsens und Westfalens, Jg. 1, Heft 3). Hildesheim : Lax, 1906.

WACHSMUTH, WILHELM: *Geschichte von Hochstift und Stadt Hildesheim*. Hildesheim : Gerstenberg, 1863.

WESEMANN, PAUL: „Domkapitel nach dem II. Vatikanum. Abschaffung oder Reform?“ In: FACULTAS IURIS CANONICI (Hrsg.): *Investigationes Theologico - Canonicae* [FS Bertrams]. Rom : Università Gregoriana 1978, 501-531.

WENGLER, WILHELM: *Völkerrecht und Reichskonkordat von 1933*. Wiesbaden : Ritter & Co., 1956.

10 Textanhang

10.1 Ausführungsbestimmungen zur Bulle Impensa Romanorum Pontificum Sollicitudo durch von Ledebur vom 1. Juli 1828 [Auszug][520]

[...].
Facultatem pro exsequendis litteris Apostolicis novae Circumscriptionis Dioecesium.

Cum ex obitu R.P.D. Caroli de Gruben Episcopi Parensis in Partibus Infidelium & Ecclesiae Osnabrugensis Suffraganei atque Hildeshemiensis Episcopatus Vicarii Apostolici desit praefers, qui Apostolici Exequutoris munere fungatur litterarum Apostolicarum, quarum initium „Impensa Romanorum Pontificum" de Dioecesibus Hannoveriani Regni circumscribendis editarum: plaiuit Sanctissimo Domino Nostro Leoni VII[no] Pontifici Maximo, mes infrascripto sacra Congregatione Consistorialis Secretario referente,R:P:D: Fridericum Clementem ex liberis Baronibus de Ledebur, Episcoum Paderbornensem in id officii designare cum omnibus & singulis facultatibus [?] opportunis in memo, rata Bulla executori ejusdem attributis eum potestae etiam Virum Ecclesiasticum, quando Ipse legittima causa sit praepeditus, in eum finem subdelegandi. Ipsius porro partis erunt ad hanc scram Congregationem Consitorialem exempla actorum ad authenticam formam exacta diligenter remittere intra quadrimestre ab expleta Bullae executione. Hoc autem decretum perinde habendum, ai si litterae Apostolicae in forma Brevis essent datae, eadem Sanctitatis Sua per Acta hujus sacrae Congregationis edi & in illa referri mandavit.

Datum Romae hai die XXII Mensis Augusti anno Domini MDCCCXXVII.

(L.S.) P. Polidrius S. Congreg[is] Consitorialis Sec[rum] quibus litteris acceptis, perlectis, examinatis & mature perpensis ad earundem executionem progredi decrevimus. Igitur ad civitatem Hildesiensem perfecti, collatis [?] cum his, quorum interest, consiliis, de Cathedralis Ecclesiae Hildesiensis Capituli instauratione, nocaque ejusdem compositione ad amussim [?] literarum praecedentium à Nobis ac Delegationis Apostolicae facienda, mandamus, statuimus & ordinamus, quae sequuntur:

[520] Bistumsarchiv Hildesheim, Akten des Domkapitel; Sig. D 8 III (Lfd. Nr. 164)

I. Cathedralis Ecclesiae Hildesensis Decanatum conferimus admodum reverendo Josepho Osthaus, Decano Ecclesiae collegiatae ad S. Mauritium prope Hildesium.

II. De ejusdem Cathedralis Ecclesiae Canonicato primo ex causis relevantibus dispositionem ad interim Nobis reservamus.

III. Ecclesiae Cathedralis Hildesiensis Canonicatum secundum conferimus admodum reverendo Josepho Hantelmann, Parocho Ecclesiae Cathedralis Hildesiensis primario. Canonicatum tertium admodum reverendo Francisco Spikermann, Parocho ecclesiae collegiatae ad sanctam crucem Hildesii. Canonicatum quartum admodum reverendo Francisco Josepho Merz, parocho Hannoverae. Canonicatum quintum admodum reverendo Ferdinando Fritz, parocho Ecclesiae cathedralis Hildesiensis secundo. Canonicatum sextum admodum reverendo Bernardo Brandt, parocho in Itzum.

IV. Omnes ex praenominatis, qui huiusque possederunt beneficium parochiale, ea conditione canonicatu in ecclesia cathedralii provisi sunt, ut eo ipso excidant [?] beneficio parochiali antae habito.

V. Ex canonicis antiqui Capituli rogatis, an velint tanquam aggregati canonici Capitulo restaurando & jamquam [?] restauro nomen dare, omnes negarunt, se velle adscribi, praeter unum Canonicum L. B. de Bourscheidt, qui propter absentiam mentem suam declarare non potuit. In casu, quo dictus L. B. de Bourscheidt adscribi velit Capitulo restituto, adsignamus ipsi stallum in Choro post Decanum, votum tamen in Capitulo ipsi nullo modo competet.

VI. De designatione personarum ex gremio Capituli sui mendarum quae fungantur respective Paenitentiarii & Concionatoris muniribus, futuro Episcopo reservamus dispositionem.

VII. Vicariam seu praebendam primam conferimus admodum reverendo Friderico Meyer, huiusque parocho in Hohenhameln, ita tamen, ut eo ipso excidat dicto beneficio parochiali; vicariam seu praebendam tertiam admodum reverendo Patritio Büchels, concionatori festivali in ecclesia Cathedrali. De ejusdem Vicariis seu praebendis secunda & quarta ex causis relevantibus dispositionem Nobis reservamus.

VIII. Supra memoratos Decanum & Canonicos ecclesiae Cathedralis Hildesiensis gaudere volumus juribus & praerogatus per Bullam Apostolicam: Impensa Romanorum Pontificum, Hildesiensi Capituli adtributis.

IX. De domibus in habitationem Decani & Canonicorum, sicut duorum in ordine praecedentium Vicariorum assignandis seperatim dispposituri sumus.

X. Ad Cathedralis Ecclesiae Decanum cura pertinebit rerum capitularium omnium, in specie earum, quae respiciunt cultum & officium divinum.

XI. Decano stallum in choro & sedem in Capitulo adsignamus primum latere dextro, canonico primo reservamus stallum in choro primum á latere sinistro & sedem in Capitulo post Decanum; reliquis adsignamus alternando secundum ordinem.

XII. Quam primum Canonicatui primo provisum [?] fuerit, Capitulum novis Statutis concedendis manum apponat eo fine, ut rei divinae faciendae, disciplinae morum servandas & negotiorum Capitularium tractandorum certus modus, temporum conditioni aptus, constituatur. Statuta condita, visa & adprobata ab episcopo futuro, Delegato Apostolico exhibeantur pro obtinenda Sanctae Sedis confirmatione.

XIII. Cathedralis Ecclesiae Hildesiensis Decanus & Canonici obligantur, singulis annis per menses saltem novem apud Ecclesiam cathedralem residere & Episcopo suo mandanti in rebus Ecclesiae gerendis opum fidelem praestare, item officio divino sedulo ac devote interesse.

XIV. Donec per statuta, prout dictum est, condenda officii divini in ecclesia Cathedrali peragendi ratio nova instituta fuerit cultus divinus peragatur modo decendi & animos Christi-fidelium aedificante, in quantum scilicet hoc numerus personarum minutus permittit.

XV. Seminarii alumni festis & dominicis diebus chorum cathedralem adjuvabunt, id quod ad festa chori, non autem chori pertinet, nolumus enim ferialibus diebus eorundem studia, scientiis sacris dicanda, chori frequentatione interrumpi. Singulariorem de hac re dispositionem futuro reservamus Episcopo.

XVI. Donec fundi, sicut per Bullam : Impensa Romanorum Pontificum, constitum est, Episcopo & Capitulo adsignabuntur, redditus annui per dictam Bullam designati, & ea, quae necessaria est pecunia pro fabrica ecclesiae, cultu divino & conservatione domum solventur ex aerario publico. In quorum omnium fidem litera praesentes dedimus manu nostra subscriptas & sigillio Nostro munitas Hildesii die prima Julii anni millesimi octingentesimi vigesimi octavi.

L.S. Fridericus Clemens Episcopus & delegatus apostolicus /A. Henseler, Secretarius R^{mi} & Ill^{mi} Episcopi

Praesens Documentum Compositionis & Installationis in Ecclesia Cathedralis Hildesiensi hodie a me publicatum esse, testor.

Hildesii die prima Julii anni millesimi octingentesimi vigesimi octavi. A. Henseler, Secretarius

10.2 Zirkumskriptionsbulle IMPENSA ROMANORUM PONTIFICUM SOLLICITUDO vom 26. März 1824 [Auszug][521]

Leo Bischof, Knecht der Knechte Gottes, zu ewigem Gedächtnisse

Die ausgezeichnete Sorgfalt der Römischen Päbste, womit sie für das Wohl der gesammten katholischen Kirche wachen, treibt sie an, alles das zu bereiten, wodurch für das Beste des gläubigen Volkes gesorgt werden kann, damit dasselbe nach Verhältniß der Orte und Zeiten leichter zur Gottesverehrung und zu Allem hingezogen werde, welches zur Beförderung des ewigen Seelenheils dienlich zu seyn vermag. Daher waren deren eifrigste Bemühungen darauf stets gerichtet, daß der Heerde des Herrrn es nie an solchen Hirten fehle, welche sie auf heilsame Weiden führen und auf dem Pfade der Gerechtigkeit erhalten können.

I. Die Erhaltung der Bisthümer Hildesheim und Osnabrück

Dieses in der That bezweckte insonderheit Unser Vorgänger, Pius VII., glorreichen Andenkens, als er, in Folge der Sorgfalt, welche er zum Besten der Religion, wenn vorzüglich Gefahr für sie zu besorgen war, eifrig anwandte, nach den schrecklichen Unfällen der vorigen Zeiten für alle bischöflichen Sitze in ganz Deutschland auf passende Weise zu sorgen sich angelegen seyn ließ und zugleich sein Nachdenken richtete auf zwei, durch Alter und Würde ausgezeichnete Kirchen, die Hildesheimsche und Osnabrücksche, welche ihren Ursprung aus Carls des Großen Zeiten herleiten und gegenwärtig in den Grenzen des Königreichs Hannover sich befinden.

Nachdem deshalb Unterhandlungen mit dem Durchlauchtigsten Fürsten, Georg VI., Könige des vereinigten Reichs Großbritannien und Irland, wie auch Könige von Hannover und Herzoge von Braunschweig und Lüneburg Statt gefunden hatten, war der vorbelobte Pabst, nach Anhörung Einiger aus der Mitte Unser ehrwürdigen Brüder, Cardinäle der heiligen Römischen Kirche, der Meinung, es sey über das, bei einer so großen Umkehrung der Dinge sich darbietende, leichtere Auskunftsmittel zu berathschlagen, einzig und allein in der Absicht, um jene zwei bischöflichen Sitze mit ihren Kapiteln auf irgend eine Art zu erhalten und für sie auf die passende Weise sowohl die Ausstattungen, als die Sprengel zu bestimmen.

---

[521] Lateinischer und deutscher Text: HannGS 1824, 1. Abtheilung, 89f. Deutscher Text abgedruckt bei: Huber, Staat und Kirche im 19. und 20. Jahrhundert/Dokumente, Bd.1, 299-308.

Da nun wir, obschon ungleich an Verdiensten, durch die Fügungen der göttlichen Gnade zu dem höchsten Pontifikate berufen worden sind, so mußten Wir gleichfalls auf jenen Gegenstand Unsere eifrigen Bemühungen gerichtet seyn lassen, damit es nicht den Anschein gewänne, als ob Wir wegen jenes Theiles der katholischen Heerde weniger besorgt wären. Wir haben zwar sehr wohl eingesehen, daß nicht wenig von der Strenge der heiligen Kirchensatzungen nachgelassen und Vieles der Lage und dem Verhältnisse der Orte, Zeiten und Personen, und andern solchen besondern Umständen habe nachgegeben werden müssen; allein, da es sich besonders ziemet, in der Vorgänger Fußstapfen zu treten und da zu Ende zu bringe, welches Pius VII., den der Tod daran verhinderte, durch die Macht seines apostolischen Amtes nicht mehr zu bekräftigen vermochte: so haben Wir für nothwendig erachtet, in dem Königreiche Hannover eine neue Errichtung der Kirchen und Kapitel und neue Grenzen der Kirchen-Sprengel, nach der Vorschrift dessen, was vorbelobter Unser Vorgänger für zulässig gehalten hatte, anzuordnen.

II. Die Dotation der beiden Bisthümer

1. Hildesheim

Derohalben, indem Wir als ausdrücklich erwähnt und von Wort zu Wort hier vorgebracht alles dasjenige betrachten, was die früheren Rechte, Privilegien und Vorrechte der vorher nahmhaft gemachten Kirchen und Capitel betrifft, Wir auch die Zustimmung aller derer, welche bei der Sache betheiligt sind, hiermit ergänzen, beschließen wir, Kraft apostolischer Machtvollkommenheit, nach vorgängiger gänzlicher Aufhebung, Erlöschung und Vernichtung des vorherigen Bestandes vorbenannter Kirchen und Capitel, daß von jetzt an in Zukunft das Capitel der Dom-Kirche zu Hildesheim nur aus einer einzigen Würde, nämlich der Dechanei, aus sechs Canonikaten und vier Vikarien oder Pfründen bestehen solle.

Die jährlichen Einkünfte des Bischofs sollen viertausend Thaler nach dem Conventions-Fuße, deren Erhebungsart nachher bestimmt werden wird, betragen; überdies soll demselben ein Haus zu einer anständigen Wohnung gegeben und, wenn ein solches nicht vorhanden seyn sollte, dafür gesorgt werden, daß er eins erhalte.

Als jährliches Einkommen werden angewiesen: dem Dechant des Dom-Capitels 1500 Thaler; den beiden ältern Canonicis, jedem 1400 Thaler; dem dritten und vierten Canonico, jedem 1000 Thaler; den beiden letztern Canonicis, jedem 800 Thaler; den vier Vicarien oder Pfründnern, jedem 400 Thaler; alles in Conventions-Münze und auf die nachher zu bestimmende Weise zu erheben. Außerdem sollen der Dechant, jeder Canonicus und die beiden Vicarien, welche der Ordnung nach die ersten sind, Häuser erhalten, die einer jeden Pfründe derselben angewiesen werden.

Um nun aber gedachte Einkünfte zu begründen, hat vorerwähnter König Georg das Versprechen erteilt, binnen vier Jahre, von dem Tage des gegenwärtigen Briefes an gerechnet, dem Bischofe und Capitel an Grundstücken, liegenden Gütern, Zehnten und Grundzinsen, in der jedem Theile gebührenden Menge, soviel überweisen zu wollen, als erforderlich ist, um die nach den obigen Bestimmungen jedem angewiesenen jährlichen Einkünfte, welche von jeglicher Art der Belästigung gänzlich befreiet verabfolget werden sollen, vollständig berichtigen zu können. Indeß soll die Güter-Überweisung zuvor durch den nachher namhaft gemachten Vollstrecker dieses Briefes der Beurtheilung des apostolischen Stuhles unterworfen werden, damit sie, nach angestellter sorgfältiger Prüfung, von demselben die erforderliche Bestätigung erhalte. Inzwischen sollen aber bis dahin, daß die Anweisung der Einkünfte in Grundstücken, liegenden Gütern, Zehnten und Grundzinsen Statt finden wird, dem Bischofe und Capitel die erwähnten Einnahmen einmal jährlich aus dem Königlichen Schatze vollständig und frei in baarem Gelde ausgezahlt werden.

2. Osnabrück

Was hingegen die Osnabrücksche Kirche betrifft, so soll, da die gegenwärtigen Zeit-Umstände es nicht erlauben, beide Kirchen auszustatten, eine neue Ausstattung der bischöflichen Tafel, des Capitels und des Seminars des Bisthums Osnabrück so lange aufgeschoben bleiben, bis die dazu erforderlichen Mittel vorhanden sind, in welchem Falle jene gleichfalls in Grundstücken, liegenden Gütern, Zehnten und Grundzinsen geschehen soll. [...].

So lange indeß die Ausstattung des Bisthums Osnabrück aufgeschoben bleibt, soll der Hildesheimischen bischöflichen Tafel eine jährliche Vermehrung der Einkünfte um 2000 Thaler, welche aus den im Fürstenthum Osnabrück gelegenen geistlichen Gütern zu erheben sind, und auf gleiche Weise dem Dechant des Hildesheimschen Domcapitels eine jährliche Erhöhung seiner Einkünfte um 300 Thaler angewiesen werden, welche Vermehrungen gleichwohl nur so lange Statt finden, als die vorgedachte Aufschiebung der Ausstattung des Bisthums Osnabrück fortdauert. [...].

III. Die Bischofswahl

So oft nun aber einer der vorbenannten bischöflichen Sitze zu Hildesheim und Osnabrück, welche beide auf alle zukünftigen Zeiten dem apostolischen Stuhle unmittelbar unterworfen seyn sollen, erlediget wird, soll das Capitel der erledigten Dom-Kirche dem Königlichen Ministerium eine Liste aus der Geistlichkeit des ganzen Königreichs ausgesuchten Wahl-Candidaten binnen Monatsfrist, von dem Tage der entstandenen Erledigung an gerechnet, vorlegen.

Jeder der Wahl-Candidaten soll wenigstens das 30. Lebensjahr zurückgelegt haben, mit dem Landes-Indigenate versehen seyn, die Studien in der Theologie und dem canonischen Rechte rühmlich vollendet und entweder die Seelsorge, oder das Amt eines Professors in den Seminarien mit Beifall ausgeübt, oder in der Verwaltung kirchlicher Geschäfte sich ausgezeichnet haben, in dem Besitze des besten Rufes sich befinden und seine Lehre und Sitten ohne allen Tadel seyn.

Sollte der Regierung Dieser oder Jener von den sich auf der Liste befindenden Wahl-Candidaten weniger angenehm seyn, so soll ihn das Capitel auf der selben ausstreichen; doch muß noch eine hinreichende Anzahl von Candidaten , aus welcher der neue Bischof erwählt werden kann, übrig bleiben. Alsdann aber hat das Capitel zur canonischen Erwählung eines auf der Liste übrig gebliebenen Candidaten zum Bischofe, mit Beobachtung der bestehenden Vorschriften, zu schreiten und dafür Sorge zu tragen, daß die Wahl-Urkunde in glaubwürdiger Form, binnen Monatsfrist an den Pabst eingesendet werde.

Die Anstellung des Informativ-Processes über die Eigenschaften der zur Regierung der bischöflichen Kirchen des Königreichs Hannover zu Befördernden soll von dem Römischen Pabste entweder dem Bischofe des andern, nicht erledigten Stuhles, oder einem, mit einer Kirchen-Würde bekleideten Geistlichen des Königreiches übertragen und, nach Vorschrift der von dem apostolischen Stuhle in jedem einzelnen Falle zu überschickenden Dienstanweisung, vollzogen werden.

Ersieht der Pabst aus den ihm vorgelegten Acten, daß der Erwählte mit den nach der Bestimmung der heiligen Kirchen-Satzungen bei einem Bischofe erforderlichen Eigenschaften wirklich begabt sey, so wird er ihm die Bestätigung sobald es irgend thunlich ist, dem bestehenden Gebrauche gemäß, durch einen apostolischen Brief ertheilen.

Sollte hingegen entweder die Wahl keineswegs canonisch vollbracht seyn, oder sich ergeben, daß der Erwählte die vorher namhaft gemachten Eigenschaften nicht besitze: so wollen Wir dem Dom-Capitel aus besonderer Vergünstigung die Befugniß hiermit einräumen, zu einer neuen Wahl auf canonische Weise zu schreiten, wobei auf die vorher vorgeschriebene Art zu verfahren ist.

Der neue Bischof soll von dem andern bereits consecrirten Bischofe des Königreichs, welcher dazu eine ausdrückliche Vollmacht von dem apostolischen Stuhle erhalten wird, consecrirt werden, und zwar unter Beistand von zwei andern Bischöfen, welche darum ersucht worden, in deren Ermangelung aber von zwei infulirten Prälaten oder, wenn auch diese fehlen würden, von zwei mit einer kirchlichen Würde versehenen Priestern aus der Geistlichkeit des Königreichs.

IV. Die Domkapitel.

Unter die Anzahl der Capitularen sollen keine Andere aufgenommen werden, als solche, welche das Landes-Indigenat und die durch die heiligen Kirchen-Satzungen vorgeschriebenen Eigenschaften besitzen; ein Alter von wenigstens 30 Jahren haben, mit der Priesterweihe versehen sind und in der Ausübung der Seelsorge, oder in der Verwaltung eines andern Kirchen-Amtes oder des Professorates in dem bischöflichen Seminar sich auszeichneten.

So oft eine Dechanei oder ein Canonicat oder Vikariat in dem Dom-Capiteln zur Erledigung kommt, sollen abwechselnd der Bischof und das Capitel binnen sechs Wochen, von der Zeit der Erledigung an gerechnet, eine Liste von vier Candidaten, welche mit den festgesetzten Eigenschaften begabt sind, dem Königlichen Ministerium übergeben. Sollte etwa irgend einer dieser Candidaten der Regierung weniger genehm oder verdächtig seyn, so kann dieses bezeihungsweise dem Bischofe oder Capitel, sobald als möglich, in der Absicht angezeigt werden, damit derselbe auf der Liste gestrichen werde. Hierauf aber muß der Bischof zur Verleihung der Dechanei, des Canonicats oder Vicariates, oder beziehungsweise das Capitel binnen vier Wochen zur Ernennung einer von der Regierung weder unangenehmen noch verdächtigen Personen schreiten, welcher sodann der Bischof die canonische Einsetzung ertheilen wird.

V. Die Zirkumscription.

Indem Wir nunmehr übergehen zu einer neuen Grenzbestimmung der Kirchensprengel, sowohl des Bisthumes Hildesheim, welches jetzt der ehrwürdige Bruder, Franz Egon von Fürstenberg, dessen gegenwärtiger Bischof, regieret, als des Bisthums Osnabrück, welches seit mehreren Jahren seines Hirten beraubt, von dem oben erwähnten Carl, Bischof von Paros und Suffragan derselben Osnabrückschen Kirche, vermöge der ihm ertheilten apostolischen Vollmachten, verwaltet wird: so beschließen wir, nach vorgängiger Theilung, Veränderung und Trennung aller und jener Städte, Länder und Pfarreien innerhalb der Grenzen des Königreichs Hannover von der Gerichtsbarkeit, Oberherrschaft und Gewalt aller und jeder Erzbischöfe, Bischöfe oder Ordinarien und apostolischen Vicarien, daß gedachtes Königreich, wie es bereits Unser Vorgänger Pius VII. bestimmt hatte, überhaupt in zwei Kirchensprengel, welche der Lauf des Flusses, Weser genannt, begrenzt und absondert, getheilt werde, dergestalt, daß die auf der rechten Seite desselben Flusses gelegenen Pfarreien zu der Hildesheimschen Dióces, die Pfarreien hingegen, welche auf dem linken Ufer der Weser sich befinden, zu der Osnabrückschen Dióces gerechnet werden sollen, und zwar in nachfolgender Weise: [...].

VI. Besitzeinweisung. [...].

VII. Vollzugsanordnung.

Endlich, damit alle von Uns bisher gemachten Vorschriften gehörig zum Vollzug gebracht werden, bestimmen wir den vorerwähnten Franz Egon Bischof von Hildesheim zum Vollzieher dieses apostolischen Briefes mit allen und jeden dazu erforderlichen und dienlichen Vollmachten, damit derselbe, nach vorgängigen, in rechtsgültiger Form zu vollziehenden Ausstattungen zur neuen Errichtung einer jeden Kirche, wie auch ihres Capitels, desgleichen zur Grenz-Bestimmung ihres Sprengels schreiten und überhaupt alles Übrige, wie vor beschrieben, frei und erlaubter Weise ausrichten und anordnen können und möge, als wozu Wir ihm hiermit Unser apostolisches Ansehen verliehen haben wollen. Ferner legen wir ihm, dem Bischofe Franz Egon, gleichfalls die Befugniß bei, zur vollständigen Vollziehung aller Gegenstände, zumal an solchen Orten, welche von seinem Aufenthaltsorte weit entfernt sind, eine oder mehrere Personen, die in einer kirchlichen Würde stehen, statt seiner mit Vollmacht zu versehen. Und er selbst sowohl, als jene Person oder Personen, welchen er, statt seiner Vollmacht wird ertheilt haben, sollen befugt seyn, frei und ungehindert über jede Einrede, welche bei Gelegenheit der Vollziehung auf irgend eine Art gemacht werden dürfte, jedoch mit Beobachtung der Förmlichkeiten des Rechtes, endlich, und mit Verwerfung einer jeden Appellation, zu entscheiden.

Außerdem machen Wir gedachtem Bischofe Franz Egon hiermit ausdrücklich zur Pflicht, Abschriften von allen den Verhandlungen, welche sowohl er selbst, als die von ihm Bevollmächtigten, in Beziehung auf die Vollstreckung des gegenwärtigen Briefes aufnehmen werden, binnen vier Monate, nach vollbrachter Vollstreckung, in glaubwürdiger Form an den apostolischen Stuhl zu überschicken, damit derselben in dem Archive der den Consistorial-Angelegenheiten vorgesetzten Versammlung, dem Herkommen gemäß, aufbewahrt werden kann.

Es soll aber dieser Brief und Alles, was darin enthalten und festgesetzt worden, weder aus dem Grunde: weil Diese oder jene, welche bei den vorbesagten Bestimmungen ein Recht haben oder dabei betheiligt sind, oder auch es erst in Zukunft auf irgend eine Weise zu seyn behaupten, - wes Standes, Ranges und Würden sie immerhin seyen, selbst, wenn sie es verdienen möchten, ausdrücklich und namentlich hier aufgeführt zu werden, - darein nicht eingewilligt haben; oder weil Einige derselben zu den getroffenen Anordnungen keineswegs gerufen, oder auch überall nicht, oder doch nicht genugsam gehört worden sind, noch wegen irgend einer Verletzung, oder aus einem andern, in den Rechten noch so begünstigten Grunde, Anscheine, Vorwande und Verfügung, selbst des geschlossenen canonischen Gesetzbuches, zu keiner Zeit wegen des Fehlers der Erschleichung oder Nichtigkeit, oder wegen des Mangels Unserer wahren Willensmeinung, oder der Zustimmung der Betheiligten, oder wegen irgend eines andern, noch so großen, oder wesentlichen, Gebrechens, wie dieses immer ausgedacht werden möge; noch aus dem Grunde: weil bei dem Vorbesagten die Förmlichkeiten und andere vorschriftsmäßige Erfordernisse nicht gehörig beobachtet und erfüllt, oder weil die Ursachen, welche die Erlassung des gegenwärtigen Briefes bewirkten, nicht hinreichend angeführt, begründet und gerechtfertiget worden, jemals getadelt, angefochten oder sonst entkräftet, beschränkt oder in Streit gezogen, oder wider denselben die Wiedereinsetzung in den vorigen Stand, die Erlaubniß der Gegenvorstellung[522], oder irgend ein anderes, auf Rechtsgründen oder Thatsachen beruhendes, Rechtsmittel zugelassen werden.

Auch soll dieser Brief keineswegs unter den Verfügungen entgegenstehender Verordnungen, Widerrufe, Aufschiebungen, Beschränkungen, Aufhebungen, Abänderungen, Beschlüsse, allgemeiner und besonderer Erklärungen, auf welche Art diese immer gemacht seyn mögen, begriffen werden, vielmehr davon beständig ausgenommn seyn und bleiben und als von Uns, Kraft des Amtes päbstlicher Fürsorge mit vollständiger Wissenschaft aus apostolischer Machtvollkommenheit gemacht und erlassen, sich fortdauernd einer vollständigen Kraft und Gültigkeit zu erfreuen haben, zu seiner vollkommenen Wirksamkeit gelangen, und von Allen, welche er angeht, oder auf irgend eine Weise angehen wird, beständig und unverbrüchlich beobachtet werden, und

[522] HUBER, Staat und Kirche, 307, merkt an: „Während die Übersetzung dieses kirchenrechtlichen Begriffs [der APERITIO ORIS] im amtlichen preußischen und oberrheinischen Text mißlungen ist, kommt die Hannoversche Übersetzung („Erlaubnis zur Gegenvorstellung“) dem Sinn etwas näher. Richtiger ist: *Erlaubnis zur richterlichen Überprüfung*. Zur Begriffsentwicklung und -bedeutung ausführlich: R. Naz, Dictionnaire de droit canonique, Bd. 1 (1935) Sp. 633 ff.“.

den Bischöfen und Capiteln vorerwähnter Kirchen, wie auch andern, deren Vortheil derselbe betrifft, auf ewige Zeiten vollständigst zu statten kommen. Deshalb sollen dieselben wegen aller vorgedachten Bestimmungen, oder aus deren Veranlassung, von Niemandem, von welchem Ansehen er immer sey, auf irgend eine Art beunruhiget, gestört oder gehindert werden, auch nicht gehalten seyn irgend Etwas, was in diesem Briefe angeführt worden, zu beweisen oder wahr zu machen, und dazu weder gerichtlich noch außergerichtlich gezwungen werden können. Sollte gleichwohl jemand, von welchem Stande und Range er sey, darwider wissentlich oder unwissentlich etwas unternehmen, so soll dieses gänzlich fruchtlos, vergebens und nichtig seyn.

Dem Allem sollen weder die Regeln: „daß ein wohlerworbenes Recht nicht aufzuheben", ingleichen, „daß bei vorzunehmenden Aufhebungen die Betheiligten zu hören", noch andere von Unsern und der apostolischen Canzlei Regeln entgegenstehen. Auch sollen darwider weder die Statuten der gedachten Kirchen, selbst wenn diese durch apostolische Bestätigung oder durch irgend ein anderes Ansehen bekräftiget wären, noch Gewohnheiten, selbst nicht unvordenkliche, noch Privilegien, Indulte und Verleihungen, wären sie auch einer besonderen und namentlichen Erwähnung würdig, noch die allgemeinen und besonderen Verordnungen und Beschlüsse, welche von den Päbsten oder von den Synodal- und Provincial-Versammlungen oder den allgemeinen Concilien ausgegangen sind, angeführt werden können, welche Wir vielmehr sammt und sonders ihrem ganzen Inhalte und ihrer Form nach, wenn auch eine ausdrückliche und namentliche Erwähnung, oder irgend ein anderer Ausdruck, oder irgend eine andere besondere Form dazu erforderlich seyn möchte, gleich als ob deren Inhalt von Wort zu Wort, nichts ausgelassen, hier eingerückt, und die darin bestimmte Form genau beobachtet worden wäre, hiemit vollständig besonders und ausdrücklich, insoweit dieses zur Vollstreckung alles Vorgedachten erforderlich wird, aufheben und für aufgehoben erklären; wie dann dieses in gleichem Maaße in Ansehung alles Übrigen, welches dem Obigen entgegen steht, der Fall ist.

Gleichfalls wollen Wir, daß den Abschriften dieses Unseres Briefes, selbst Abdrücken desselben, vorausgesetzt, daß sie mit der Unterschrift eines öffentlichen Notars und dem Siegel einer in einer Kirchen-Würde stehenden Person versehen sind, derselbe Glaube beigelegt werde, welche der Urschrift gebührt, sobald diese ausgehändiget oder vorgezeigt wird.

Niemandem, wer es auch seyn möge, ist es gestattet, diesen Brief Unserer Aufhebung, Erlöschung, Vernichtung, Theilung, Absonderung, Vereinigung, Grenzbestimmung, Zutheilung, Verstattung, Unterwerfung, Ergänzung, Erklärung, Abordnung, Beauftragung, Beschließung, Aufhebung und Willens-Erklärung anzufechten oder freventlich demselben entgegen zu handeln.

Sollte gleichwohl Jemand dieses zu unternehmen wagen, so soll er wissen, daß er die Ungnade des allmächtigen Gottes und seiner heiligen Apostel Petrus und Paulus auf sich lade.

10.3 Patent König Georgs IV. über die Genehmigung der Bulle IMPENSA ROMANORUM PONTIFICUM SOLLICITUDO vom 20. Mai 1824[523]

Nachdem Wir die von Seiner päbstlichen Heiligkeit unterm 26. März 1824 zu Rom erlassene Begrenzungsbulle der Diöcesen, welche mit den Worten „impensa Romanorum Pontificum“ anfängt, einer umständlichen und sorgfältigen Prüfung unterzogen und Uns überzeugt haben, daß dieselbe, ihrem wesentlichen Inhalte nach, mit allen den Verhandlungen und Verabredungen vollkommen übereinstimme, welche mit dem päbstlichen Stuhle, in Beziehung auf die Einrichtung der Bisthümer und Capitel, deren Besetzung und Ausstattung, wie auch die Begrenzung der Diöcesen der katholischen Kirche in Unserm Königreich Hannover statt gefunden haben: so verordnen Wir, wie folgt:

1. Kraft Unserer Majestäts-Rechte ertheilen Wir den auf die vorher namhaft gemachten Gegenstände sich beziehenden Verfügungen der erwähnten päbstlichen Bulle Unsere Königliche Genehmigung, und es sollen demnach Alle, die es betrifft, jene Verfügungen als ein verbindliches Statut der katholischen Kirche in Unserm Königreich Hannover zu beobachten und zu befolgen haben.

2. Die Genehmigung vorgedachter Bulle wird, wie es sich ohnehin versteht, nicht anders ertheilt, als unbeschadet Unsern Majestäts-Rechten und den Rechten Unserer Unterthanen Evangelischer Religion und der Evangelischen Kirche im Königreiche.

3. Ein Abdruck jener päbstlichen Bulle soll in lateinischer sowohl, als deutscher Sprache diesem Unsern landesherrlichen Genehmigungs-Patente angehängt und in die erste Abtheilung der Gesetz-Sammlung aufgenommen werden.

523 HannGS 1824, 87f. Abgedruckt bei Huber, Dokumente 1, 298.

10.4 Vereinbarung zwischen dem königlichen Cultus-Ministerium und dem Bischof von Hildesheim über die Ausstattung des Bischöflichen Stuhls und Domcapitels in Hildesheim vom 10./27.7.1865[524]

Zwischen dem königlichen Cultus-Ministerium in Hannover, unter Genehmigung seiner Majestät des Königs, und dem Bischofe von Hildesheim, Eduard Jacob zu Hildesheim, ist, nachdem der Päbstliche Stuhl in Rom sich mittelst Breves vom 25. Mai 1865 mit dem Inhalte der nachstehenden Vereinbarung einerstanden erklärt hat, folgender Vertrag über die Ausstattung des Bischöflichen Stuhls und Domcapitels in Hildesheim abgeschlossen worden.

§ 1. Auf die in der Bulle Impensa Romanorum Pontificum vorgesehene Constituierung der Einkünfte des Bischofs und der Angehörigen des Domkapitels in Grundstücken, liegenden Gründen, Zehnten und Grundzinsen wird verzichtet und es sollen diese sämmtlichen Einkünfte in bisheriger Weise aus königlichen Cassen in baarem Gelde geleistet werden.

§ 2. Dagegen sollen diese Einkünfte anhebend vom 1. Juli 1865 in folgender Weise erhöhet werden:

1. Der Bischof soll erhalten anstatt wie bisher 4000 Tlr. künftig jährlich 4600 Tlr.;

2. der Domdechant anstatt wie bisher 1500 Tlr., künftig jährlich 1725 Tlr.;

3. die beiden ältesten Canonici anstatt wie bisher im Jahr 1400 Tlr. künftig ein jeder jährlich 1610 Tlr.;

4. der dritte und vierte Canonicus anstatt wie bisher im Jahr 1000 Tlr., künftig ein jeder jährlich 1150 Tlr.;

5. die beiden jüngsten Canonici anstatt wie bisher ein jeder 800 Tlr. künftig im Jahr 920 Tlr.;

6. die vier Vikarien anstatt wie bisher ein jeder 400 Tlr. künftig ein jeder jährlich 460 Tlr. alles in Conventions-Münze.

---

[524] D 290, Bl. 24-31 (Abschrift).

§ 3. Zur Sicherheit für diese Einkünfte verpfändet das königliche Cultus-Ministerium die folgenden zu den Gütern Wöltingerode, Grauhof und Riechenberg gehörenden Grundstücke

I. Von Wöltingerode: A. Gartenland und Gärten [ausgelassen: Einzelaufstellung der Parzellen; gesamt:] 23 Morgen, 55 ; B. Ackerland [ausgelassen: Einzelaufstellung der Parzellen; gesamt:] 1274 Morgen, 105,5; C. Wiesen [ausgelassen: Einzelsaufstellung der Parzellen; gesamt:] 91 Morgen, 41.

II. Von Grauhof: A. Gärten [ausgelassen: Einzelaufstellung der Parzellen; gesamt:] 26 Morgen, 102; B. Ackerland [ausgelassen: Einzelaufstellung der Parzellen; gesamt:] 1354 Morgen, 24; C. Wiesen [ausgelassen: Einzelaufstellung der Parzellen; gesamt:] 97 Morgen, 112.

III. Von Riechenberg: A. Gärten [ausgelassen: Einzelaufstellung der Parzellen; gesamt:] 25 Morgen, 45; B. Ackerland I. zu Riechenberg [ausgelassen: Einzelaufstellung der Parzellen; gesamt:] 763 Morgen, 65; II. zu Hahndorf [ausgelassen: Einzelauftstellung der Parzellen; gesamt:] 589 Morgen, 46; C. Wiesen I. zu Riechenberg [ausgelassen: Einzelaufstellung der Parzellen; gesamt:] 166 Morgen, 78; II. zu Hahndorf [ausgelassen: Einzelaufstellung der Parzellen; gesamt:] 94 Morgen, 1.

Diese Verpfändung soll als eine öffentliche Special-Hypothek auf Grund dieser Urkunde in die Hypothekenbücher des zuständigen Gerichts eingetragen werden. Sollte die zuständige Verwaltung Veräußerungen der gedachten Grundstücke eintragen lassen, so sollen die veräußerten Parcellen von der Hypothek auf Grund der hierdurch im voraus ertheilten Zustimmung befreit sein, wann und wie lange die einzelne Veräußerung oder die mehreren aufeinander folgenden Veräußerungen zusammengenommen nicht mehr als den fünfzigsten Theil der Gesamtheit der verpfändeten Grundstücke, nach der Größe der in dem vorgedachten Verzeichnisse angegebenen Fläche gerechtneht, ausmachen.

Von jeder Veräußerung soll indeß dem Bischofe Kenntniß gegeben werden.

Dessen zur Urkunde ist dieser Vertrag doppelt ausgefertigt und von beiden Theilen unter Original vollzogen worden.

10. Juli 1865, Eduard Jacob, Bischof von Hildesheim

25. Juli 1865, Brüet, für den Minister des hannoverschen Cultus-Ministerums

[Die Eintragung in das Hypothekenbuch des Amtsgerichtsbezirks Goslar ist am 14.10.1865 erfolgt].

10.5 Statuten des Domkapitels an der Kathedralkirche zu Hildesheim vom 5. Mai 1984[525]

Für das Domkapitel an der Kathedralkirche zu Hildesheim gelten auf der Grundlage des Codex Iuris Canonici (can. 503-510), des Vertrages des Freistaates Preußen mit dem Heiligen Stuhl vom 14.6.1929 und des Vertrages des Landes Niedersachsen mit dem Hl. Stuhl vom 26.2.1965 folgende Statuten:

Artikel 1

(1) Das Domkapitel besteht aus einer Dignität mit dem Titel „Domdechant", fünf residerenden und zwei nichtresidierenden Domkapitularen.

(2) Wenn eine katholisch-theologische Fakultät an der Universität Göttingen errichtet wird, tritt Artikel 3, Absatz 4, Satz 2 des Niedersachsen-Konkordates in Kraft. Dieser lautet: „Nach Errichtung der in Artikel 4 vorgesehenen Fakultät tritt zu dem Kapitel in Hildesheim ein weiterer nichtresidierender Domkapitular, der den ordentlichen Mitgliedern der Fakultät entnommen werden wird" (Gemäß Konkordat zwischen dem Heiligen Stuhl und dem Lande Niedersachsen vom 26. Februar 1965).

(3) Das Kapitel wird bei der Erfüllung seiner Aufgaben von bis zu vier Domvikaren unterstützt, die vom Bischof nach Anhörung des Kapitels ernannt werden.

Der Bischof kann nach Anhörung des Kapitels Ehrendomherren ernennen.

Artikel 2

(1) Die Verleihung der Würde des Domdechanten erfolgt durch den Bischof abwechselnd nach Anhörung bzw. mit Zustimmung des Kapitels.

Die Besetzung der Stellen der residierenden und nichtresidierenden Domkapitulare nimmt der Bischof ebenfalls in wechselnder Folge nach Anhören bzw. Mit Zustimmung des Kapitels vor. Bei der Ernennung der Domkapitulare und Domvikare sind die Erfordernisse des Art. 9 des Vertrages des Freistaates Preußen mit dem Heiligen Stuhl vom 14.6.1929 zu beachten.

(2) Die Mitglieder des Kapitels und die Domvikare werden nach der Ernennung in ihre Ämter durch den Domdechanten eingeführt.

---

[525] Manuskript.

Artikel 3

Der Canonicus Paenitentiarius (vgl. can. 508 CIC) wird aus den Reihen der residierenden Domkapitulare nach Anhörung des Kapitels vom Bischof ernannt.

Artikel 4

(1) Der Domdechant ist der Vorsitzende des Kapitels. Er vertritt das Kapitel in seinen geistlichen und weltlichen Rechten und Pflichten nach außen. Er führt das Siegel des Kapitels. Als Vorsitzender leitet er die Sitzungen des Kapitels. Er hat darauf zu achten, daß in Kapitel und Kathedralkirche gemäß den kirchlichen Gesetzen und den Kapitelsstatuten verfahren wird.

(2) Der Stellvertreter des Domdechanten ist de Senior Capituli, d. h. der nach der Investitur dienstälteste residierende Domkapitular. Die weitere Stellvertretung nimmt der der Investitur nach jeweils nächstfolgende residierende Domkapitular wahr.

Artikel 5

(1) Die ordentlichen Kapitelssitzungen finden in der Regel einmal im Monat statt. Zu außerordentlichen Sitzungen kann der Vorsitzende einladen. Er muß zur Sitzung einladen, wenn der Bischof oder drei Mitglieder des Kapitels es verlangen. An den ordentlichen Sitzungen nehmen der Domdechant und die residierenden Domkapitulare teil.

(2) Das Kapitel ist beschlußfähig, wenn alle Mitglieder eingeladen wurden und wenigstens drei Mitglieder anwesend sind.

Artikel 6

(1) Die Deutsche Bischofskonferenz hat in der Vollversammlung vom 19. Bis 22. September 1983 beschlossen, gemäß can. 502 § 3 CIC und gemäß den konkordatsrechtlichen Abmachungen dem Domkapitel die Aufgaben eines Collegium Consultorum zuu übertragen.

(2) Als Collegium Consultorum (vgl. can. 502 CIC) steht das Domkapitel dem Bischof bei der Leitung des Bistums mit Rat und Tat zur Seite. Bei den in can. 494 § 1 und 1277 CIC genannten Verwaltungsakten des Bischofs hat das Kapitel ein Anhörungsrecht, bei den in can. 1277 und 1292 § 1 CIC aufgeführten Verwaltungsakten ein Zustimmungsrecht.

(3) Zu den Sitzungen des Kapitels in seiner Eigenschaft lädt der Bischof ein und leitet sie. An ihnen nehmen auch die nichtresidierenden Domkapitulare teil.

Artikel 7

Bei Sedisvakanz geht die Leitung der Diözese gemäß can. 419 CIC, dem Vertrag zwischen dem Freistaat Preußen und dem Heiligen Stuhl und dem Vertrag des Landes Niedersachsen mit dem Heiligen Stuhl auf das Domkapitel über, das gemäß den Bestimmungen des Codex Iuris Canonici und den konkordatsrechtlichen Bestimmungen tätig wird.

Artikel 8

(1) Beim liturgischen Dienst tragen die Mitglieder des Kapitels, die Bischcöfe sind, bischöfliche Kleidung; die übrigen Mitglieder des Kapitels tragen Talar und Mozetta in violetter Frabe und das Kapitelskreuz, die Domvikare Talar und Mozetta in schwarzer Farbe.

(2) Außerhalb des Bistums Hildesheim dürfen die Mitglieder des Kapitels die Chorkleidung und das Kapitelskreuz nur in Begleitung oder bei Vertretung des Bischofs bzw. des Kapitels tragen; entsprechendes gilt für die Domvikare.

Artikel 9

An den Sonntagen wird das Konventualamt für die lebenden und verstorbenen Wohltäter von einem Domkapitular gehalten, sofern an diesem Tag kein Pontifikalamt stattfindet. Wenn kein Mitglied des Kapitels das Amt hält, ist der Domdechant für die Persolvierung der Applikationspflicht verantwortlich.

Artikel 10

Das Domkapitel nimmt an den Pontifikalgottesdiensten teil und empfängt bei feierlichen Einzügen den Bischof am Domportal; nach dem Gottesdienst geleitet es ihn wieder dorthin zurück.

Artikel 11

Die residierenden Domkapitulare und die Domvikare sind außerdem verpflichtet, an folgenden Gottesdiensten teilzunehmen:

1. Lesehore und Laudes am Gründonnerstag, Karfreitag und Karsamstag.
2. Feier der hl. Osternacht.
3. Meßfeier und Eucharistische Prozession am Fronleichnamsfest.
4. Requiem für Bischöfe und Domherren am Tag Allerseelen.
5. Feierliche Vesper an Weihnachten, Ostersonntag und an einem Sonntag im Monat.

Die Teilnahme an der gemeinsamen Meßfeier am Samstag ist erwünscht.

Artikel 12

(1) Die Einkünfte des Domdechanten und der residierenden Domkapitulare orientieren sich an den staatlichen Leistungen, wie sie in den Verträgen des ehemaligen Freistaates Preußen und des Landes Niedersachsen mit dem Hl. Stuhl festgesetzt worden sind. Sie entsprechen der Endstufe des Grundgehaltes der Besoldungsgruppe A 16 der Besoldugsordnung für das Land Niedersachsen beim Domdechanten und der Besoldungsgruppe A 14 bei den Domkapitularen.

(2) Die Domvikare erhalten dieselben Einkünfte, wie sie den Pfarrern in der Diözese Hildesheim zustehen.

(3) Die Einkünfte des Domdechanten, der residierenden Domkapitulare und der Domvikare stehen auch nach dem Tode der Stelleninhaber noch drei Monate zur Verfügung. Sie dienen der Fortzahlung der Bezüge der haushälterin und zur Begleichung der Kosten, die im Zusammenhang mit dem Tod des Geistlichen entstehen.

Artikel 13

In Anlehung an die Bestimmungen des CIC can. 401 § 1 und 538 § 3 sind die Mitglieder des Domkapitels gebeten, spätestens nach Vollendung des 75. Lebensjahres dem Bischof den Verzicht auf ihr Amt anzubieten. Bei Annahme des Verzichts stellt der Bischof eine Emeritierungsurkunde aus.

Artikel 14

Emeritierte Mitglieder des Domkapitels werden in der Regel zu Ehrendomherren ernannt. Ansonsten gelten folgende Regelungen:

a) Mit dem Ersten des Monats, der auf die Emeritierung folgt, haben sie Anspruch auf ein Ruhegehalt. Es besteht wie für alle Geistlichen des Bistums aus 75 % des zuletzt bezogenen Gehalts.

b) Die im Zeitpunkt der Emeritierung bewohnte Kurie wird belassen oder es wird eine andere, bistumseigene Wohnung zugewiesen. Falls eine andere Wohnmöglichkeit gewünscht wird, wird das für Ruhestandsgeistliche des Bistums Hildesheim gewährte Wohnungsgeld in der jeweils gültigen Höhe gezahlt.

c) Im Chor behalten sie einen Platz nach den aktiven Mitgliedern des Kapitels.

d) Ihnen ist gestattet, weiter die übliche Chorkleidung zu tragen.

Artikel 15

Die Mitglieder des Domkapitels haben Anspruch auf eine Begräbnisstätte im Annenfriedhof. Dieses Recht behalten sie auch nach der Emeritierung.

Artikel 16

Mit der Annahme dieser Kapitelsstatuten durch das Domkapitel und ihrer Inkraftsetzung durch den Bischof treten entgegenstehende Gewohnheiten und Absprachen außer Kraft.

Vom Domkapitel beschlossen am 28. April 1984

+ Heinrich Machens, Domdechant und Weihbischof

Die vom Domkapitel am 28.4.1984 beschlossenen Kapitelsstatuten approbiere ich hiermit. Sie treten am 5. Mai 1984, Fest des hl.Godehard, in Kraft. Hildesheim, den 5. Mai 1984

+ Josef, Bischof von Hildesheim

[Notarisierung nicht vorhanden]

Adnotationes in Ius Canonicum

Herausgegeben von Elmar Güthoff und Karl-Heinz Selge

Band 1 Anton Morhard: Die gerichtliche Berufung im kanonischen Recht. Eine Analyse des klassischen remedium iuris. 1995.

Band 2 Elmar Güthoff (Hrsg.): Der Schutz des geistigen Eigentums in den Schriften von Winfried Schulz. Festgabe für Theodor Schmitz zur Vollendung des 80. Lebensjahres. 1997.

Band 3 Richard Puza/Andreas Weiß (Hrsg.): Iustitia in caritate. Festgabe für Ernst Rößler zum 25jährigen Dienstjubiläum als Offizial der Diözese Rottenburg-Stuttgart. 1997.

Band 4 Ernst Freiherr von Castell: Alkoholismus in der Rechtsprechung der Rota Romana. 1997.

Band 5 Burghard Pimmer-Jüsten: Facultas vel licentia imponendi tributa sacerdotibus. Partikularrechtliche Untersuchung zu den diözesanen "Pflichtabgaben" der Kleriker. 1997.

Band 6 Jürgen Olschewski: Das Recht auf Sakramentenempfang. Zur Entwicklung eines Fundamentalrechtes der Gläubigen vom Konzil von Trient bis zur Gegenwart. 1998.

Band 7 Martin Grichting: Die Umschreibung der Diözesen. Die Kriterien des II. Vatikanischen Konzils für die kirchliche Zirkumskriptionspraxis. 1998.

Band 8 Cesare Mirabelli/Giorgio Feliciani/Carl Gerold Fürst/Helmuth Pree (Hrsg.): Winfried Schulz in memoriam. Schriften aus Kanonistik und Staatskirchenrecht. 1999.

Band 9 Christoph Kühn: Die Rechtsbeziehungen des Heiligen Stuhls zum Europarat. 1999.

Band 10 Peter Stockmann: Außerordentliche Gemeindeleitung. Historischer Befund – Dogmatische Grundlegung – Kirchenrechtliche Analyse – Offene Positionen. 1999.

Band 11 Jürgen Cleve: Inkompatibilität und Kumulationsverbot. Eine Untersuchung zu c. 152 CIC/1983. 1999.

Band 12 Karl-Heinz Selge: Ehe als Lebensbund. Die Unauflöslichkeit der Ehe als Herausforderung für den Dialog zwischen katholischer und evangelisch-lutherischer Theologie. 1999.

Band 13 Der Staat der Vatikanstadt, der Heilige Stuhl und die Römische Kurie in den Schriften von Winfried Schulz. Città del Vaticano, Santa Sede e Curia Romana negli Scritti di Winfried Schulz. Franz X. Walter zur Vollendung des 70. Lebensjahres. 1999.

Band 14 Hermann Kahler: Absentia consensus. Der fehlende Mindestwille zur Ehe als Ehenichtigkeitsgrund. 1999.

Band 15 Nikolaus Schöch: Die kirchenrechtliche Interpretation der Grundprinzipien der christlichen Anthropologie als Voraussetzung für die eheprozessrechtliche Beurteilung der psychischen Ehekonsensunfähigkeit. Eine kanonistische Studie unter besonderer Berücksichtigung der päpstlichen Allokutionen und der Judikatur der Römischen Rota. 1999.

Band 16 Michael Landau: Amtsenthebung und Versetzung von Pfarrern. Eine Untersuchung des geltenden Rechts unter besonderer Berücksichtigung der Rechtsprechung der Zweiten Sektion des Höchsten Gerichts der Apostolischen Signatur. 1999.

Band 17 Paul Weibel: Das Selbstbestimmungsrecht der römisch-katholischen Kirche. Eine staatskirchenrechtliche Studie am Beispiel des Kantons Schwyz. 2000.

Band 18 Stefan Korta: Der katholische Kirchenvertrag Sachsen. 2001.

Band 19 Jürgen Wätjer: Das katholische Domkapitel zu Hamburg von den Anfängen bis zur Reformation und seine Wiedererrichtung 1996. Eine kanonistische Untersuchung. 2001.

Band 20 Bernd Matecki: Der Traktat *In primis hominibus*. Eine theologie- und kirchenrechtsgeschichtliche Untersuchung zu einem Ehetext der Schule von Laon aus dem 12. Jahrhundert. Anhang: Edition des Traktates *In primis hominibus*. 2001.

Band 21 Stefan Gatzhammer: Der Souveränitätsanspruch des Apostolischen Stuhles in päpstlichen Lehraussagen und in der Kanonistik von 1846 bis 1978. 2001.

Band 22 Andreas Franitza: Das Domkapitel zu Hildesheim in der Zeit zwischen Preußenkonkordat (1929) und Niedersachsenkonkordat (1965) und seine Statuten von 1984. 2001.

Peter Lang · Europäischer Verlag der Wissenschaften

Jürgen Wätjer

Das katholische Domkapitel zu Hamburg von den Anfängen bis zur Reformation und seine Wiedererrichtung 1996

Eine kanonistische Untersuchung

Frankfurt/M., Berlin, Bern, Bruxelles, New York, Oxford, Wien, 2001.
283 S., 11 Abb., 10 Tab.
Adnotationes in Ius Canonicum. Herausgegeben von Elmar Güthoff und Karl-Heinz Selge. Bd. 19
ISBN 3-631-37112-8 · br. DM 84.–*

Im Februar 1996 wurde im Rahmen der Gründung des Erzbistums Hamburg ein neues Metropolitankapitel errichtet. Da bis ins 16. Jahrhundert hinein in der Hansestadt bereits ein katholisches Kathedralkapitel bestanden hat, dessen Wurzeln bis zum heiligen Ansgar zurückreichen, spricht der Verfasser hier von einer Wiedererrichtung.
Die Arbeit nimmt kanonistische Aspekte der inneren und äußeren Verfassungsstruktur des mittelalterlichen und neuen Domkapitels in den Blick. Dabei stehen Fragen nach der Ämterstruktur, den Korporationsrechten sowie den Rechtsbeziehungen zu geistlichen und weltlichen Herrschaftsträgern im Vordergrund. Die Einordnung des wiedererrichteten Kathedralkapitels in die Normen des allgemeinen und speziellen Kirchenrechts mit einigen besonderen Regelungen rundet diese Untersuchung ab.

Aus dem Inhalt: Die innere Verfassung des Hamburger Domkapitels · Seine Stellung im mittelalterlichen Erzbistum Hamburg-Bremen · Die Umwandlung in ein evangelisches Domstift · Die Rechtsbeziehungen zu Herrschaftsträgern und Institutionen · Das Metropolitankapitel im neuen Erzbistum Hamburg

FSC
www.fsc.org
MIX
Papier | Fördert gute Waldnutzung
FSC® C083411

Kolibri 360 GmbH
Ferdinand-Jühlke-Straße 7
99095 Erfurt, Deutschland
produktsicherheit@kolibri360.de

Druck:
CPI Druckdienstleistungen GmbH
im Auftrag der
Kolibri 360 GmbH
Ferdinand-Jühlke-Str. 7
99095 Erfurt